Textos Jorge Rossi

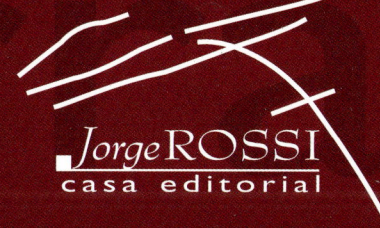

Jorge ROSSI
casa editorial

Ushuaia
Fantástica
Parque Nacional
Tierra del
Fuego
Welcome

Fotografías Eduardo Pocai

Foto de tapa
Una mañana de Agosto de 1982,
dirigiéndome a mis tareas habituales de
fotógrafo, me sorprendió un amanecer
único que tuve la suerte de registrar con
una gran emoción y a mano alzada pues-
to que en esa ocasión no contaba con un
trípode. A pesar que no es el más ade-
cuado registro, por la emotividad que
carga esta imagen, decidimos con Jorge
que merecía ser la portada.

Cover's photograph
One morning in August 1982 I was on my way to
work and I was surprised by this unique dawn;
fortunately I was able to photograph it, with
great excitement and with just my hands, as I
had no tripod.
Although it may not be the best, Jorge and
I decided that it deserved to be the cover
photograph, because of its emotional background.

¿ Vender Mi Vida?

Tal vez el título a esta pequeña historia de mi paso por el mundo, sea un poco dramático; pero quise titularla así, por el simple hecho que paso a detallar:

Nací un 20 de junio, en casa de unos humildes inmigrantes italianos: Luciano y Elizabeta, quienes ya contaban con el barullo de otro varón llamado Ruggero; luego se integraron Catalina y Daniel.

Entre muchos sacrificios de mis padres, con no menos privaciones, la familia fue creciendo económicamente, hasta llegar al punto de derivar en nosotros (sus hijos) la dirección de algunos de los negocios que hasta el momento llevó adelante mi Padre con mucho éxito.

Es así que prácticamente a los 16 años empecé a vivir mis primeras experiencias, en lo que al correr de los años sería mi trabajo "Aserrar Madera".

Dedicado, al principio con la conducción de mis padres; empecé a sentir y a querer la vida en el bosque, como algo que vi nacer y poco a poco fui adquiriendo mayores conocimientos y con ello, agrandando mi amor por el saludable aroma de las Lengas en crecimiento y por qué no decirlo sufrir cada vez que las ha- chas ayer, y motosierras hoy, terminaban la vida de miles de ejemplares los cuales había visto crecer, aún sabiendo que esto sería la continuidad económica de lo que hoy es " Una Empresa Maderera" formada en óptimas condiciones.

Fue así como de los bueyes (los cuales tiraban los troncos), pasamos a enormes tractores forestales y de los carros (así se llaman las máquinas que aserran los troncos) empujados manualmente, a través de la tecnología mundial, llegamos a tener hoy equipos totalmente automáticos, los que en su mejor época me hacían disfrutar del maravilloso espectáculo que era contemplar como en contados minutos un tronco, que había tardado por lo menos cien años en tomar vida y formarse desaparecía, convertido en distintas maderas que lógicamente, luego se perpetuarían con forma de casas, muebles y todo tipo de elementos fabricados con este noble producto "la lenga".

Transcurre el tiempo, por distintos motivos lo que ayer fue mi vida, mi orgullo, y mi felicidad hoy es una pesadilla, la cual vivo noche a noche y en todo momento, ya que el aserrar madera, encontrarse con el bosque para tratarlo, cultivarlo y aprovechar su hermoso sacrificio de ser talado para servir a los hombres, parecería hoy que a "Nadie le Importa"; dejándolo degradarse como un desperdicio a la naturaleza y con ello, al sufrimiento de muchos seres humanos que pusieron su existencia al servicio de ella.

Aunque esto signifique crecer económicamente solo me resta decir que, mi modesta experiencia en el bosque, tratando con gente humilde y trabajadora, ha sido lo mejor que pudo pasarme, porque con ellos aprendí a valorar la naturaleza y en ella puse todo de mí para hacerla útil, pero hoy con profunda amargura debo repetirme una y mil veces más "¿vender mi vida? si mi industria maderera, que con orgullo vi nacer y crecer hoy está en venta"

Pero la pesadilla se convirtió en un sueño, un sueño que junto a Susana (mi esposa) y compañera de Aserradero tuvimos la alegría de Mariana, Marina y Morenito, nuestros hijos.

Fundamos Tolkeyen, construimos un hotel, un refugio, que complementaban ya algunos ómnibus y luego en honor a mis padres llegó " Luciano Beta", por nuestra hija mayor " Mariana I"; y hoy con orgullo y no menos emoción vemos nacer "Villa Marina"; aún nos queda un sueño por cumplir, seguramente en aquel momento despertaremos y veremos como desde la adversidad los sueños se pueden llevar a la realidad.

Constante Moreno Preto

Staff

Editor	Jorge Rossi
Manager editorial	Diego A. Jiménez
Relaciones Institucionales	Adriana Serra Lafluf
Fotografía	Eduardo Pocai
Textos	Jorge Rossi
Diseño Gráfico	Lorena Manduca
Coordinación fotográfica	Jorge Hendler y Eduardo Errecalde
Traducción y corrección	Adrian Lombardini
Marketing	Silvina Rossi
Relaciones empresariales	Soledad Ghirardi / Ricardo Selicano
Secretario editorial	Mariano Pefaure
Fotocromía	McNA Digital (Bs. As.) CROMOS Mza.
Impresión	Morgan Internacional

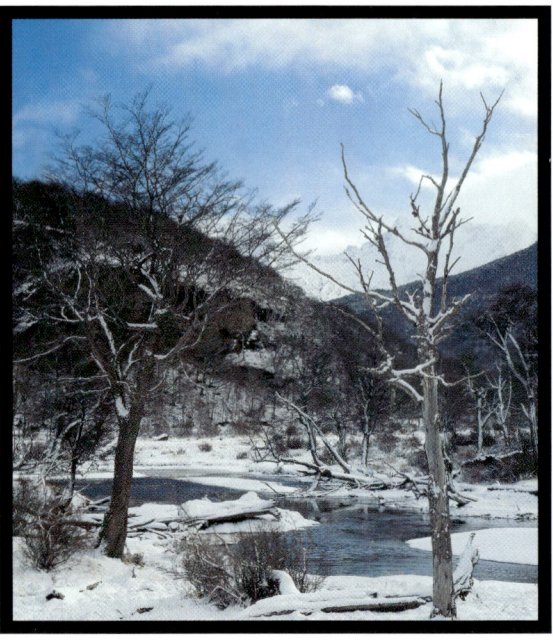

4

ISBN-987-97391-2-4
Este libro ha sido impreso en papel según normas IRAM ISO 2000 de acuerdo a los estándares de TCF.

Rossi casa Editorial
Plaza N°2407 - 2° - B
(CP1430) Capital Federal-
Tel: (054) 114545-8458 /
Cel: (02944) 15617478.
República Argentina.

Staff

Editor Jorge Rossi **Editorial Manager** Diego A. Jiménez **Institutional Relations** Adriana Serra Lafluf **Photography** Eduardo Pocai **Texts** Jorge Rossi **Graphic Design** Lorena Manduca **Photographic Coordination** Jorge Hendler y Eduardo Errecalde **Translation and correction** Adrian Lombardini **Marketing** Silvina Rossi **Direct Marketing** Soledad Ghirardi / Ricardo Selicano **Editorial Secretary** Mariano Pefaure **Mechanicals** McNA Digital CROMOS **Printed** Morgan Internacional

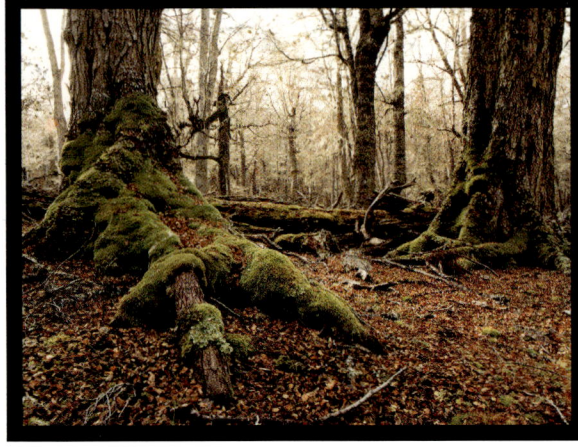

Agradecimientos

A los descendientes de los nativos, a toda la gente que habita en Ushuaia y más allá, al director del Infuetur y al Secretario Municipal de Turismo, al director del IPRA, al Dr. Demetrio Martinelli y Sra., a los propietarios de Estancia Rolito, al Sr. Rachif, Sr. Alberto Secco de 94.1 FM del Sur, al personal de Foto Eduardo's, al "Capitan" Gonzalo y Carlitos Paur, Dario Urruty, a todos los sponsors que hicieron posible la realización de esta obra, a la familia Pintos, a Ernesto Vivian (Restaurante Kaupé) por su hospitalidad en mi primer viaje, al Coronel Enrique A. Galó, el Coronel Avila; director del Instituto Geográfico Militar, Martín Jáuregui, Carlos Beillard de Estudio Ushuaia, Juan Alberto Badía y todo su equipo de producción, a Diego por sus consejos y buena comida y muy especialmente a **Lidia y Lázaro Hendler, Constante Moreno Preto,** que acompañaron el nacimiento de este libro. Y a todos aquellos amigos que han colaborado en este emprendimiento.

Ushuaia Fantástica Parque Nacional Tierra del Fuego

PATAGONIA · ARGENTINA

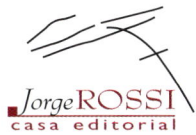

Jorge ROSSI
casa editorial

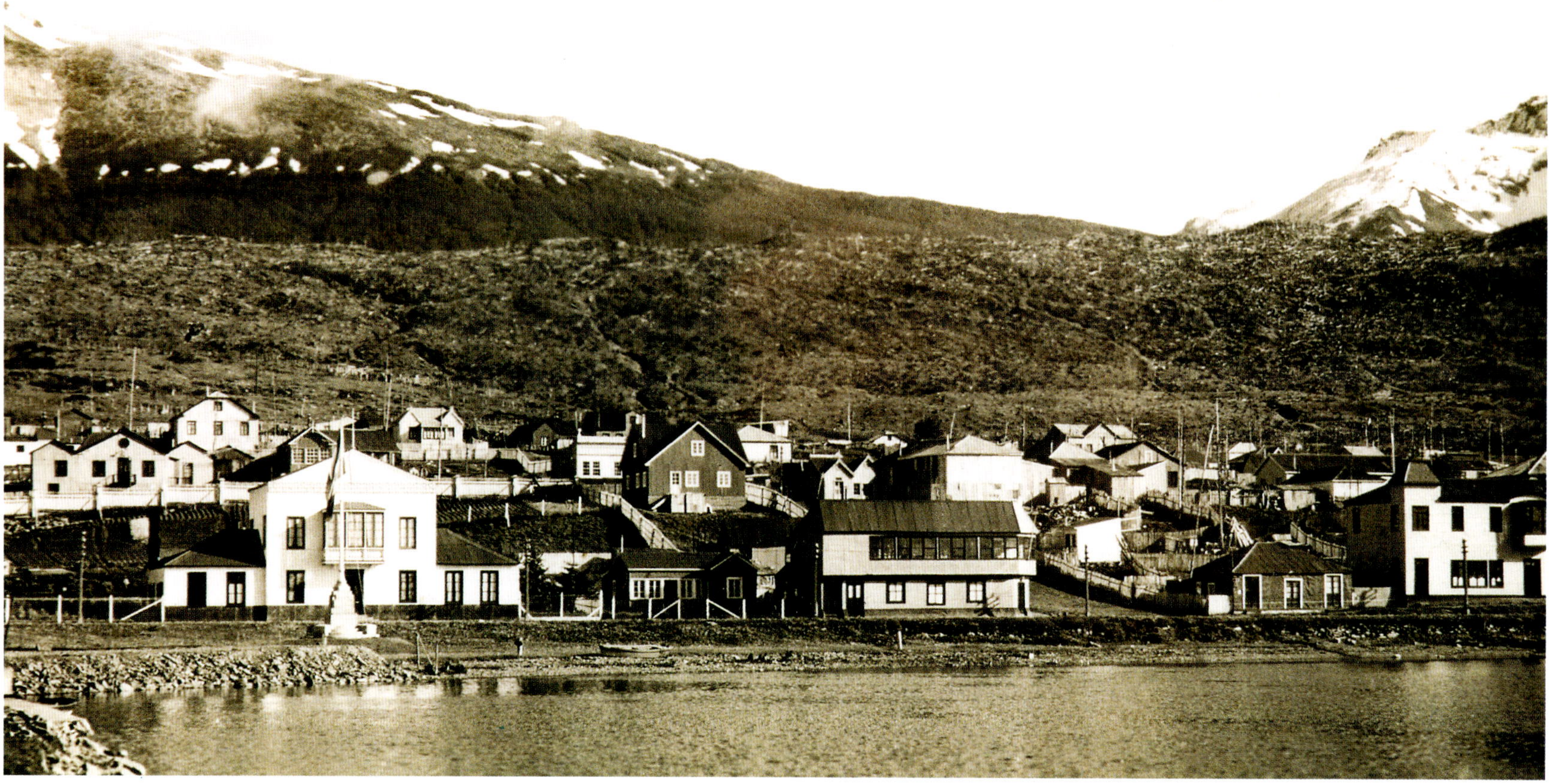

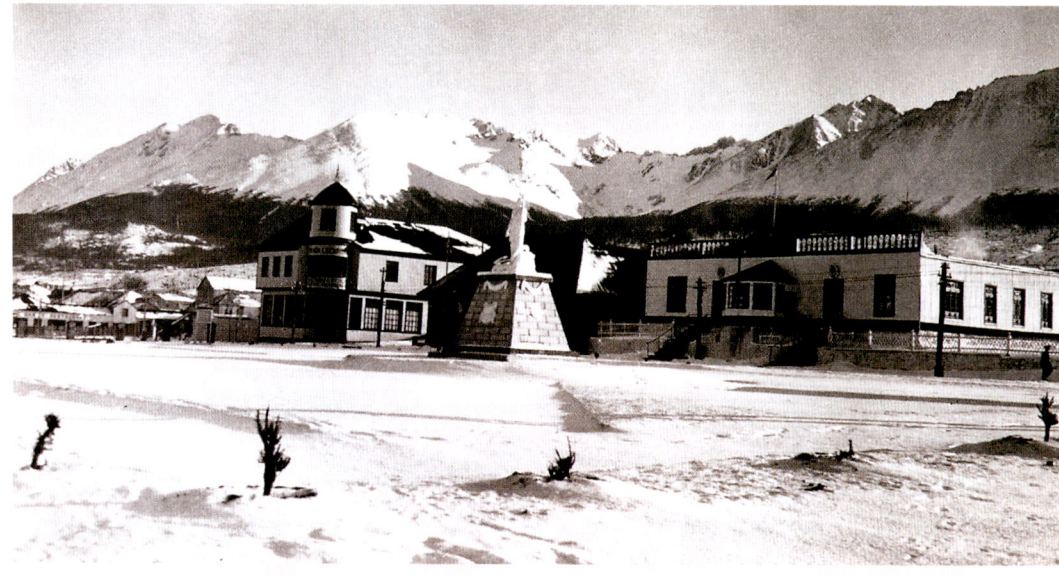

Hermosa vista desde el muelle hacia el edificio de la Gobernación y vivienda del Gobernador donde se observa las escasas construcciones y la ausencia del obelisco que fuera instalado en el 50° aniversario de la ciudad.

Beautiful view from the dock to the Government Building and the Governor's house, where we can notice the very few houses and the absence of the obelisk that was built for the city's 50th. anniversary.

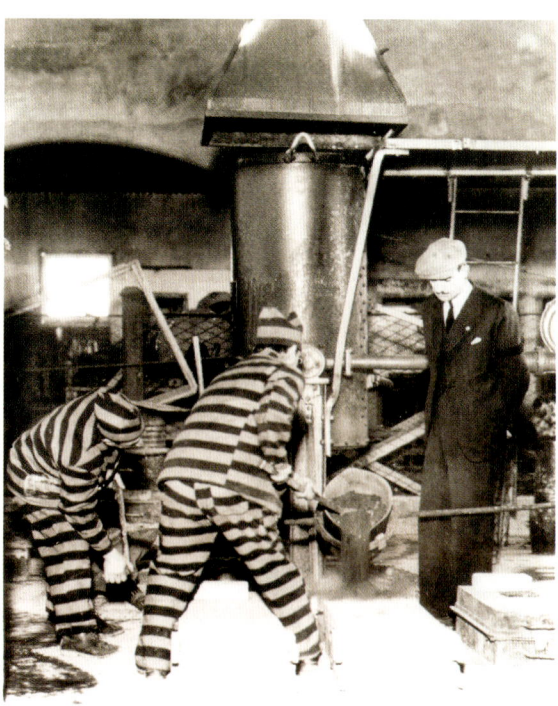

El penado Arzac, todo un escultor, realizó esta obra dedicada a los aborígenes que con posterioridad fuera destruída y utilizada como relleno en la construcción del muelle. En la actualidad se encuentra la plaza 25 de mayo.

A prisoner named Arzac dedicated this remarkable sculpture to the aborigines. Later it was demolished and used as filling in the construction of the dock. Nowadays this is the location of 25 de Mayo Square

Una ardua tarea llevaban a cabo los reincidentes en el taller de fundición del presidio bajo la supervisión de los encargados de la cárcel.

Relapsing felons did hard labour at the prison foundry supervised by the prison warders.

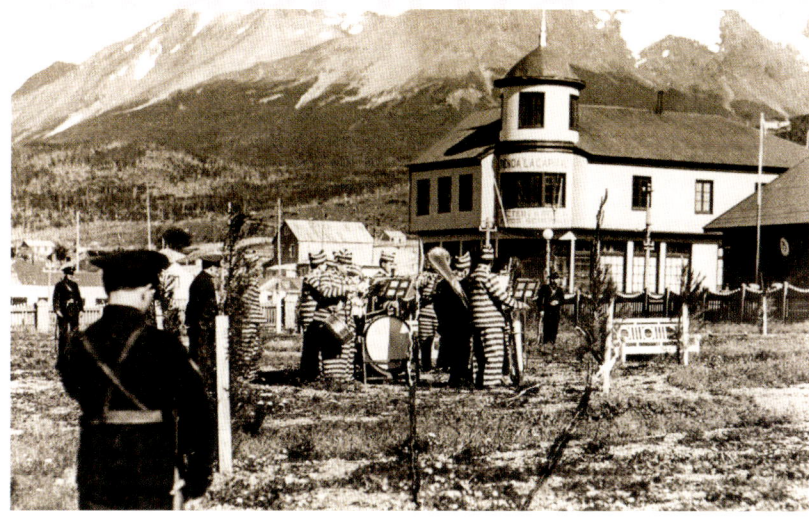

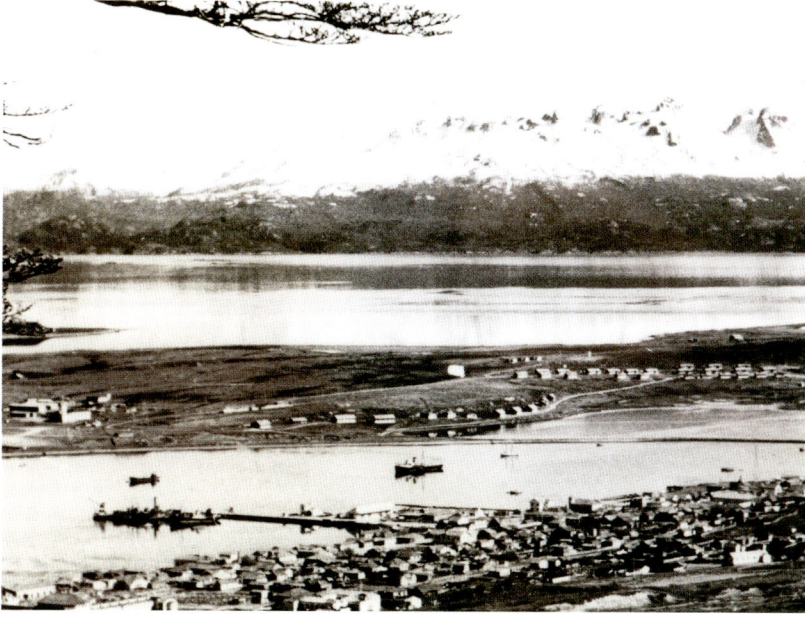

La banda de músicos del presidio tocaba en aquellos días para entretener al pueblo. Esta foto fue tomada en lo que es en la actualidad la plaza 25 de Mayo, se observa al fondo el edificio de la tienda "La Capital" de la familia Elstein desaparecido en un incendio hace muy poco tiempo.

The prison band used to play for people's entertainment back in those days. This photo was taken where today is 25 de Mayo Square. On the background stands "la Capital", a store belonging to the Elstein family which burnt down recently.

Vista de la ciudad de Ushuaia posterior a 1947 donde se puede observar la pasarela.

View of the city of Ushuaia after 1947, where we can see the footbridge.

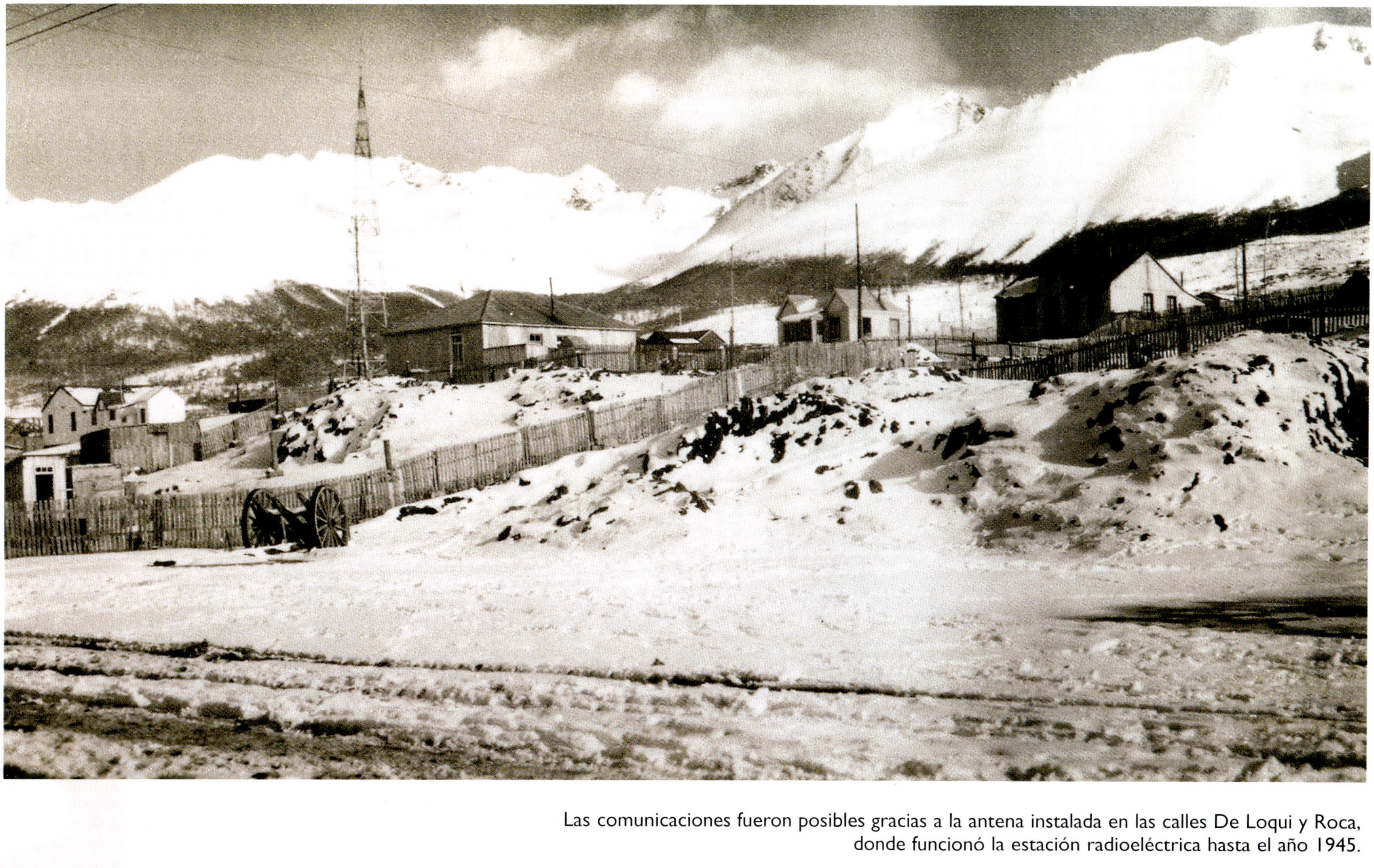

Las comunicaciones fueron posibles gracias a la antena instalada en las calles De Loqui y Roca, donde funcionó la estación radioeléctrica hasta el año 1945.

The communications were possible thanks to the radio station that operated on the corner of De Loqui and Roca until 1945

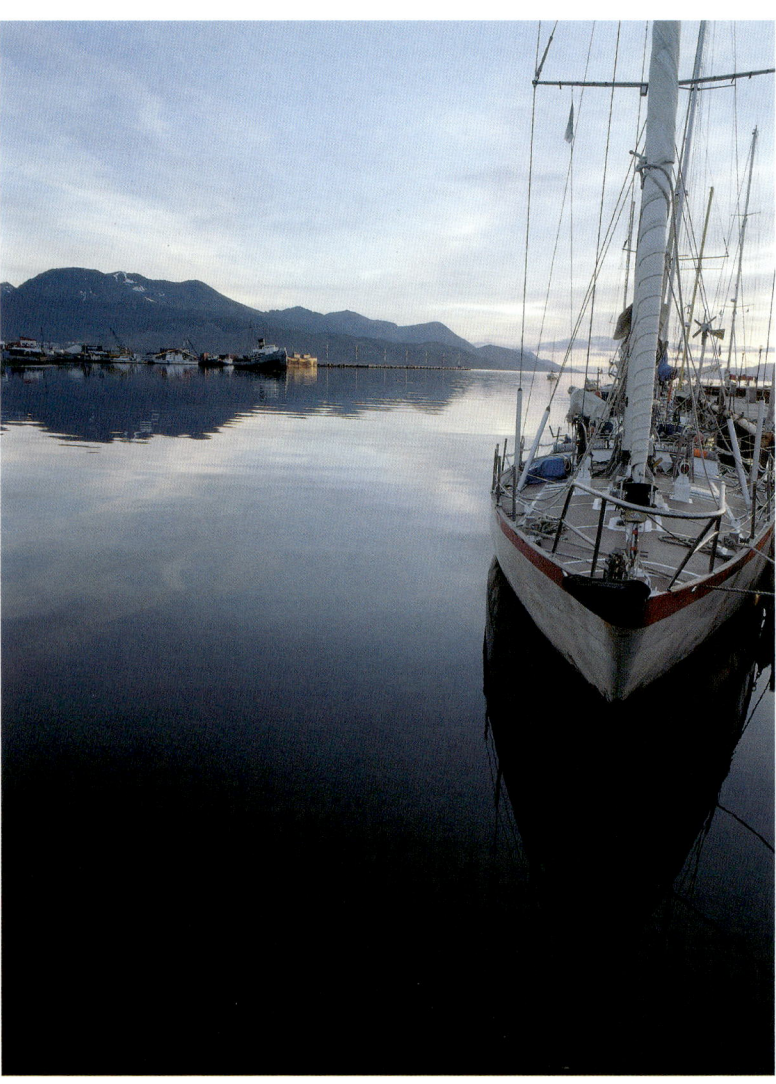

Con el canal Beagle frente a nuestros ojos en el club Náutico, la imaginación vuela y nos lleva a los lugares más remotos.

Staring at Beagle Channel from the Marina imagination flies and take us to the furthermost places.

En verano miles de visitantes ingresan con hermosas embarcaciones al nuevo puerto de la ciudad, siguiendo camino luego hacia el continente blanco.

Thousands of tourists arrive to the city's new harbour in summer, on their way to the White Continent.

Transatlánticos en el puerto.
Transatlantic Liners at dock.

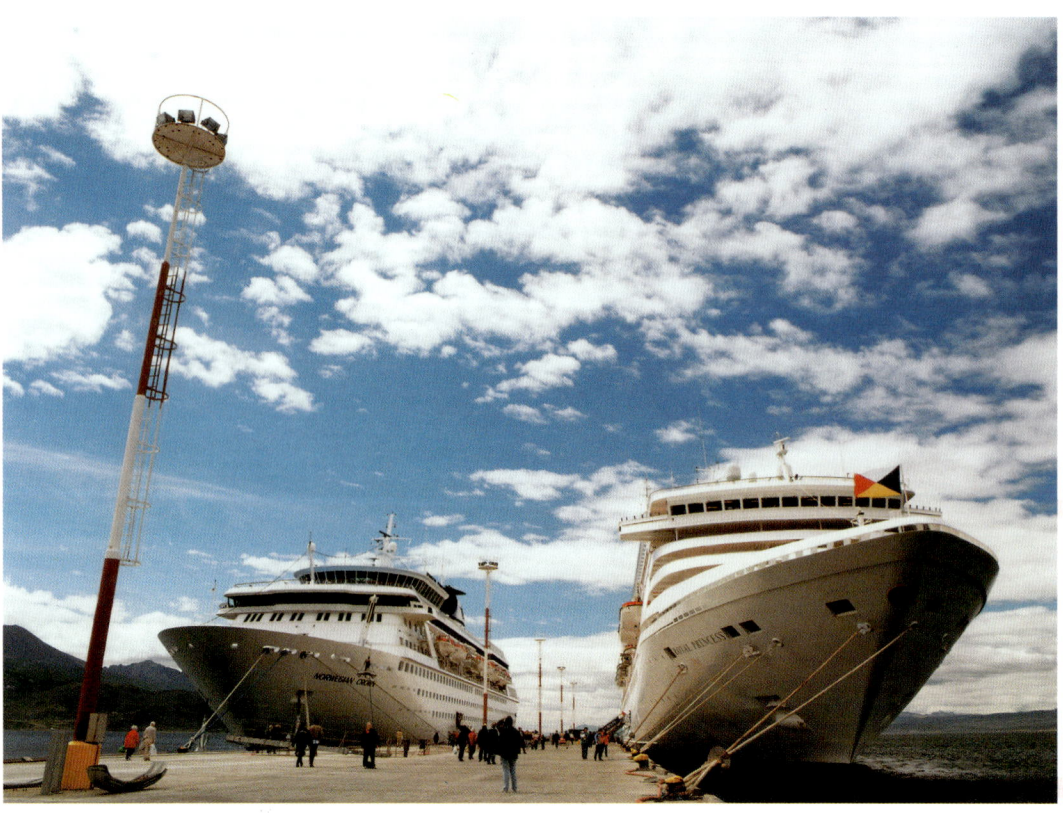

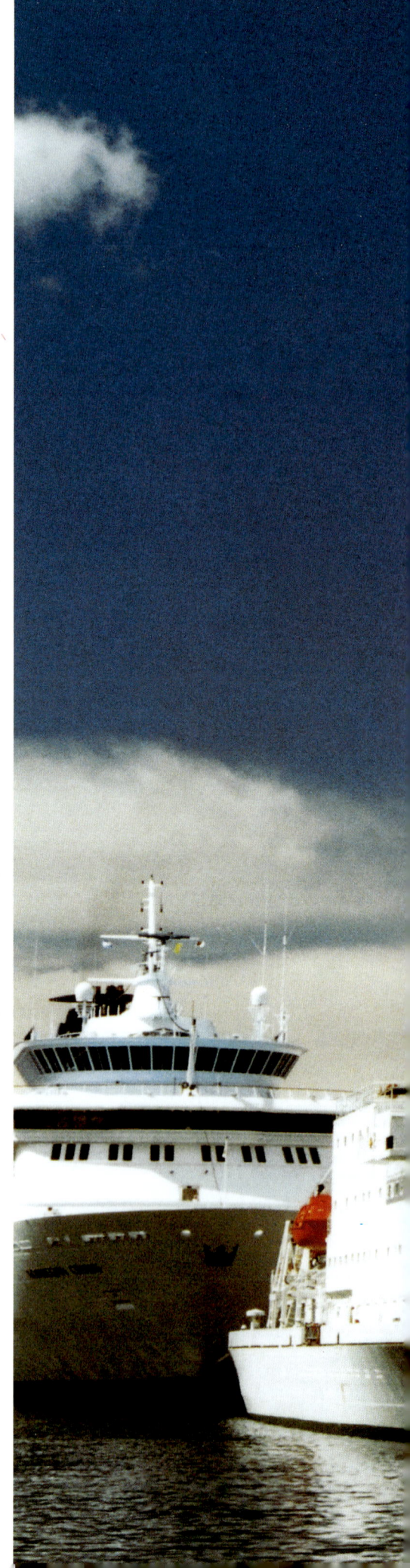

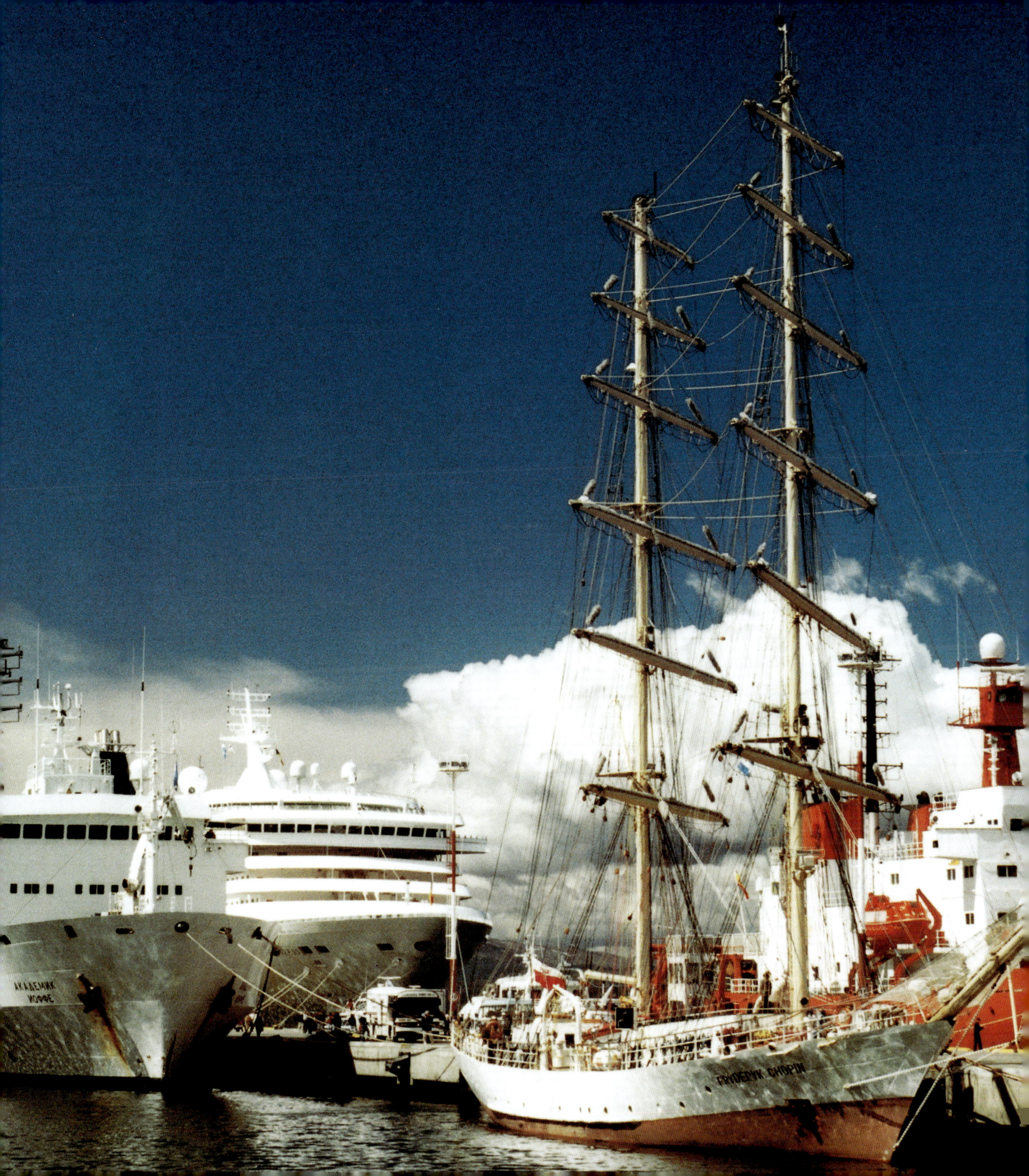

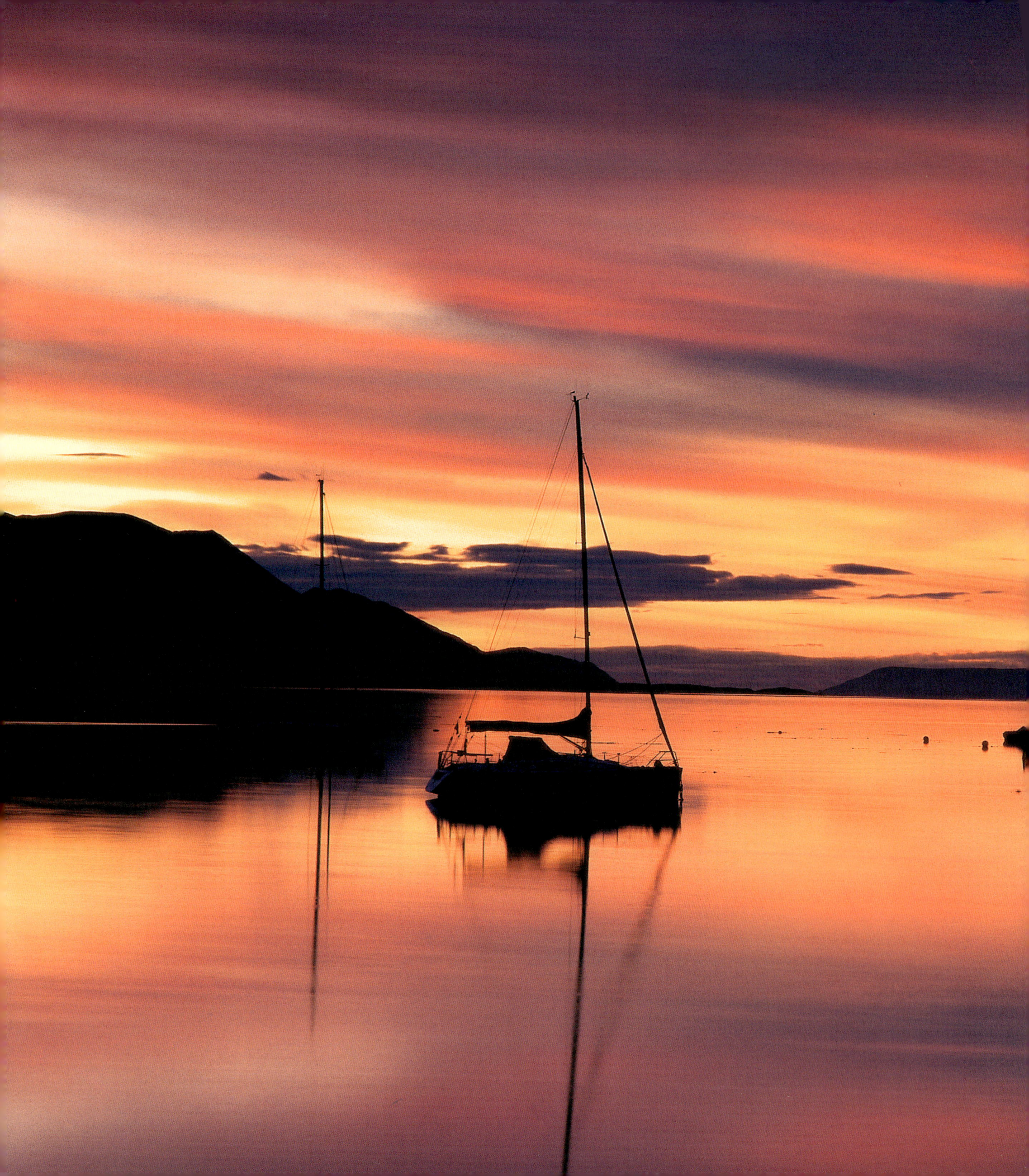

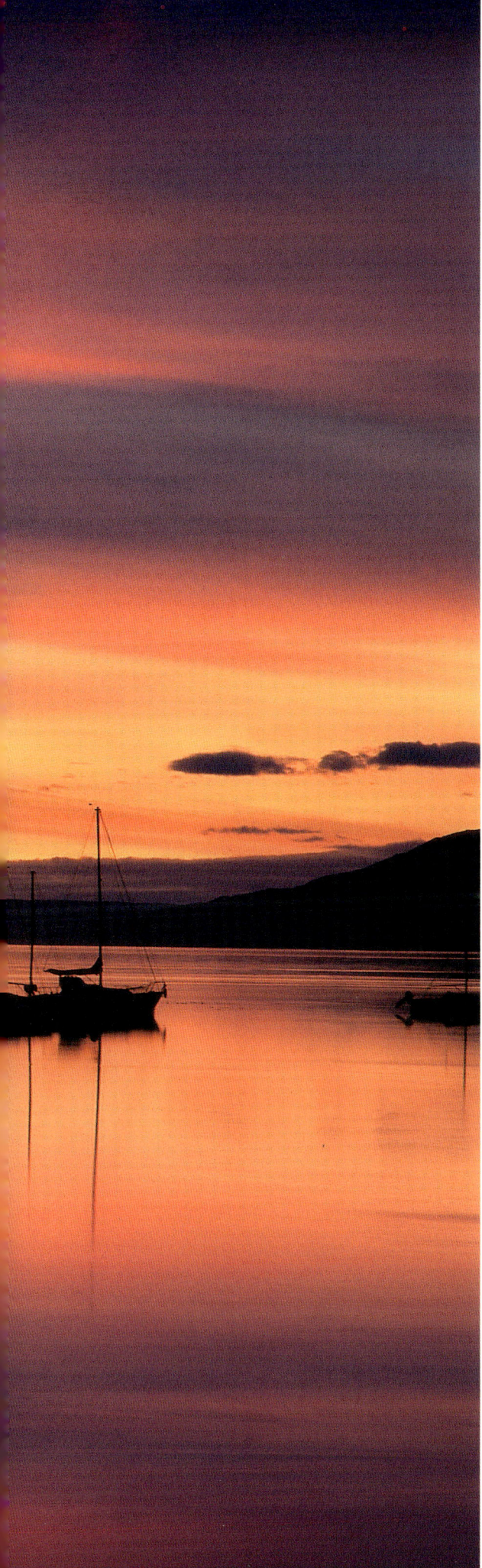

Distintas vistas de la bahía donde embarcaciones de diverso porte descansan de su travesía.
Three different views of the bay with ships at ease.

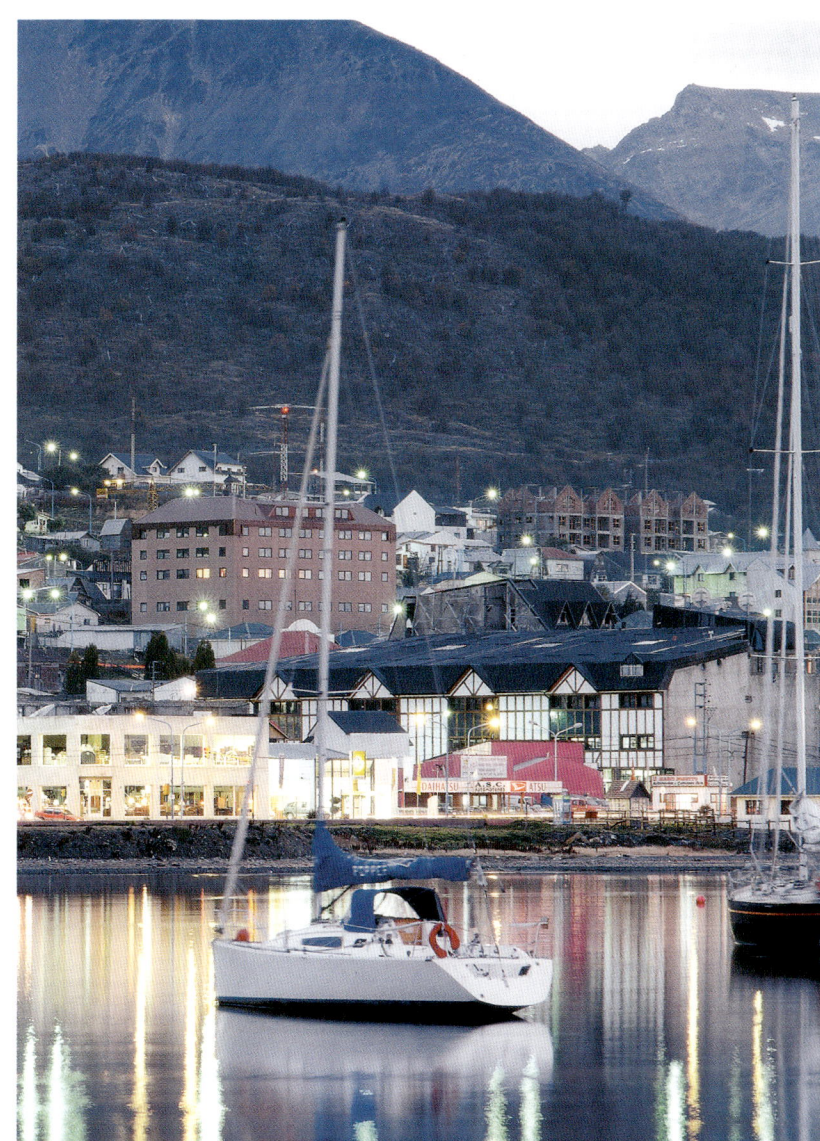

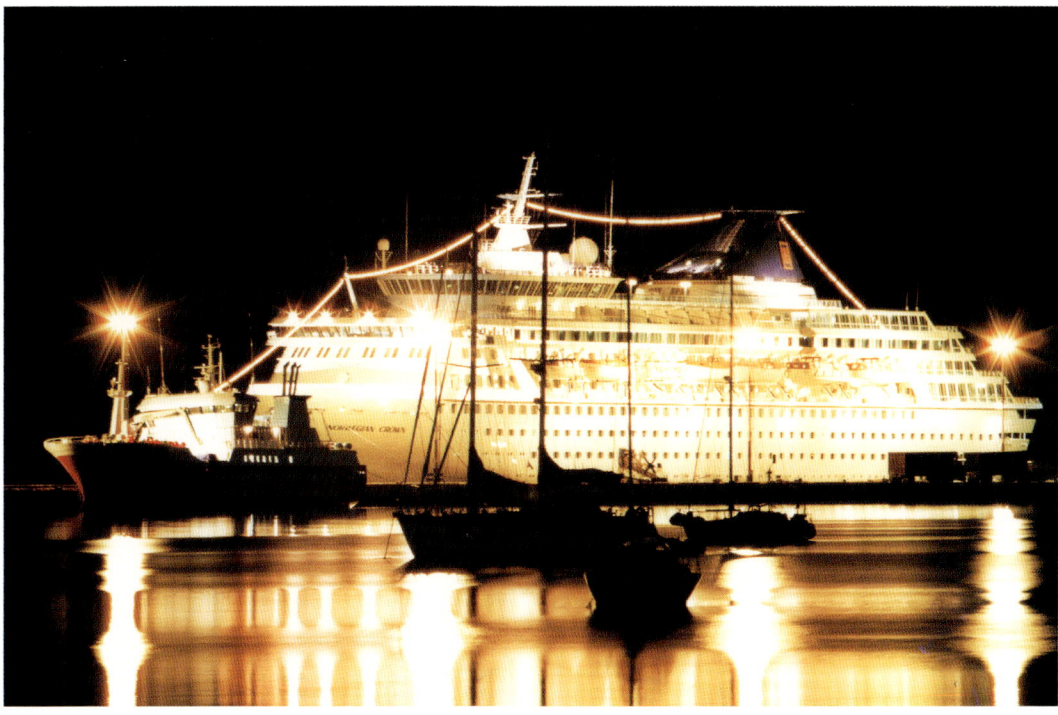

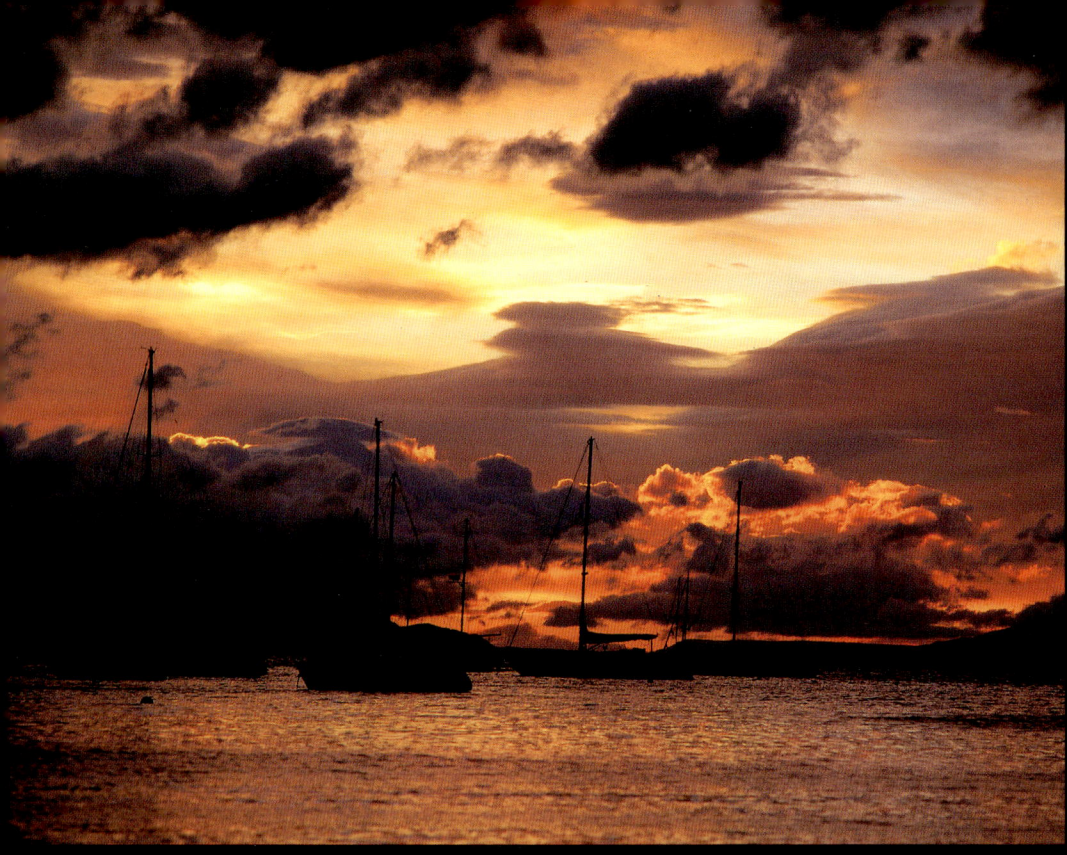

Transcurre el largo día en la bahía. Es verano y cada una de estas vistas semejan ser hermosos cuadros para deleite de quienes la visitan.

Summer days are long down at the bay. Any view from there is like a beautiful painting displaying itself to delight visitors.

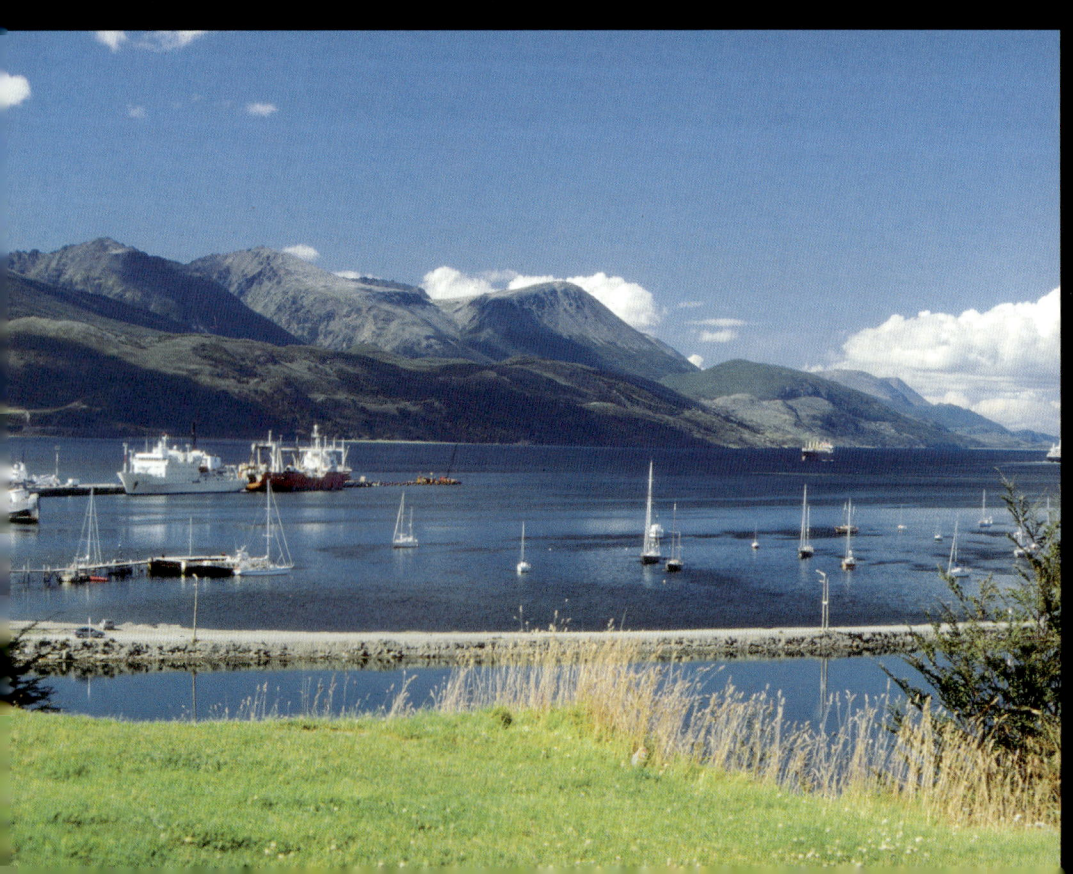

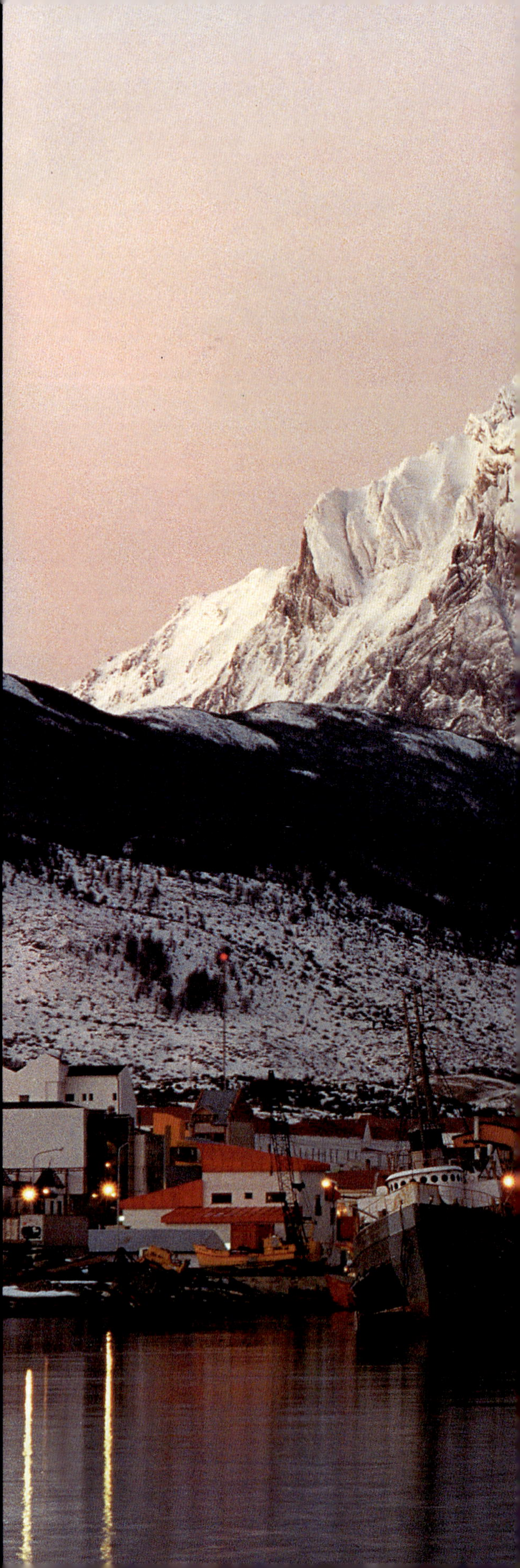

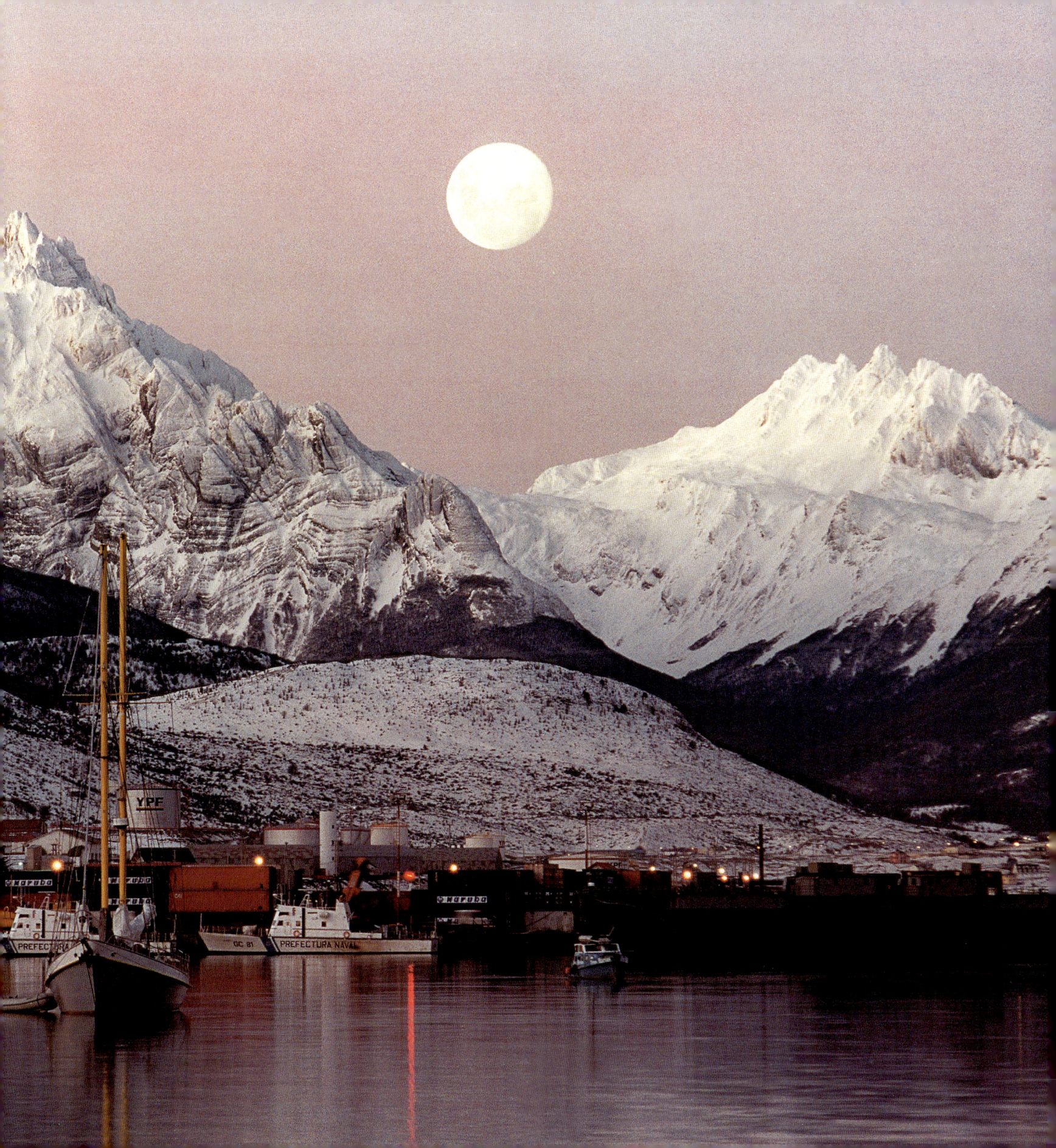

Luego de visitar Ushuaia y llevarse hermosos recuerdos, parte el barco por el canal Beagle, buscando nuevos puertos.

After visiting Ushuaia a ship sails away through the Beagle Channel towards a new harbour.

14

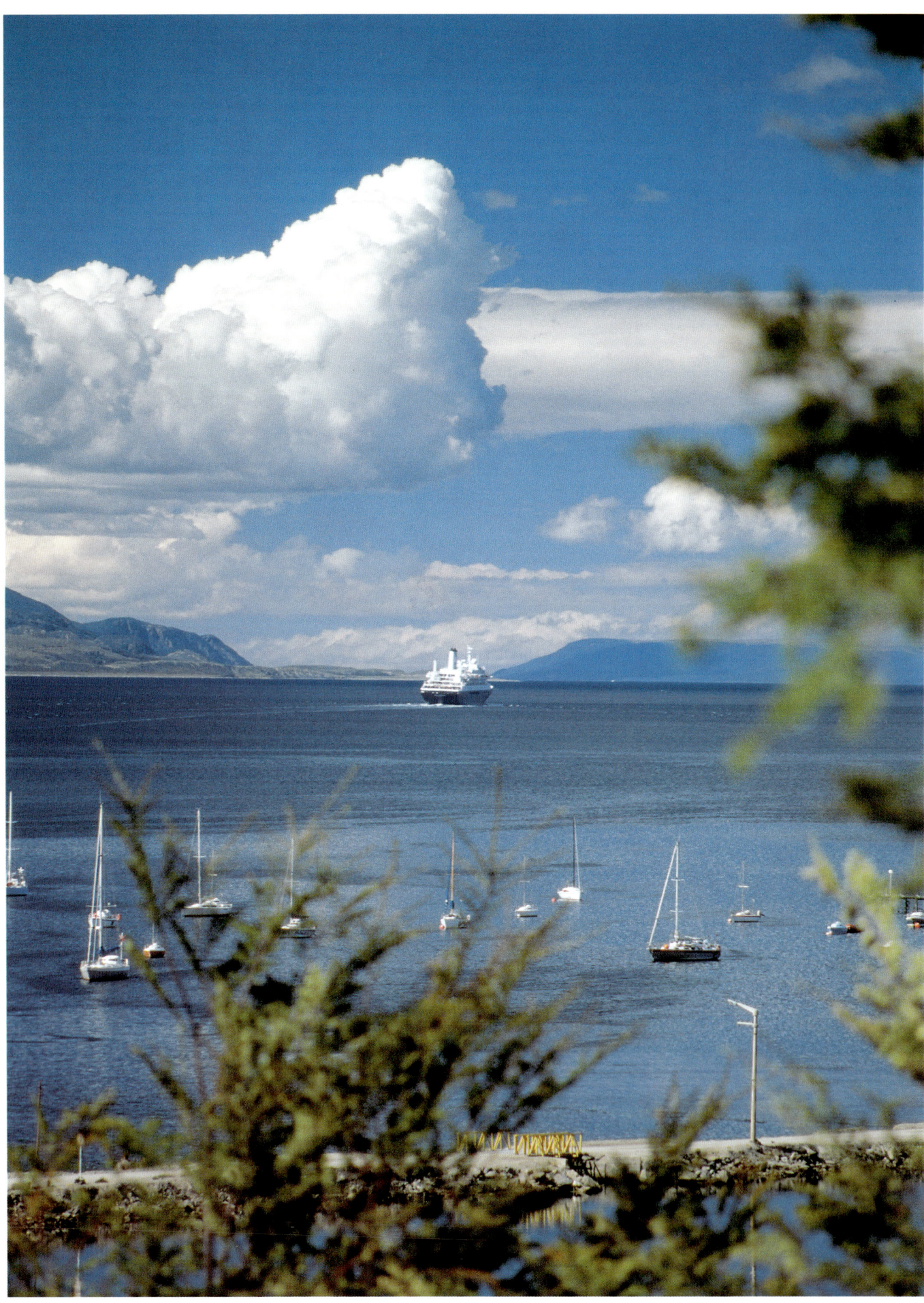

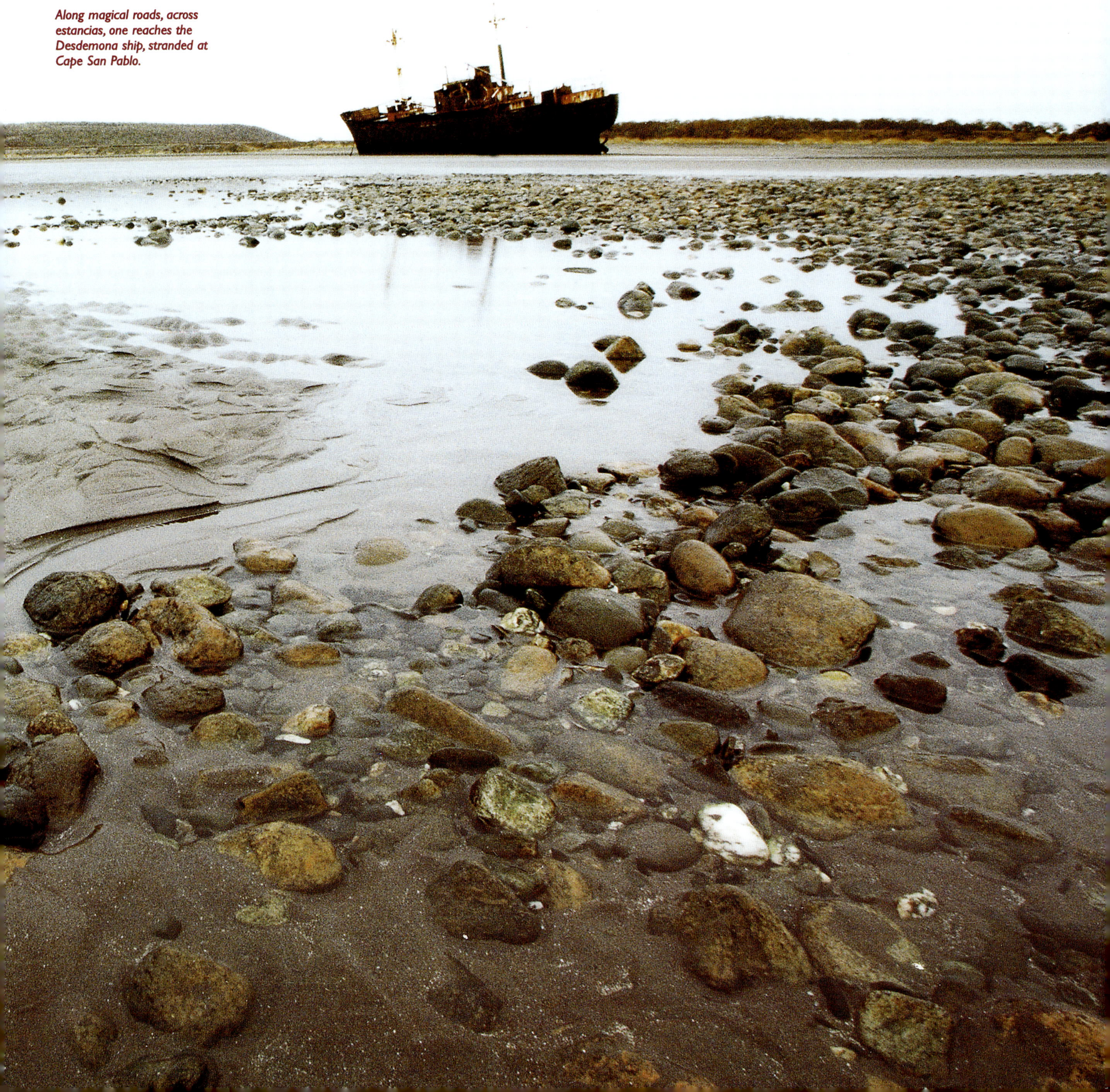

Pasando por mágicos
caminos, cruzando
estancias y senderos se
llega al barco Desdémona,
encallado en Cabo San
Pablo.

*Along magical roads, across
estancias, one reaches the
Desdemona ship, stranded at
Cape San Pablo.*

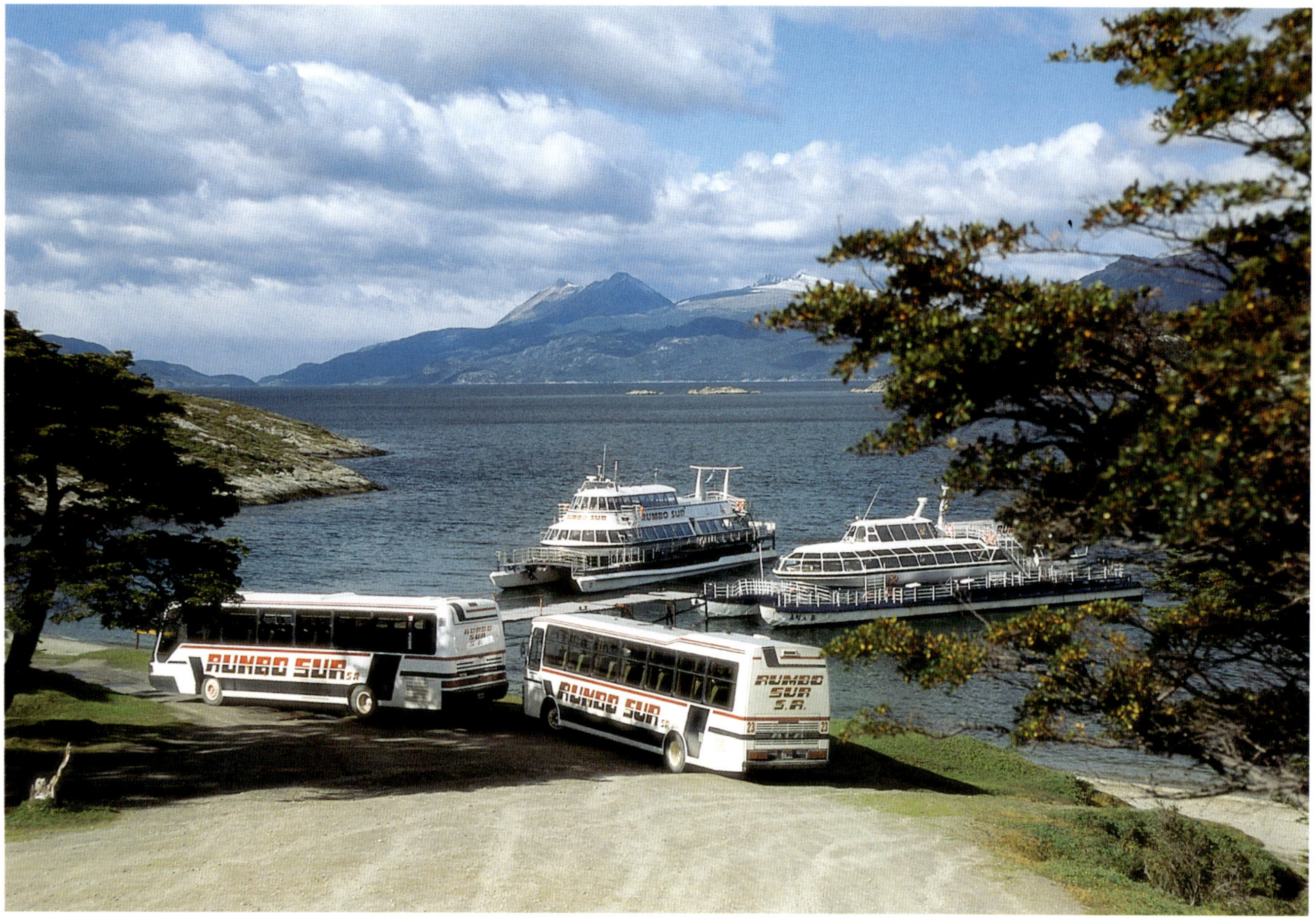

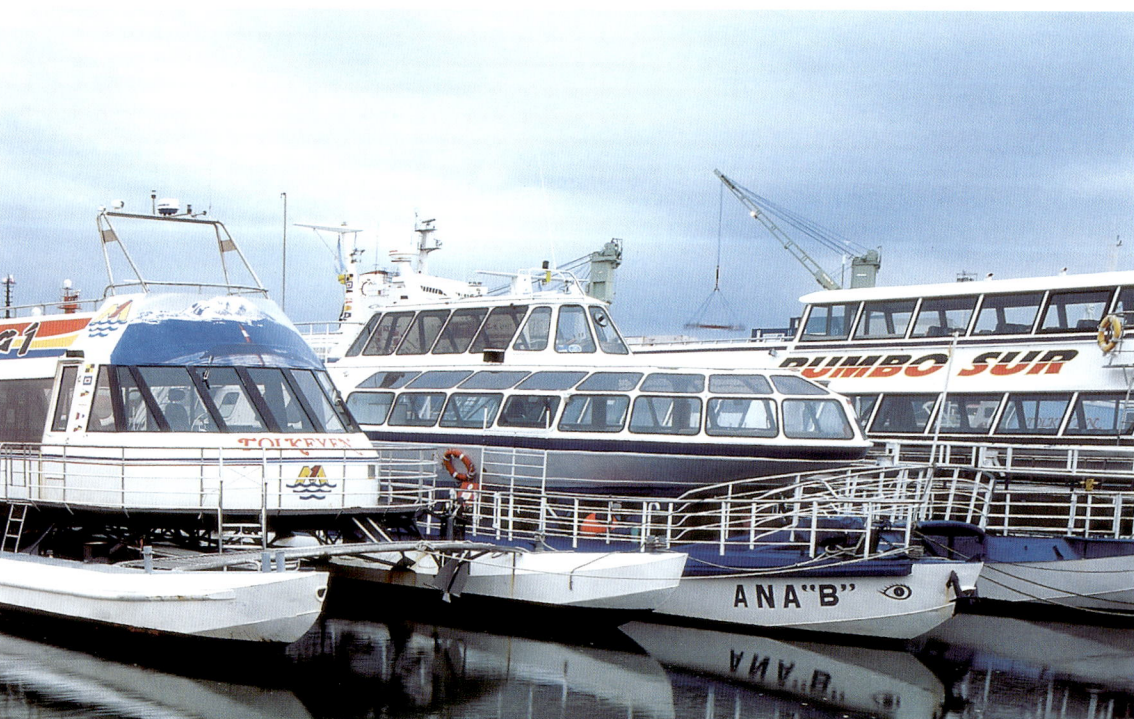

Pioneros en el turismo, esta empresa realiza excursiones marítimas, excursiones a la Antártida y charters con veleros ofreciendo paquetes turísticos a toda la Patagonia. En la foto vemos los catamaranes Ana B y Ezequiel MB.

Pioneers in the trade, this company offers maritime excursions, trips to Antarctica, chartered sailships and tours to all Patagonia.
In this picture, catamarans Ana B and Ezequiel MB.

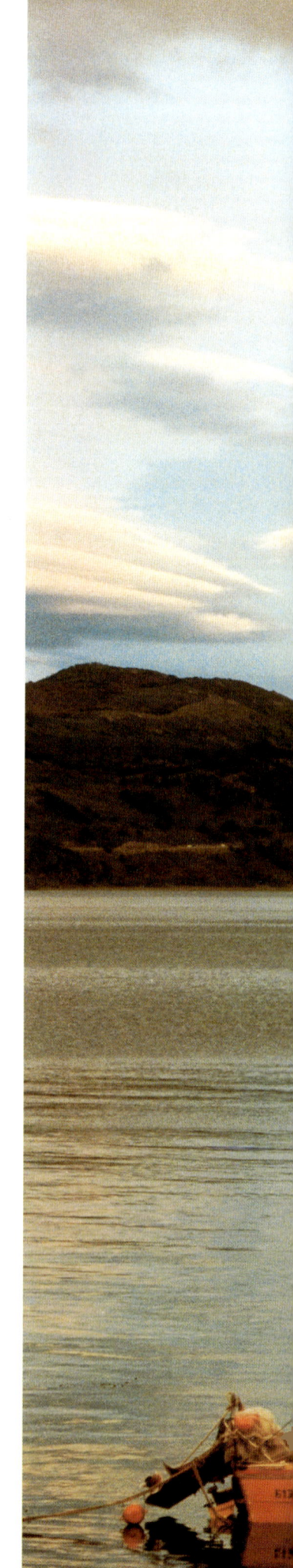

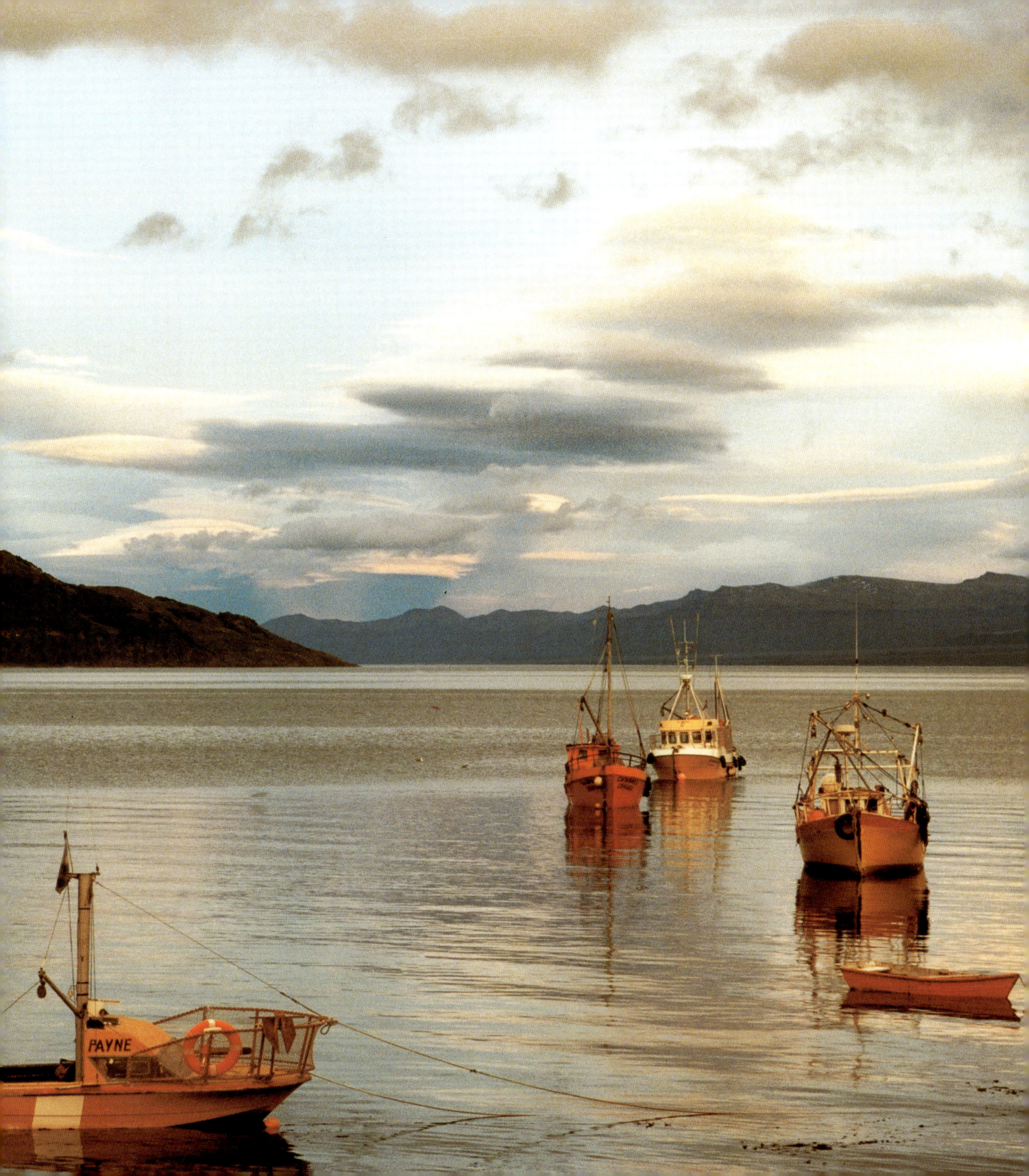

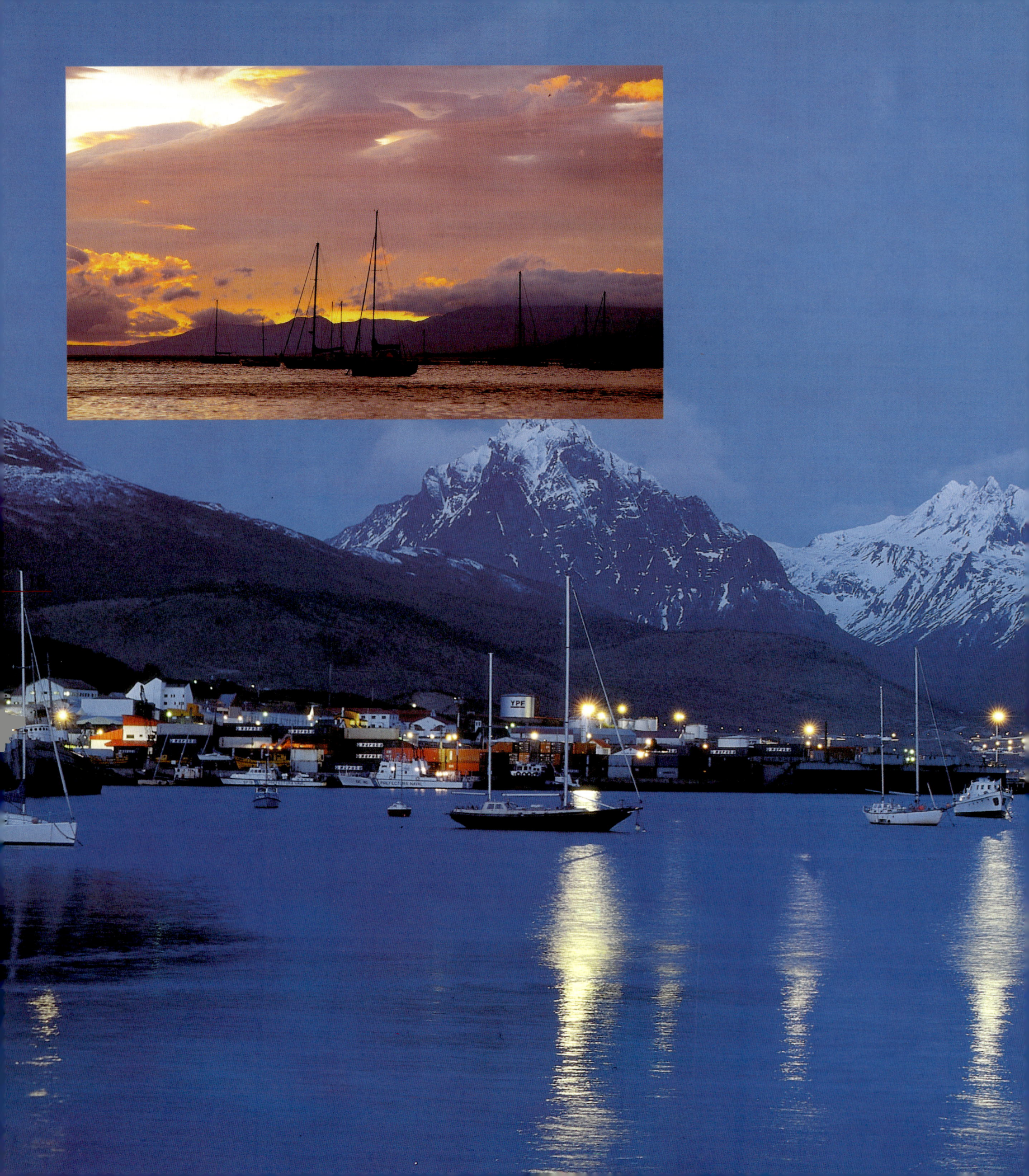

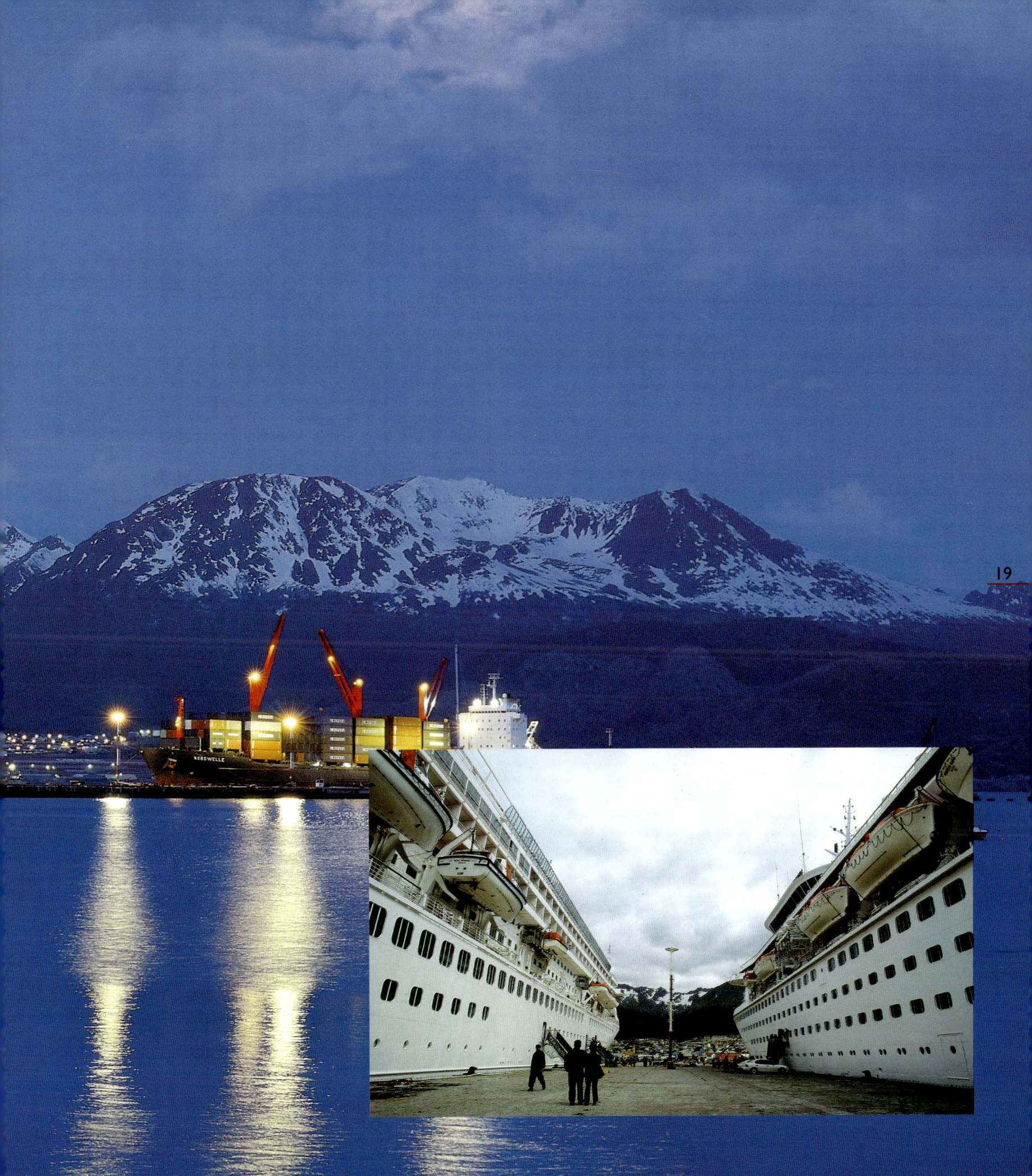

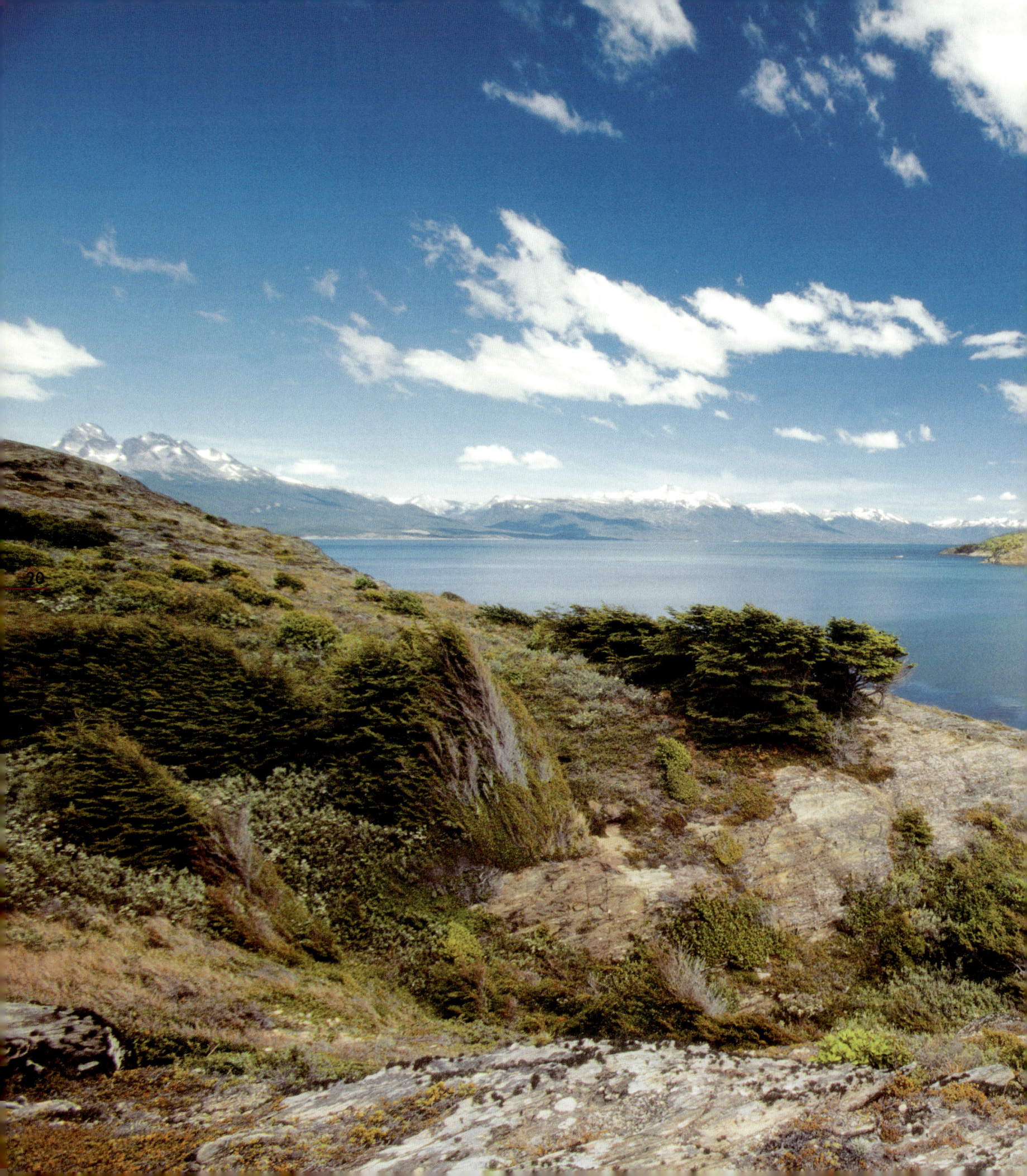

Hermosa vista desde Isla Redonda hacia el Parque Nacional Tierra del Fuego mostrando la Bahía La Pataia.

Beautiful view from Isla Redonda (round isle) to Tierra del Fuego National Park, showing La Pataia Bay.

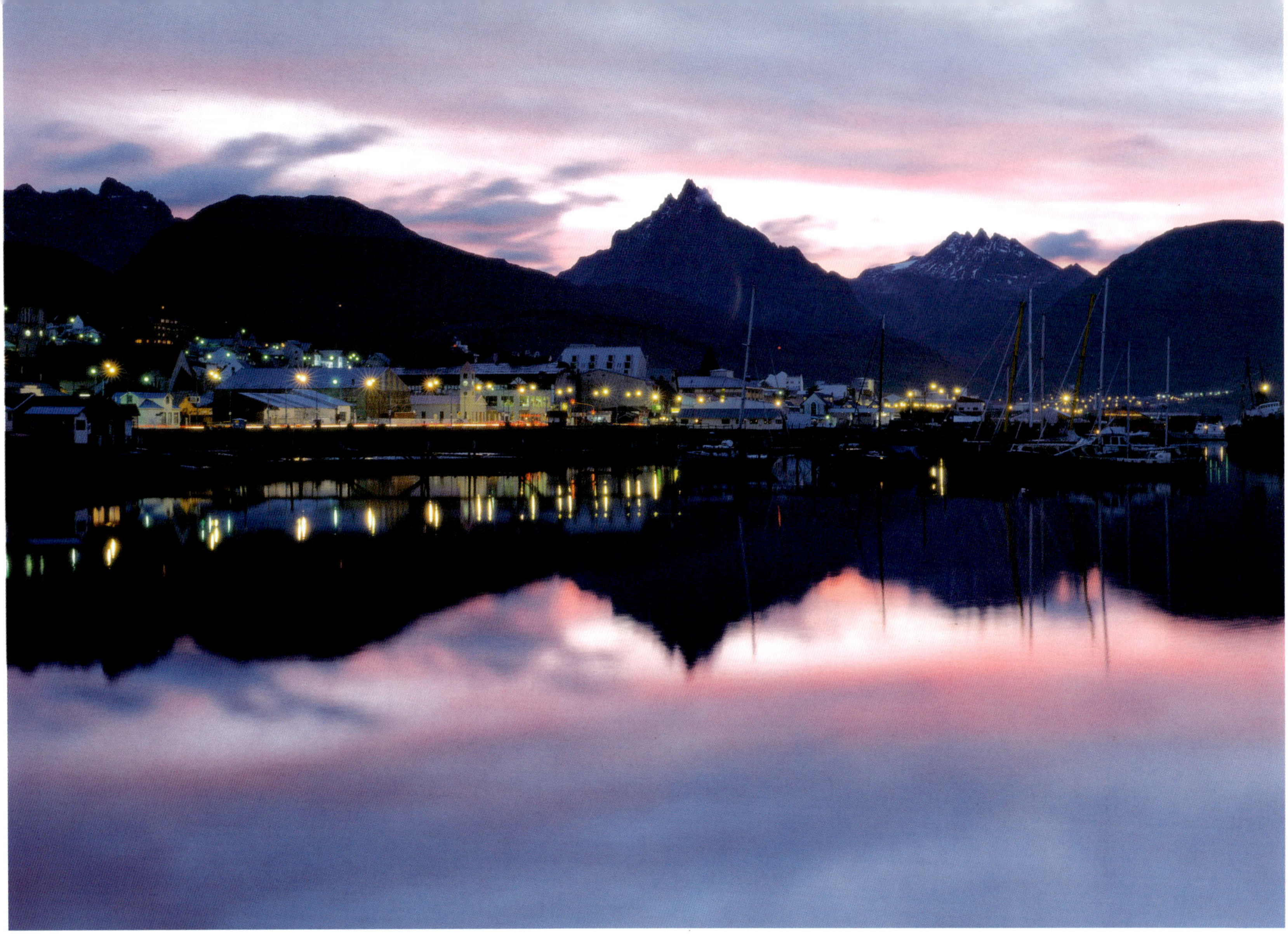

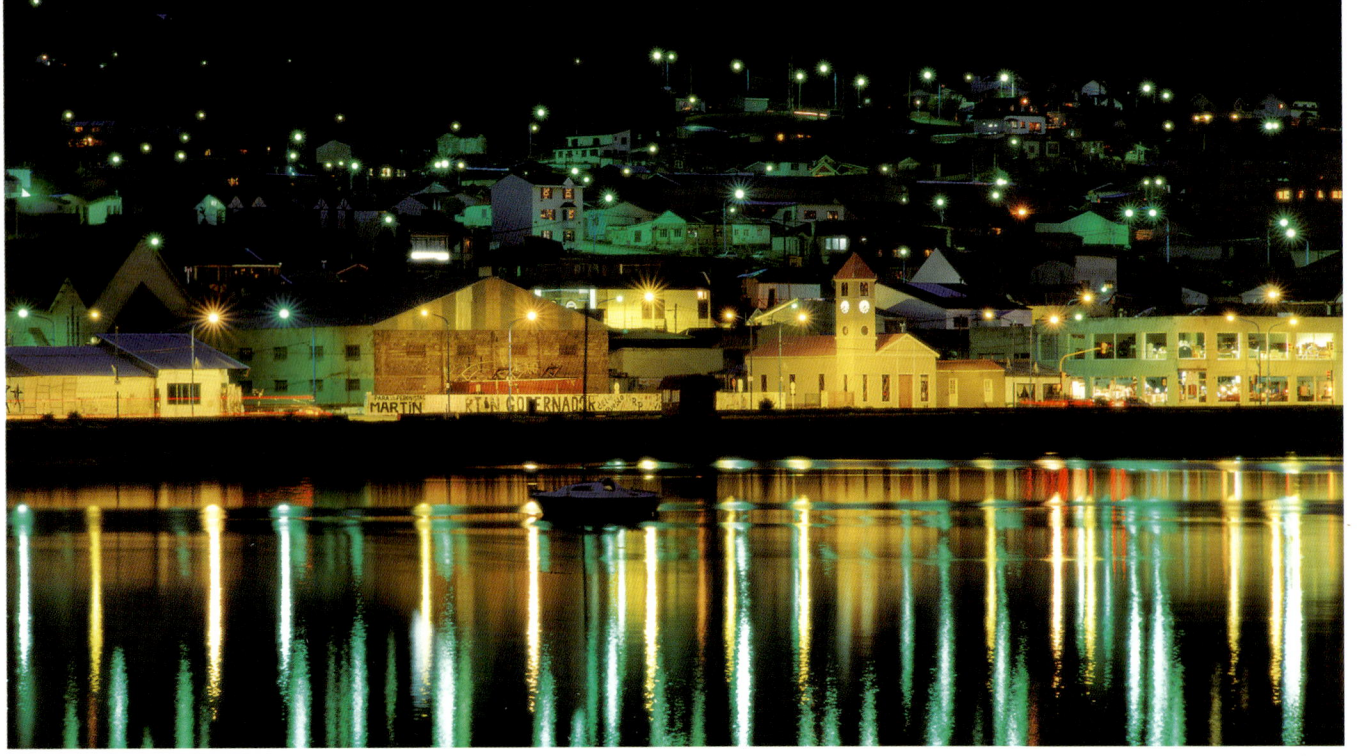

Arriba: el amanecer deslumbra al visitante con su mezcla de colores, dejando un recuerdo imborrable.
Abajo: el reflejo de las luces de la calle Maipú, la avenida costanera de la ciudad, sobre la bahía.

Above: Dawn overwhelms the observer with its blend of colours, leaving an everlasting impression.
Below: The lights of Maipu street reflected over the bay.

Vista desde el puerto, impacta al visitante la cúpula de la Casa de gobierno.

The eye-catching dome of the Government House, as seen from the harbour.

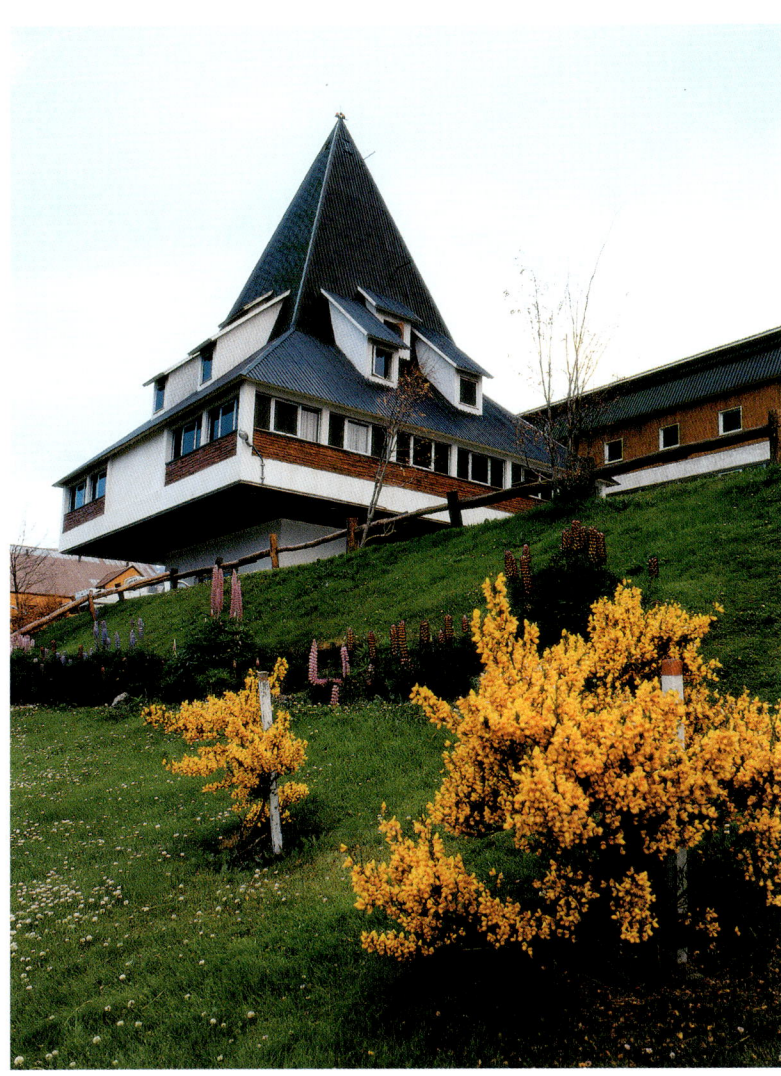

Abajo izquierda: intensidad de colores muestran los lupinos en los jardines fueguinos en verano.

Below left: Lupins show their intense colours in the summer fuegian gardens.

La calle San Martín, lugar donde el centro comercial se desarrolla en distintos rubros.

San Martin street, the city's commercial centre.

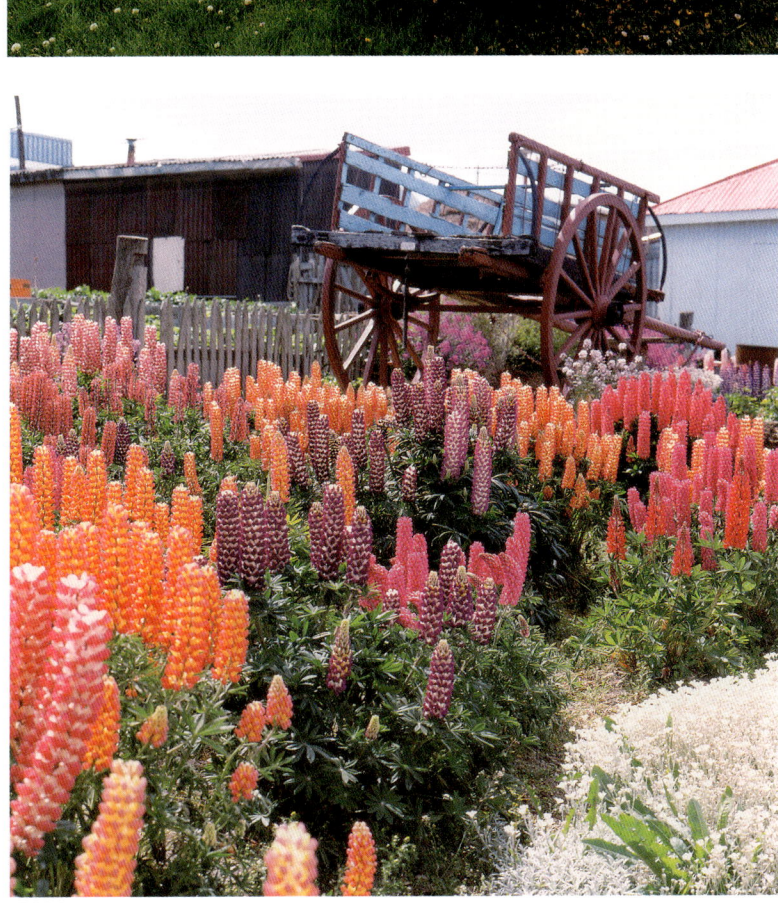

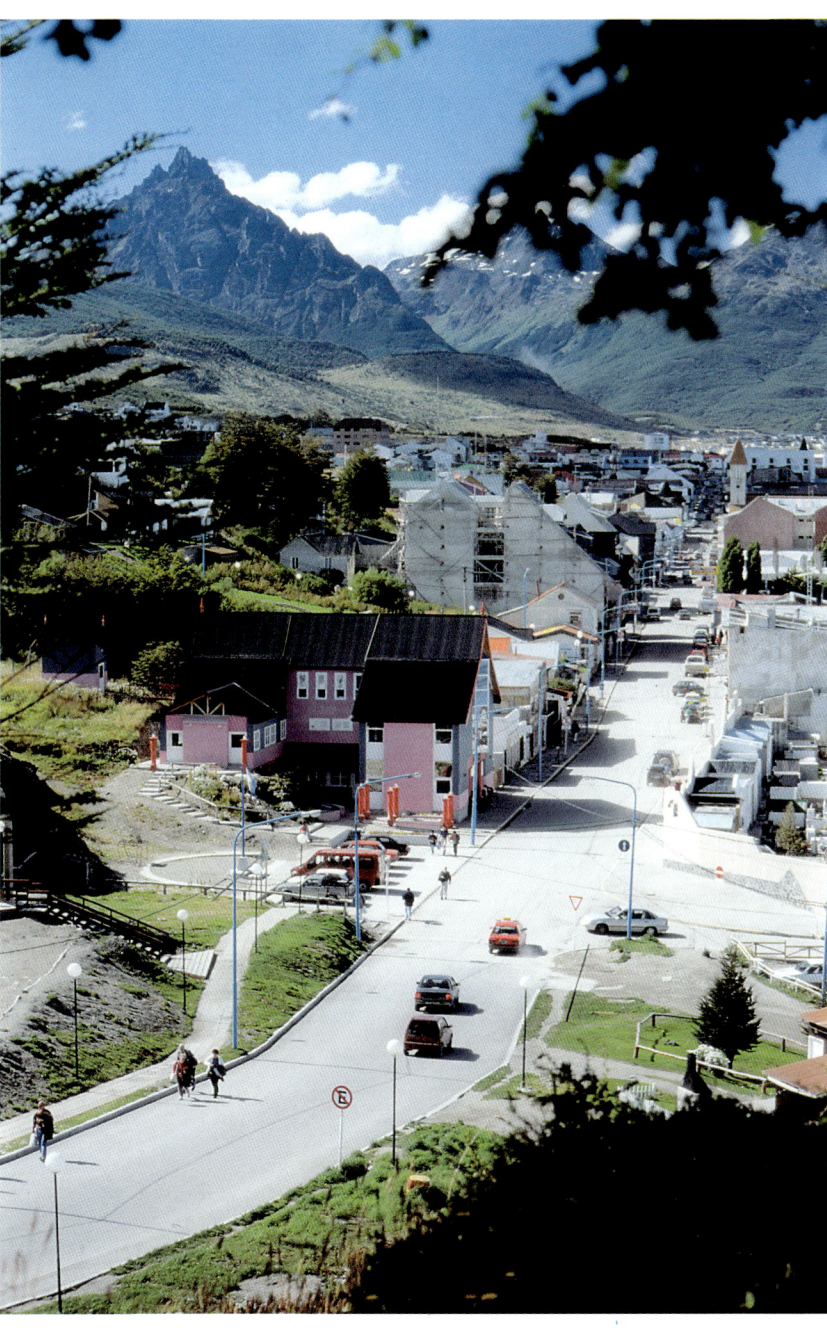

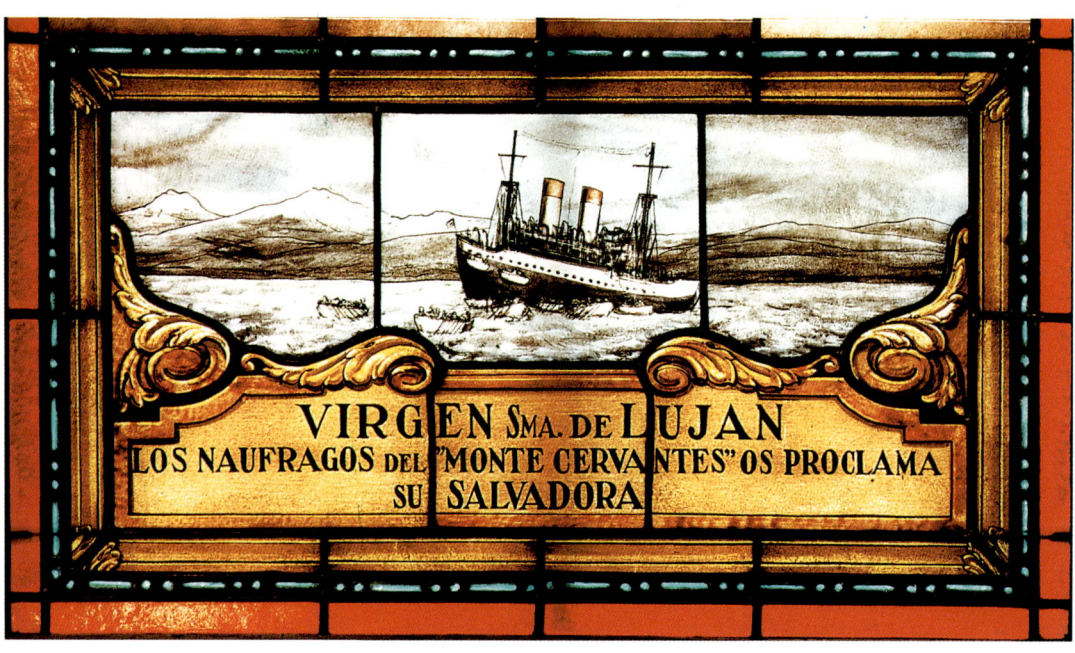

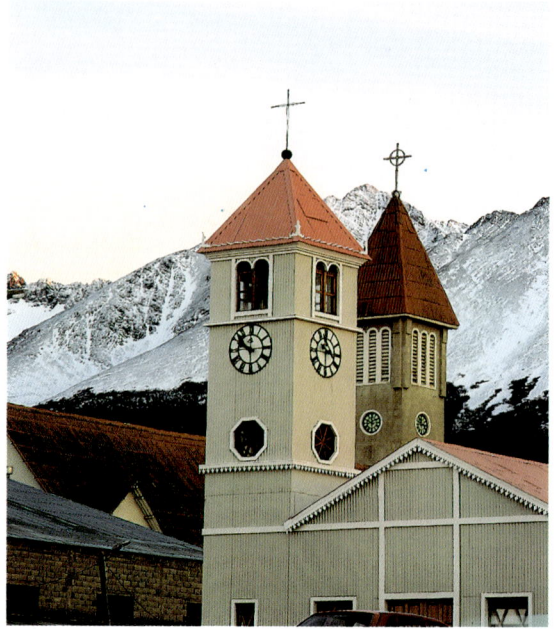

La Catedral es una visita obligada para los turistas donde se puede encontrar, en sus vitrales, hermosas obras de arte que narran por ejemplo, el naufragio de la embarcación Monte Cervantes y proclaman a la virgen de Lujan como su salvadora. Abajo a la derecha, la nave central de la catedral metropolitana. Arriba derecha: las torres que muestran la antigua y actual construcción.

The Cathedral and its beautiful vitraux, displaying stories like the one of the Monte Cervantes shipwreck and its saviour , the Virgin of Lujan.
Below right: The central nave. Above right: The towers that show the old and the new construction.

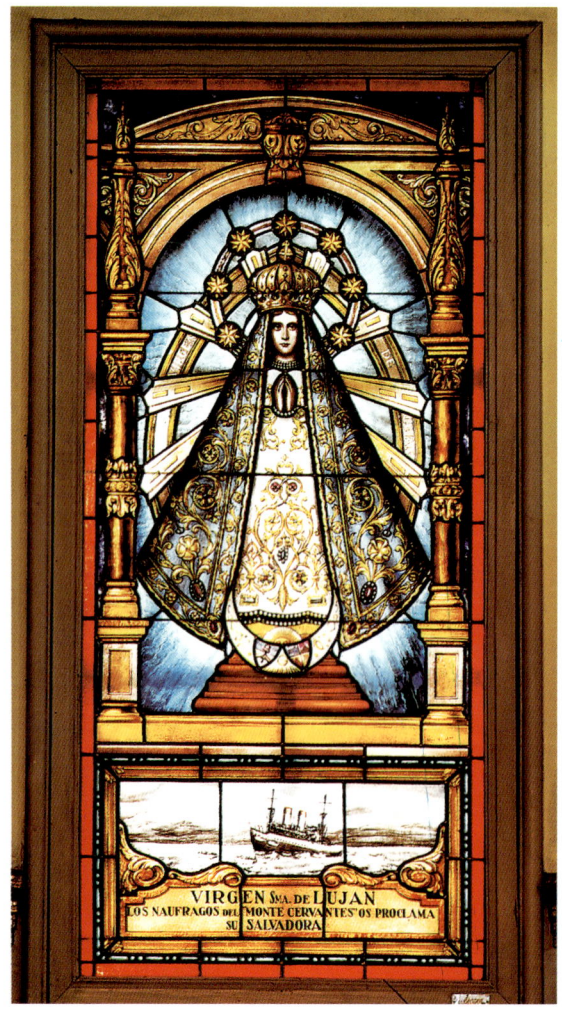

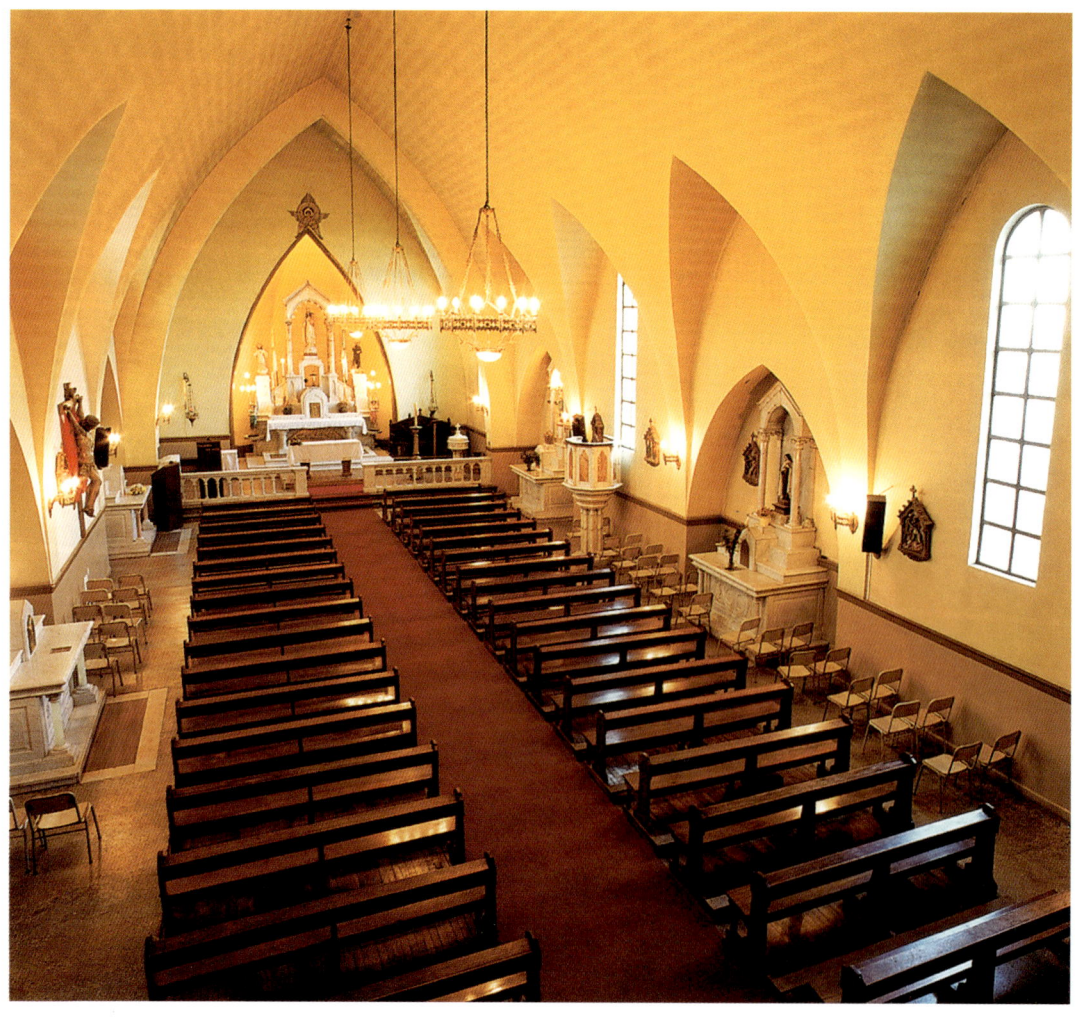

Catedral

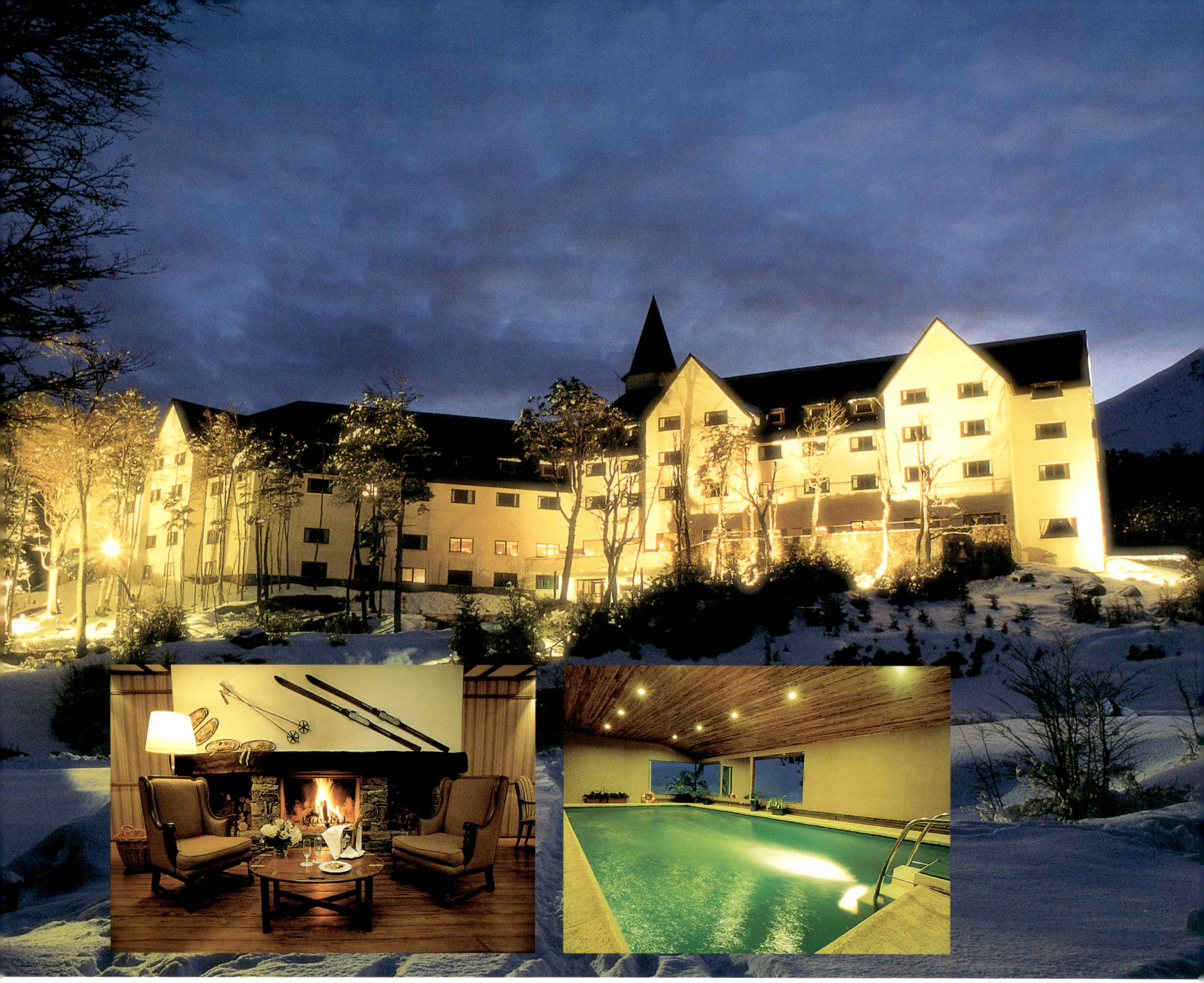

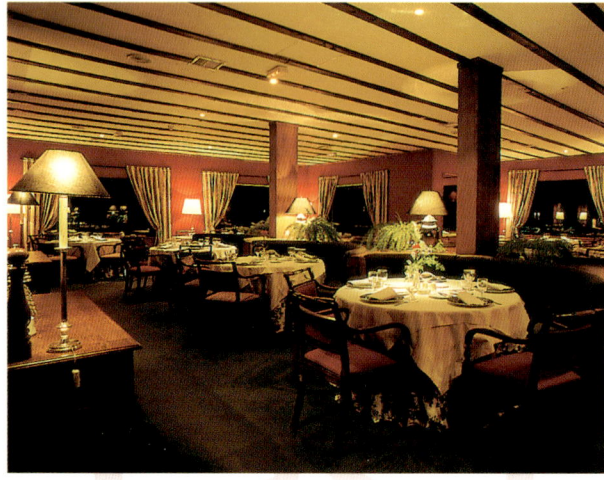

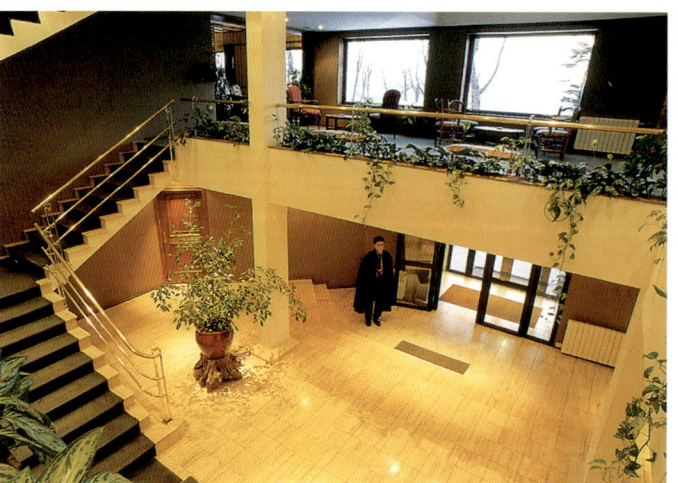

Mirando hacia la bahía y la ciudad, se emplaza el Hotel Las Hayas, donde la excelencia, calidez y calidad se destacan.

Hotel Las Hayas, looking out on the city and the bay, with outstanding quality service.

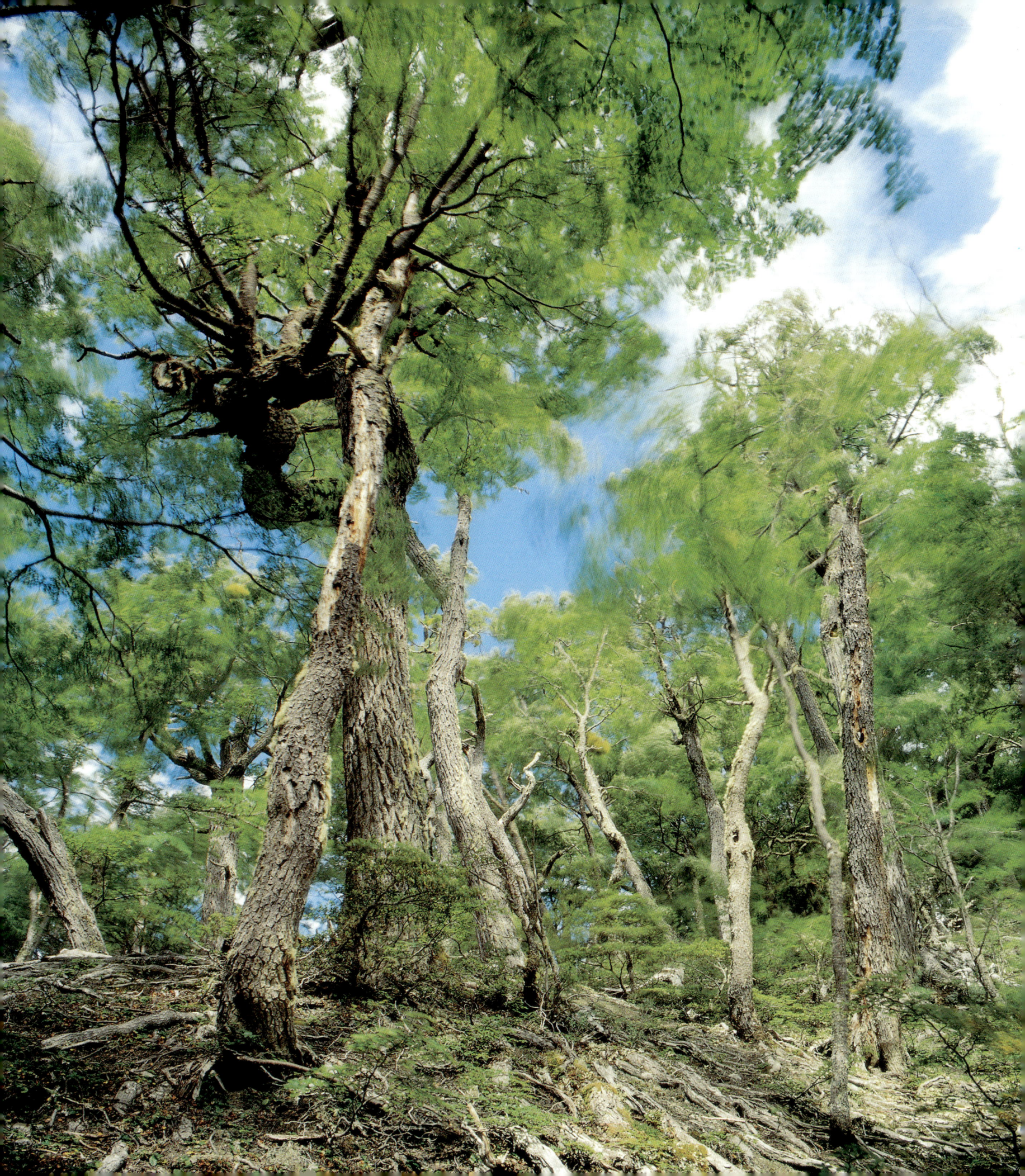

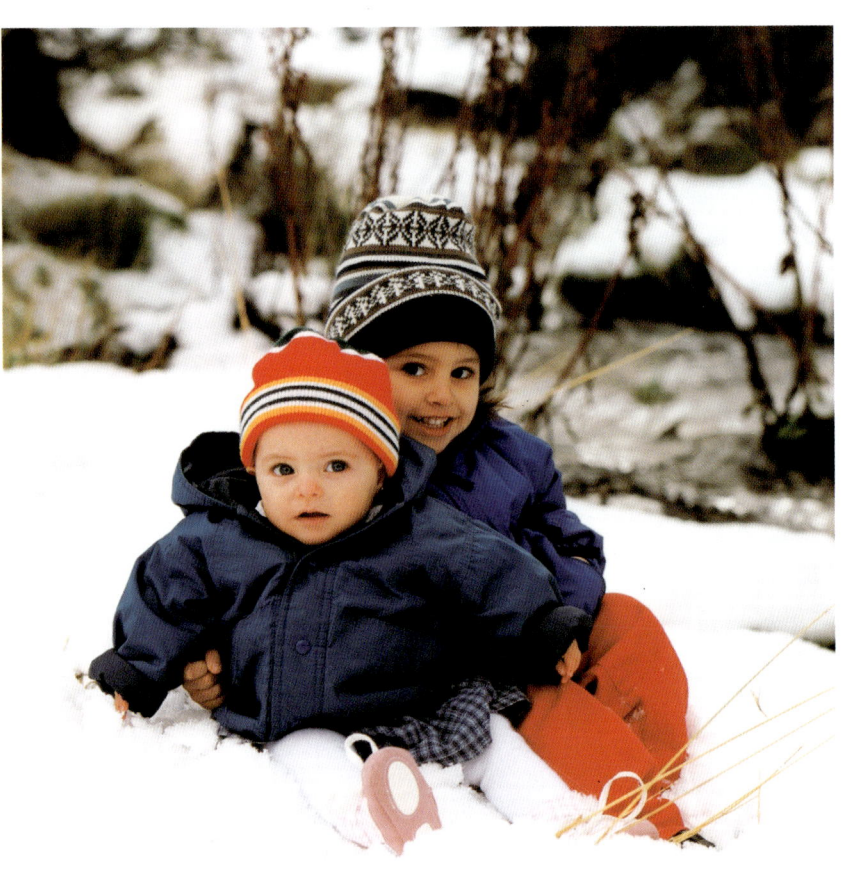

Rocío Abril y María Celeste Betsabé, nacidas en Ushuaia, disfrutan de un momento en el Parque Nacional.

Rocío Abril and María Celeste Betsabé, born in Ushuaia, enjoy the moment at the National Park.

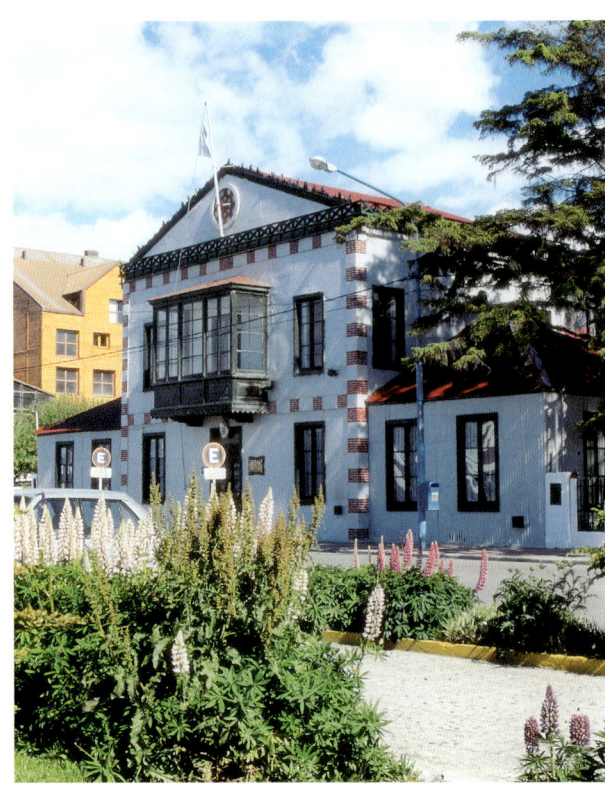

Una antigua arquitectura que se encuentra en la Av. Maipú frente a la plaza cívica.

An old building standing in Maipú Ave., in front of the civic square.

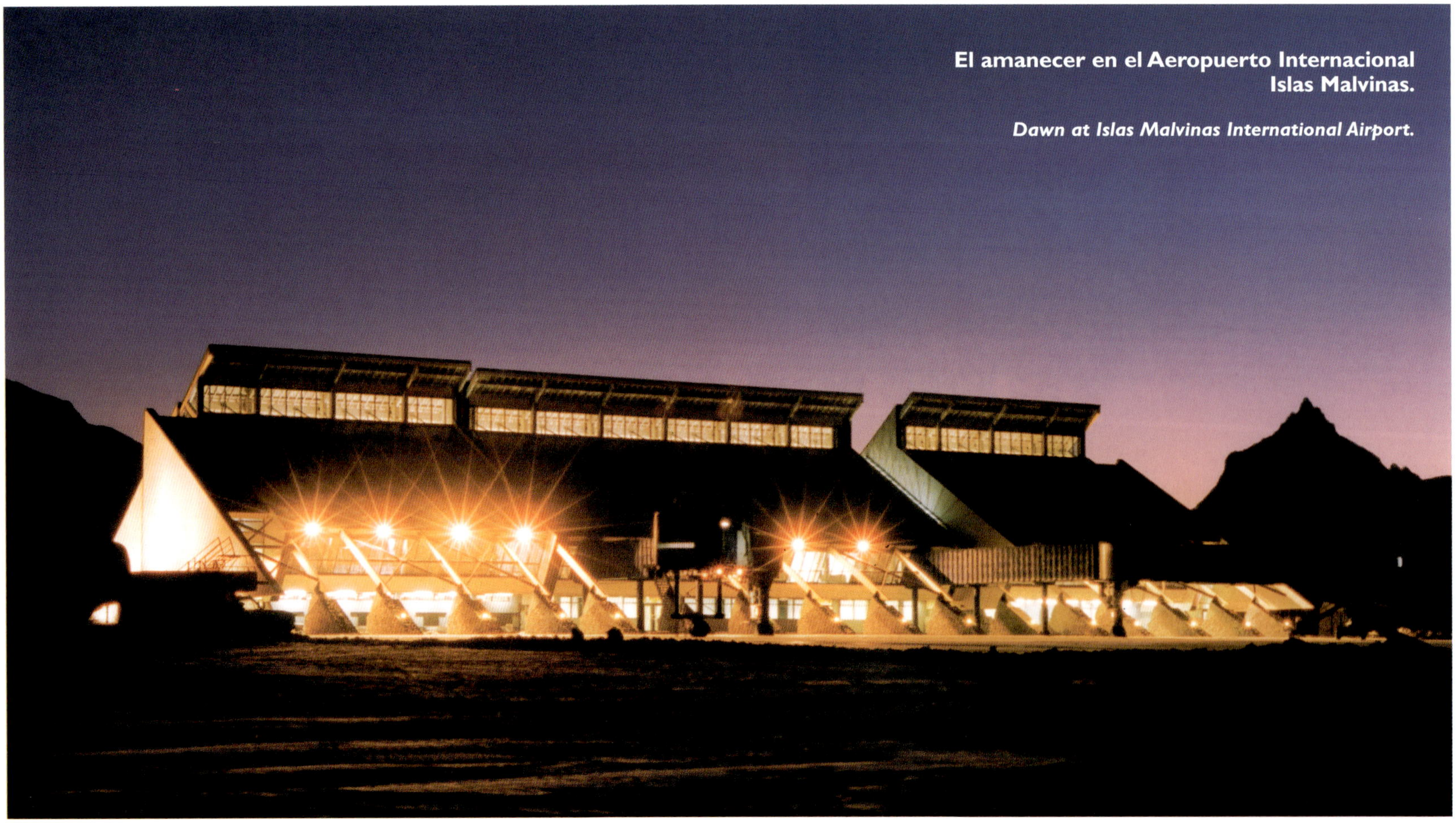

El amanecer en el Aeropuerto Internacional Islas Malvinas.

Dawn at Islas Malvinas International Airport.

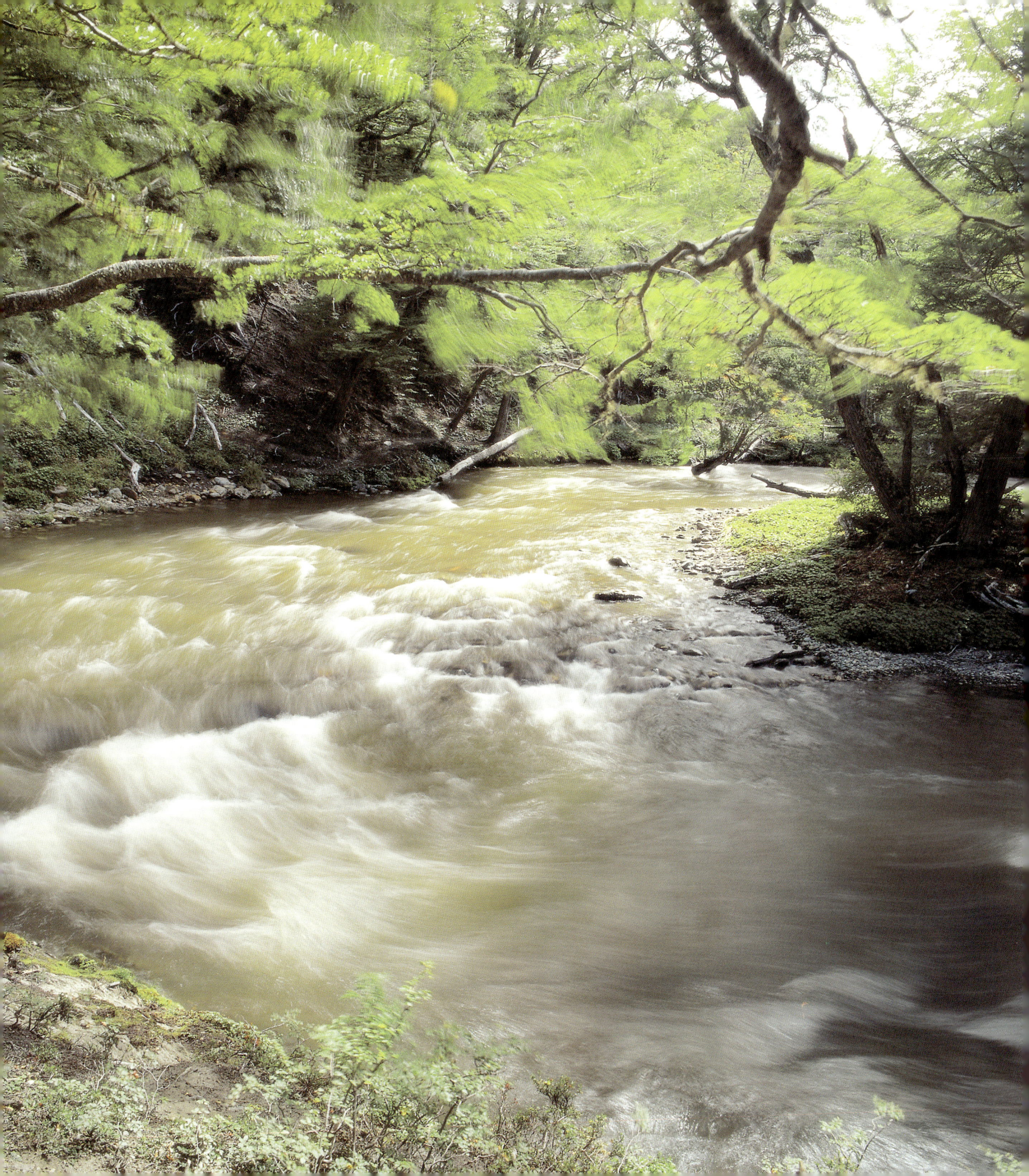

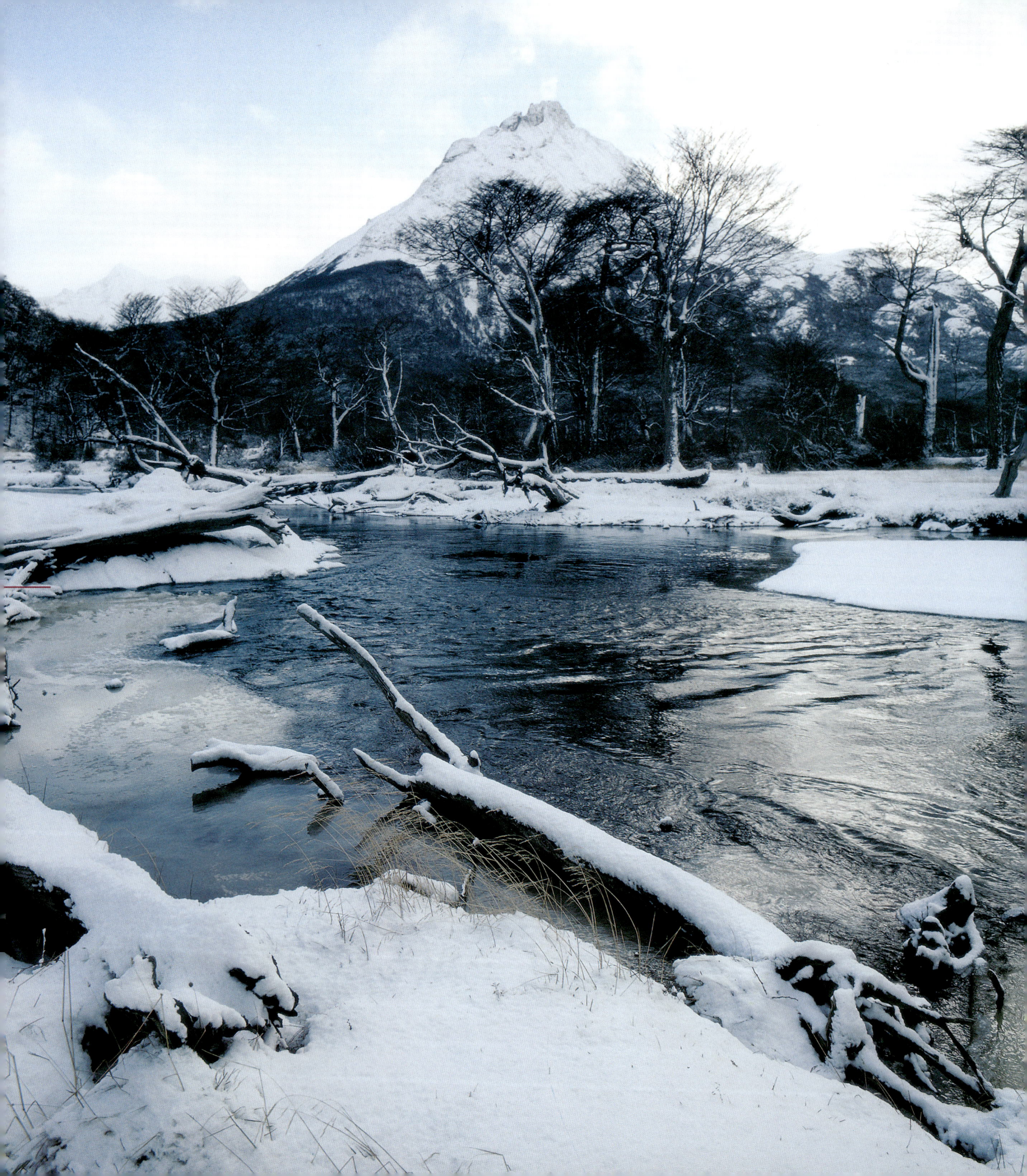

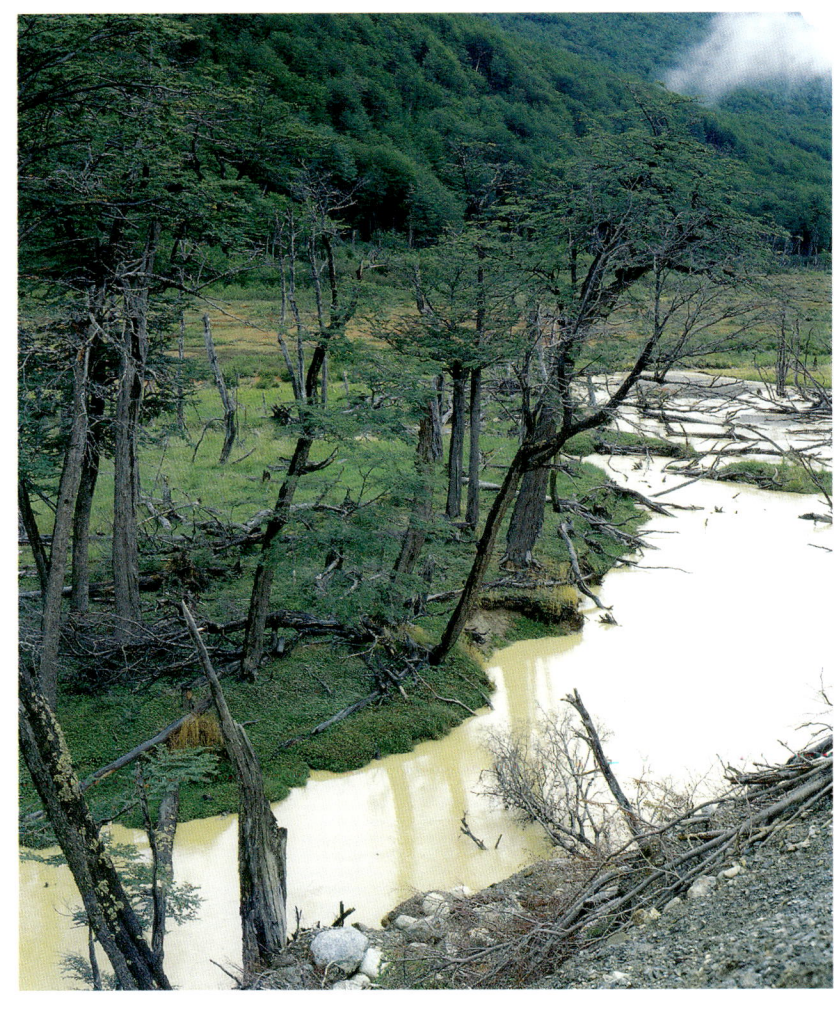

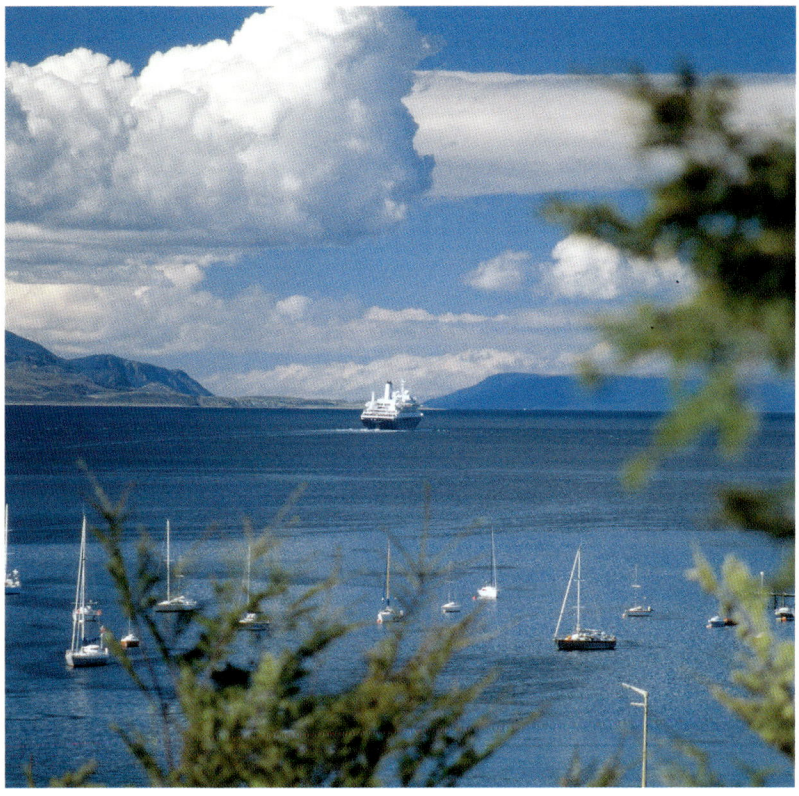

Los distintos procesos climáticos y los cambios de temperatura generan sobre el río Olivia originales paisajes.

Weather and temperature changes produce surprising landscapes on Olivia River.

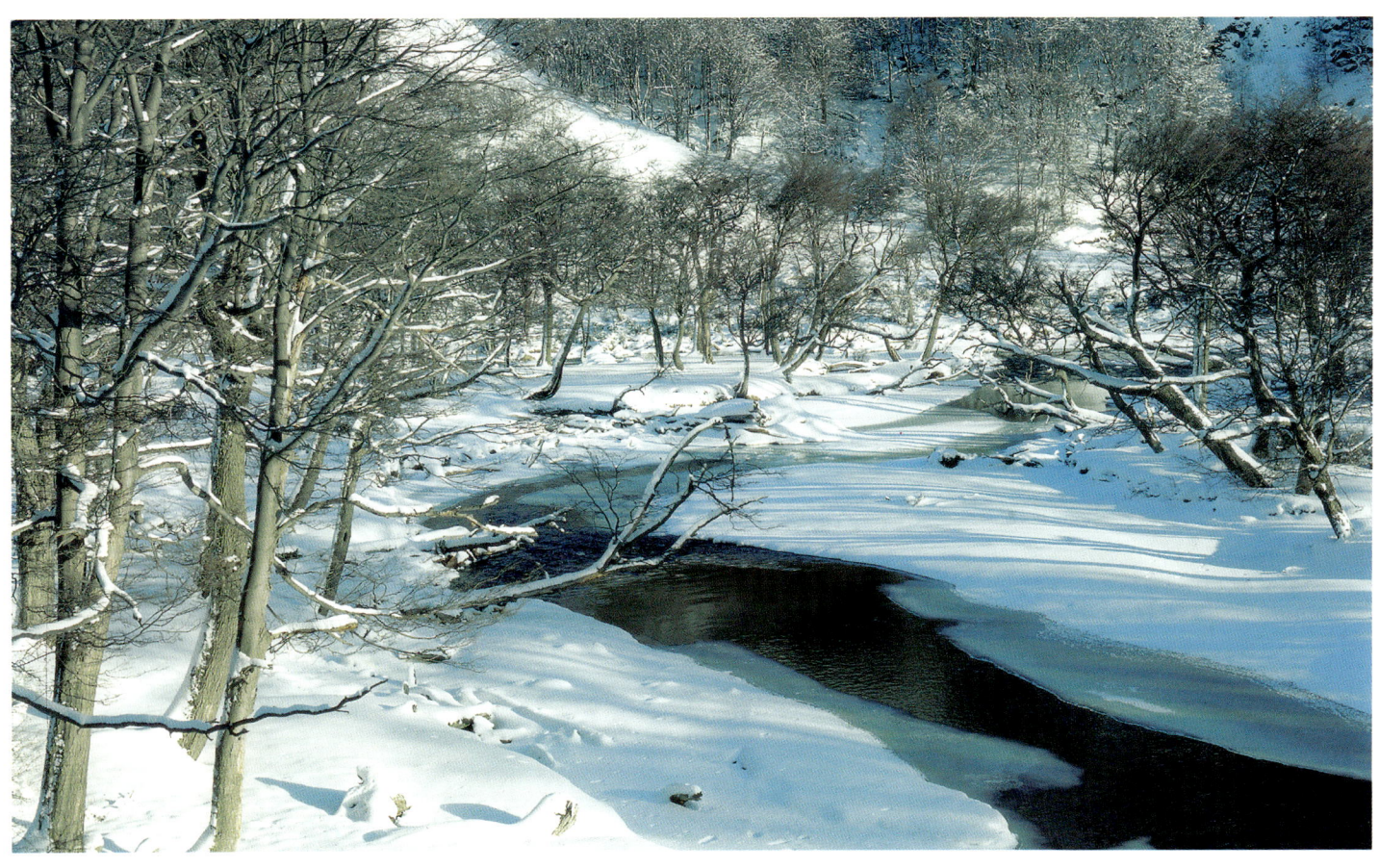

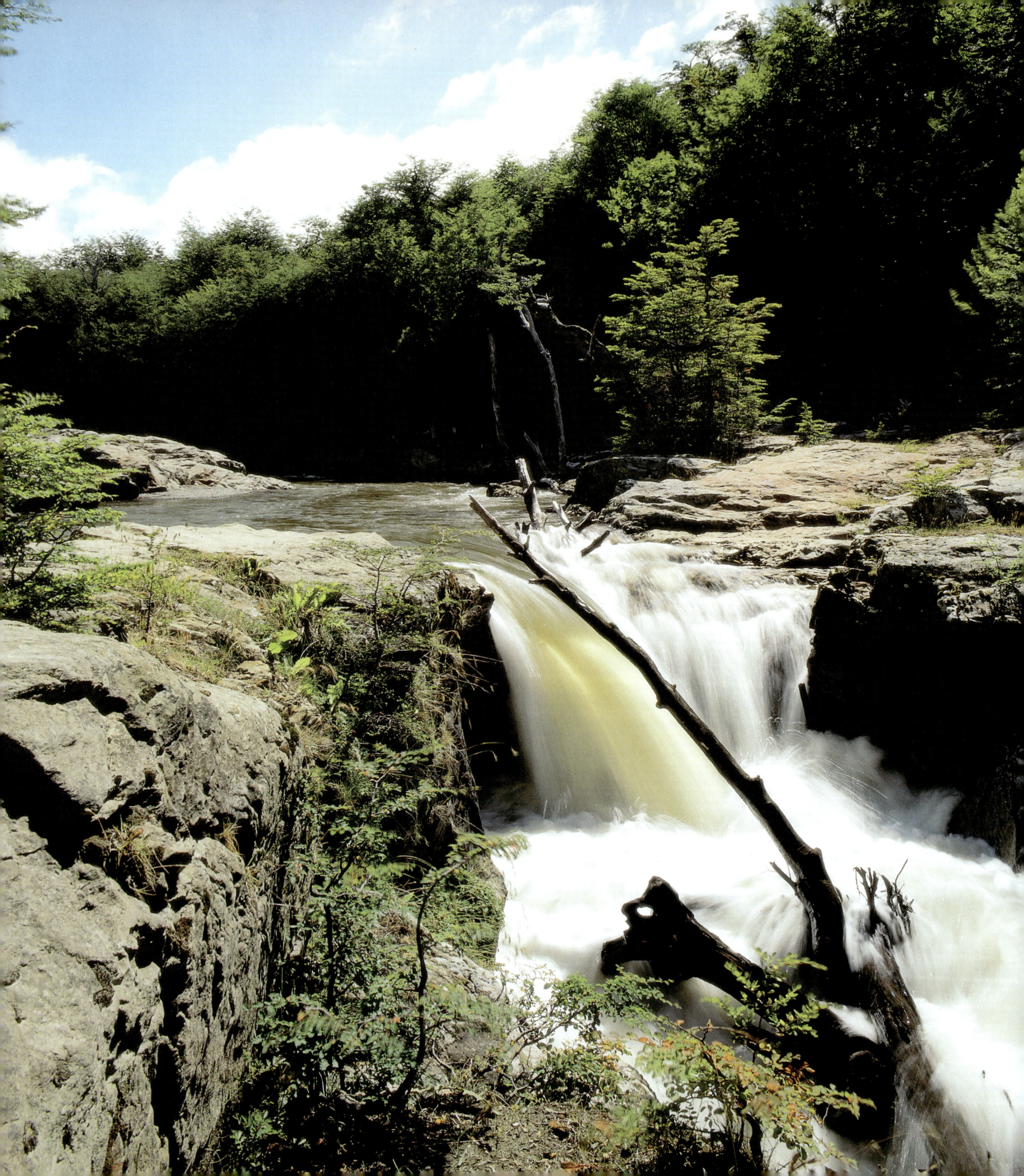

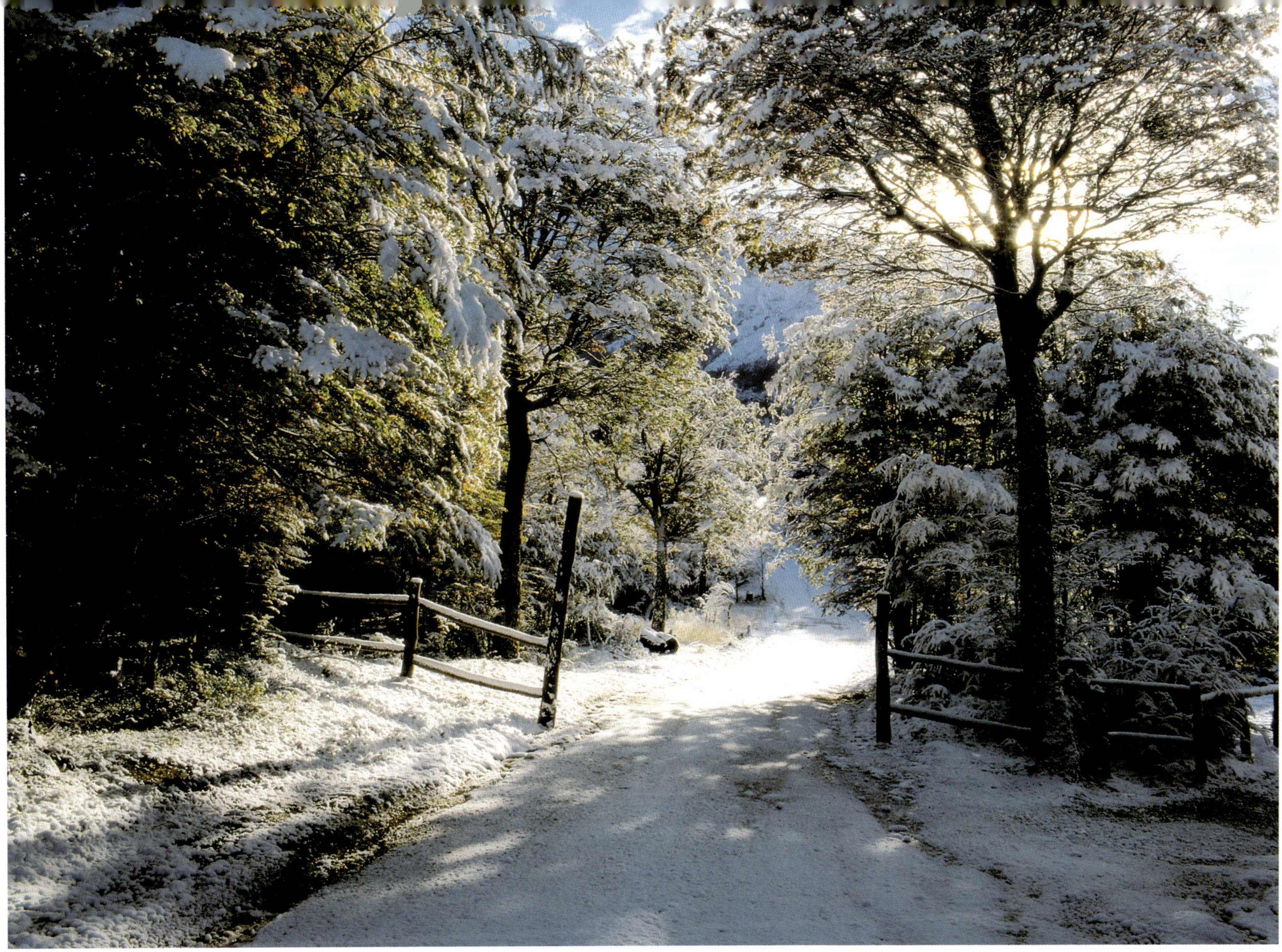

Entrada al Cañadón
del Toro.

*Gateway to Cañadon del
Toro (Bull's Gulch).*

El otoño entrega sus
primeras nevadas
como hermosos
cristales que penden
de los árboles.

*Autumn delivers its first
snows in lovely cristals
dangling from trees.*

La fuerza natural de las
aguas buscando su
camino, en el Cañadón
del Toro: La Cascada Río
Pipo, en otoño.

*The natural force of water
making its way through
Cañadón del Toro: Río Pipo
waterfall, in autumn.*

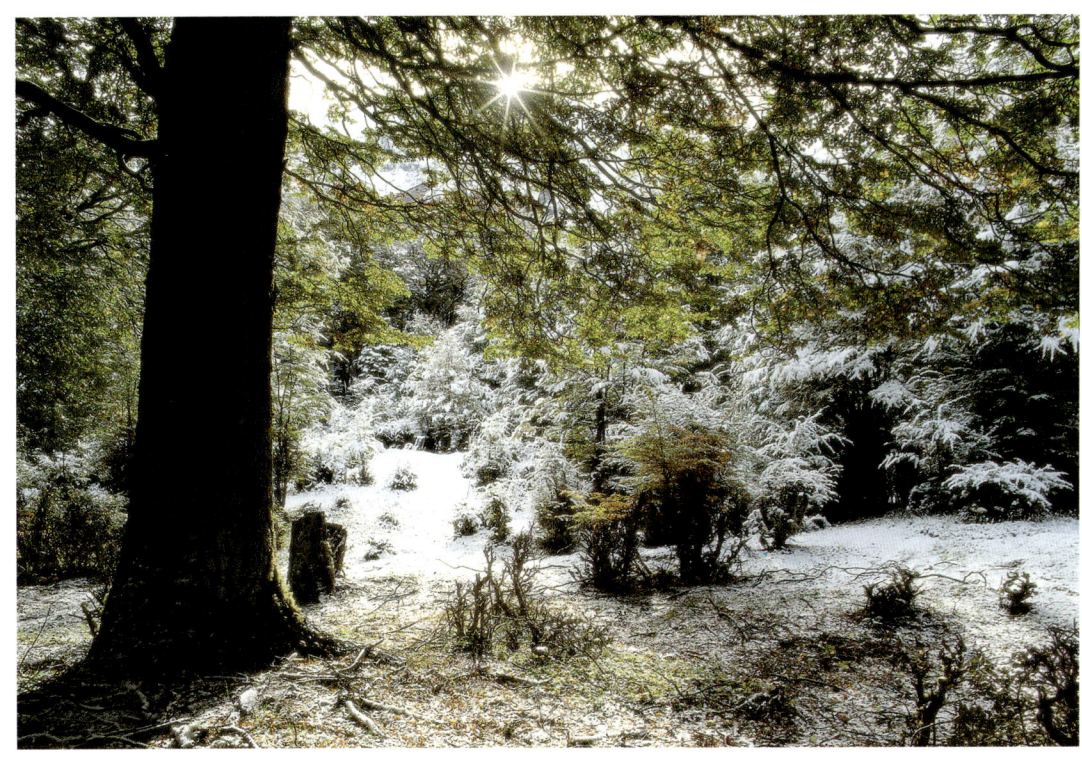

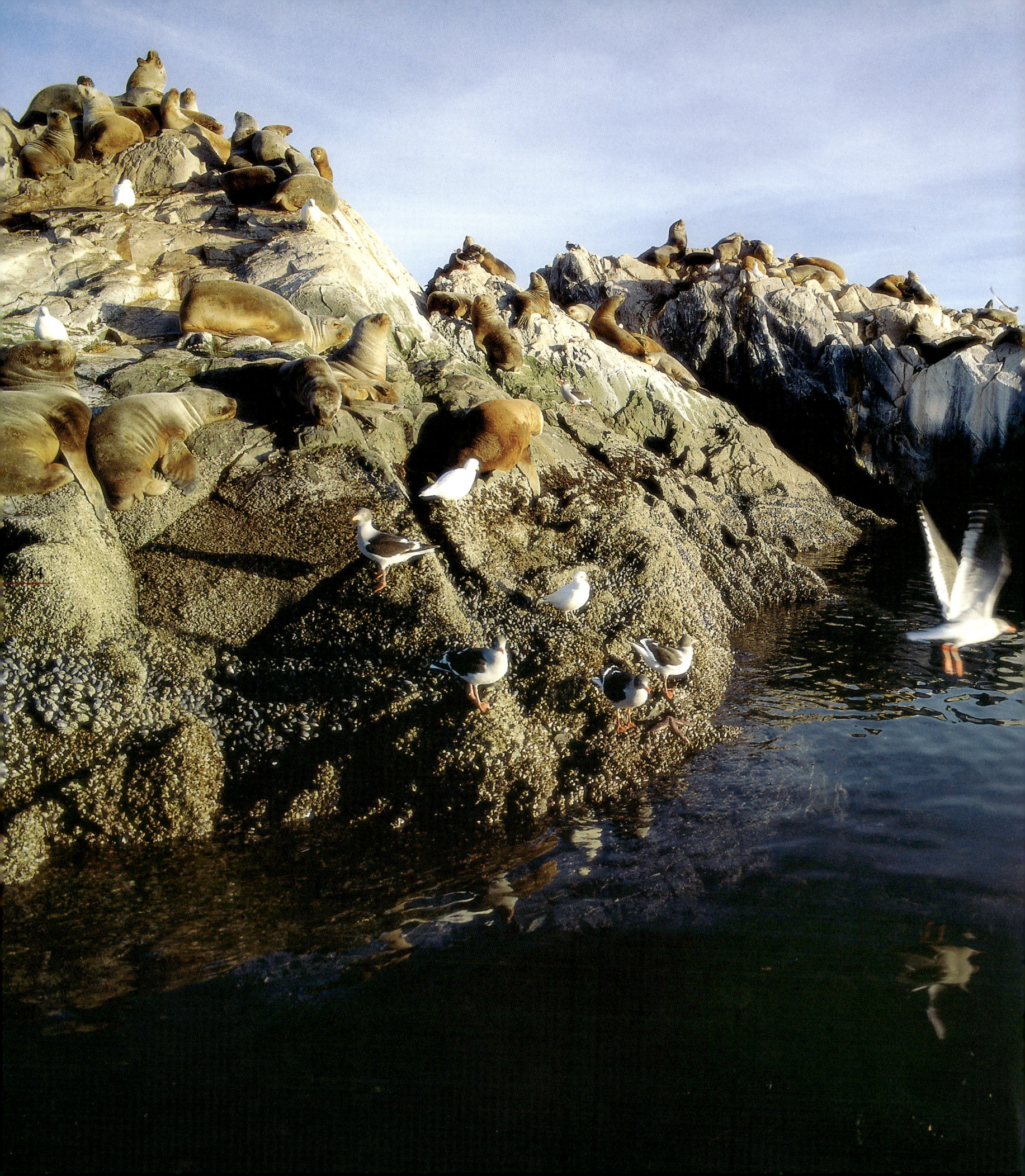

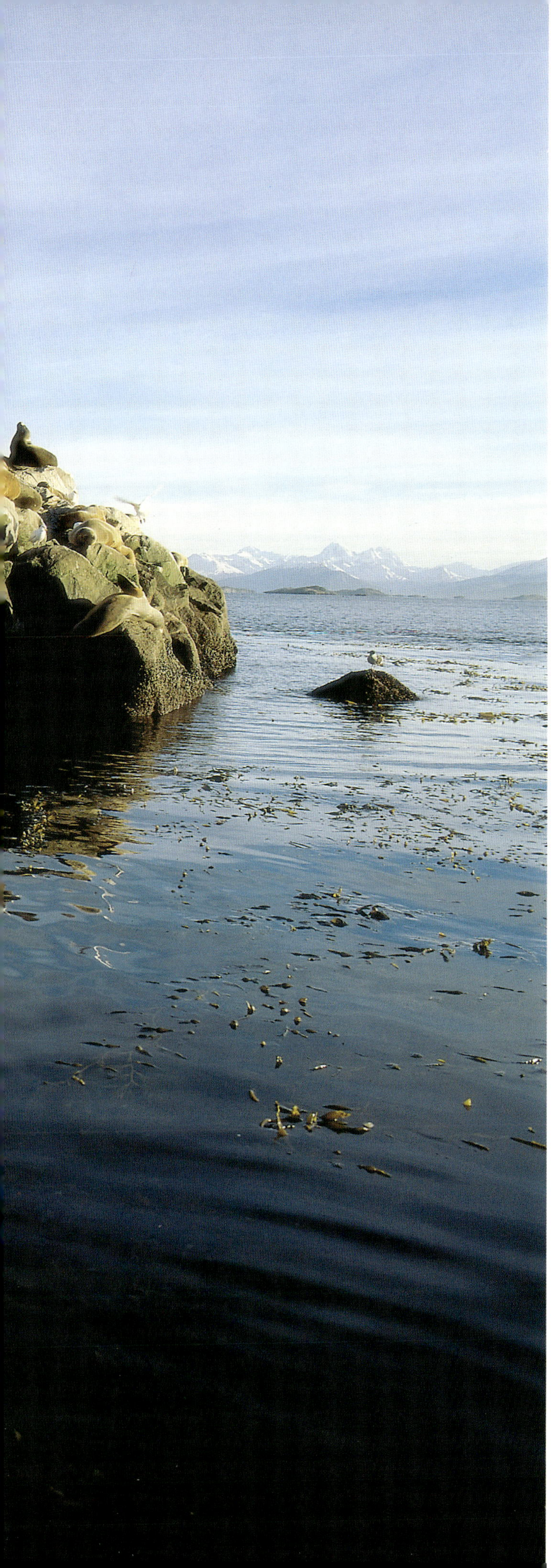

Las distintas
especies de aves
forman parte del
paisaje fueguino.

*Different species of
birds are part of the
fuegian landscape.*

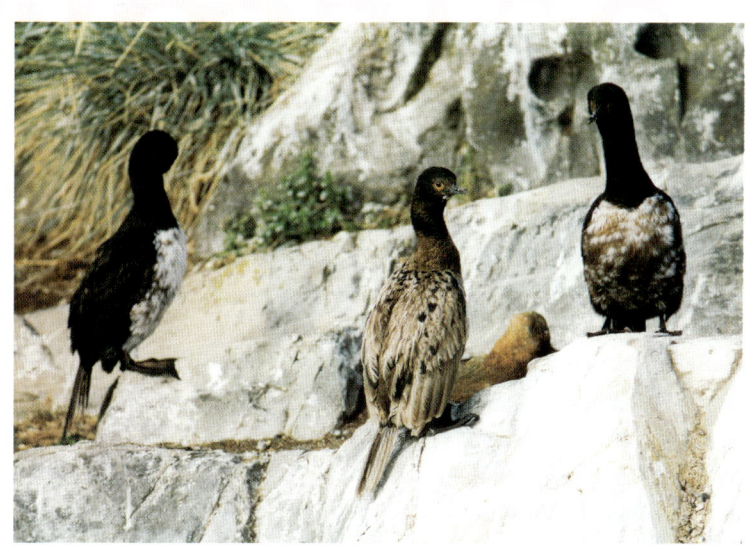

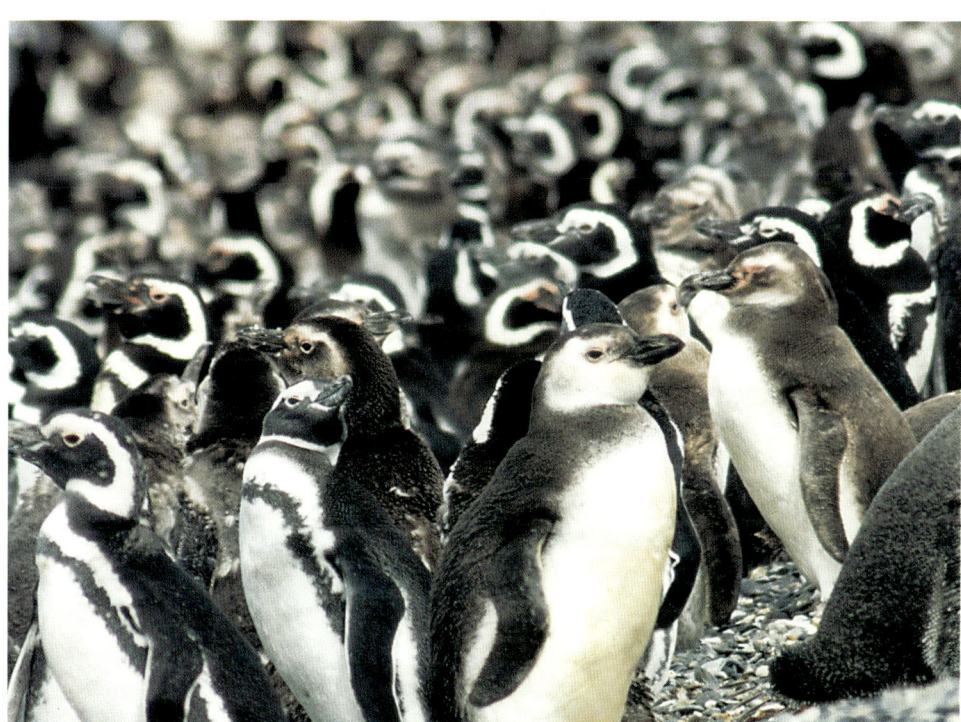

35

Pingüinos
en la Isla
Martillo.

*Penguins on
Isla Martillo
(Hammer
Isle).*

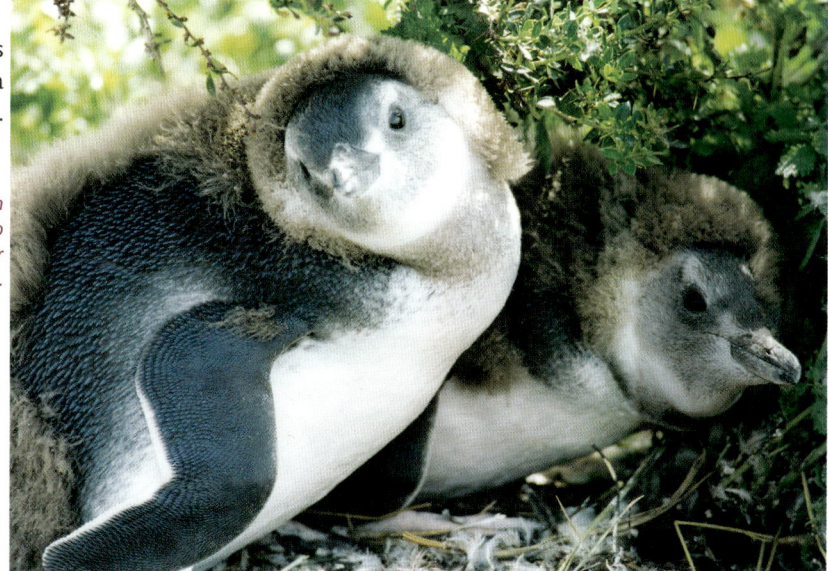

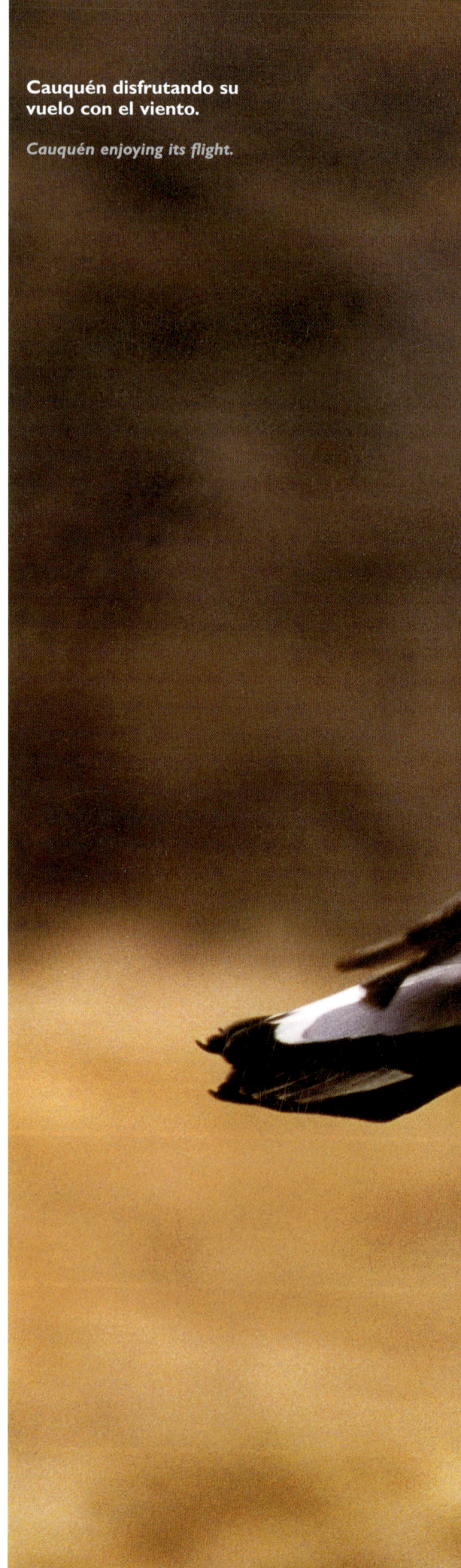

Cauquén disfrutando su vuelo con el viento.

Cauquén enjoying its flight.

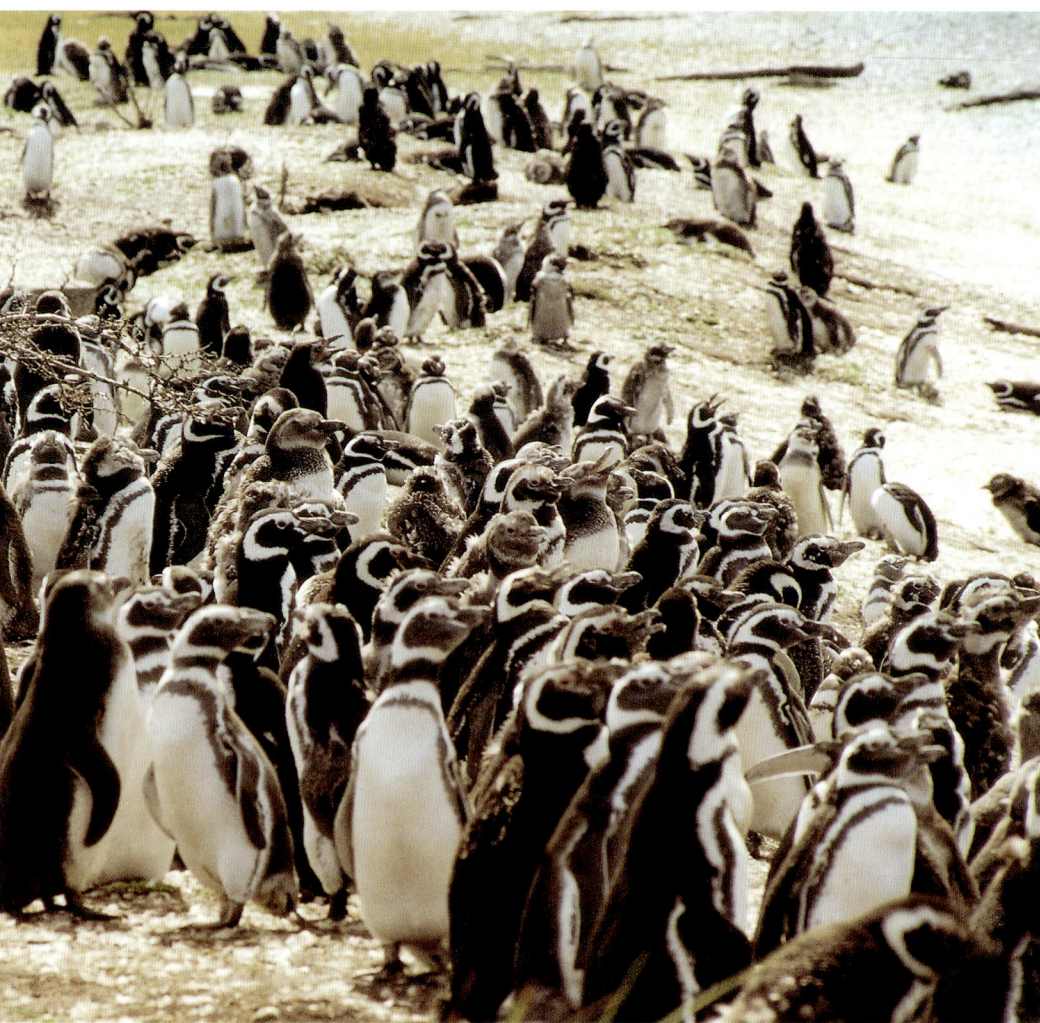

Los pingüinos magallánicos reunidos disfrutando de su territorio aún virgen.

Magellanic penguins enjoying a territory still virgin.

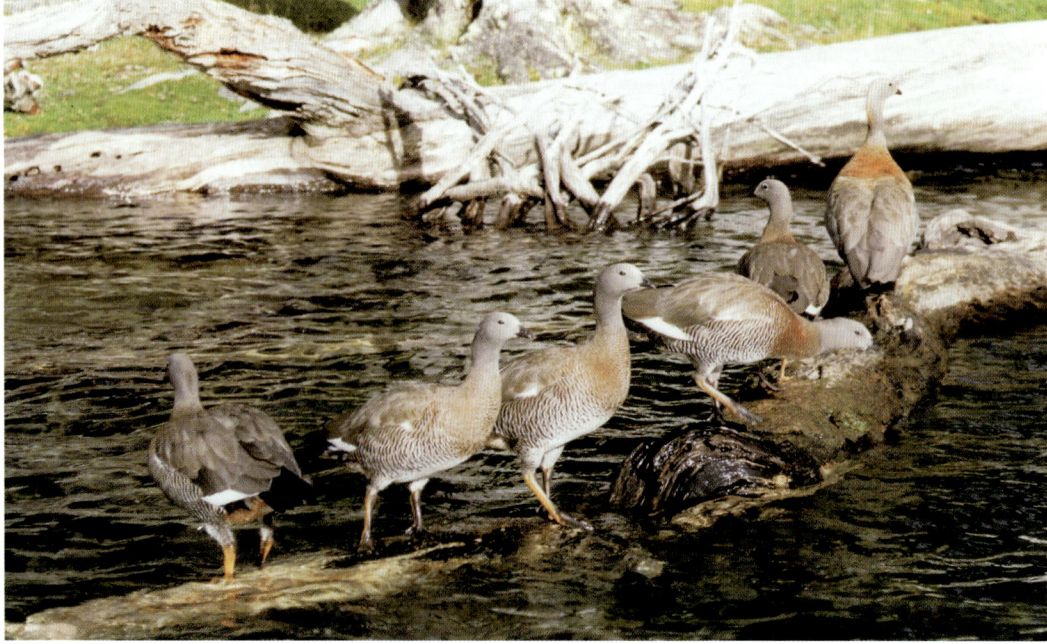

La reunión familiar sobre un tronco de un grupo de Kaikenes.

A family reunion of Cauquen over a log.

36

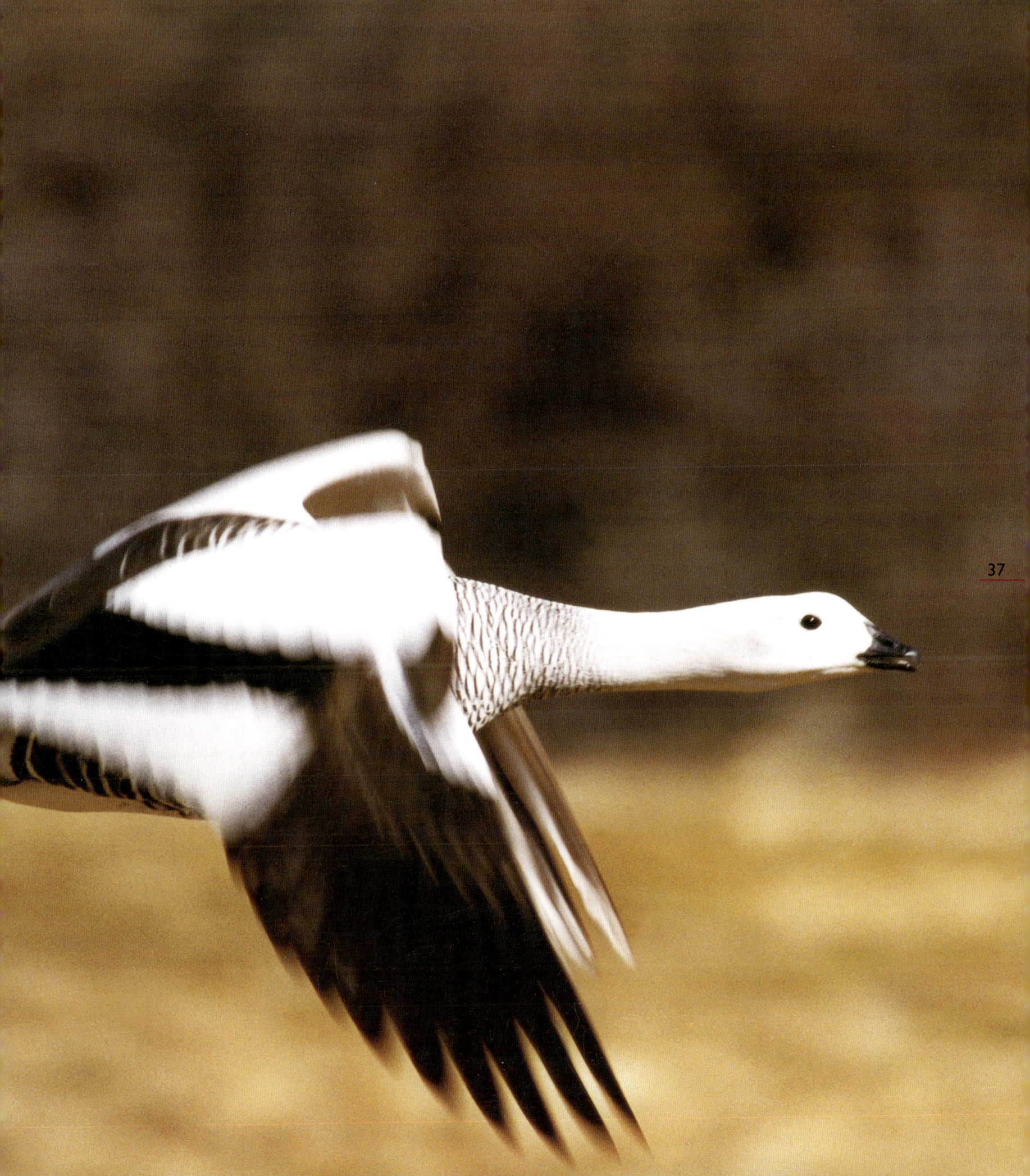

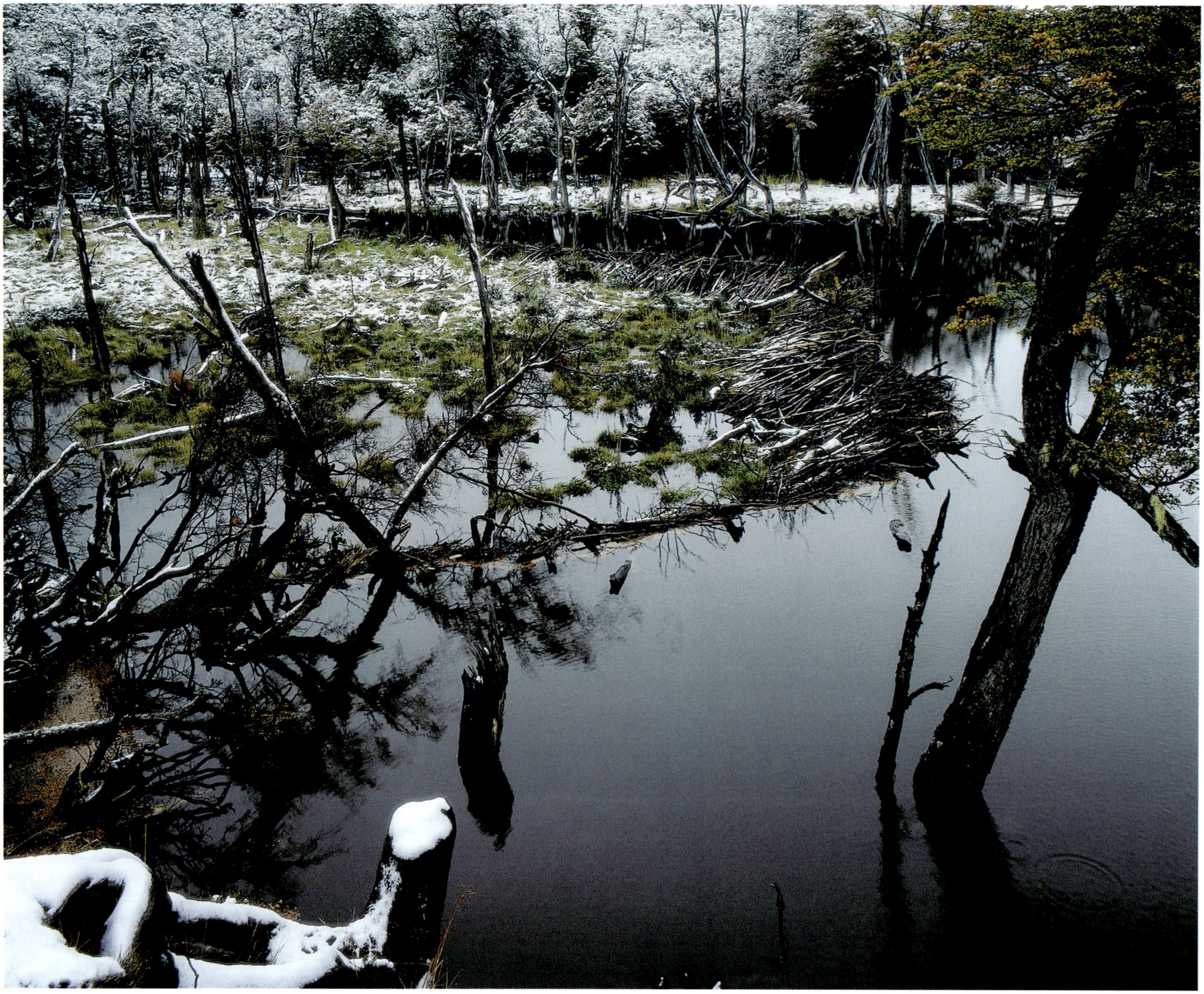

Una especie traída a la isla son los castores, quienes construyen gigantescos diques haciendo allí sus casas, con una ingeniería muy especial.

An introduced species in the island, beavers build huge dikes where they make their dwellings with a very special engineering.

Esta foto muestra la acción depredadora de la especie a los fines de proveerse de la viruta para cubrir sus madrigueras.

This picture shows the damage done by this species in producing the shavings they need to cover their burrows.

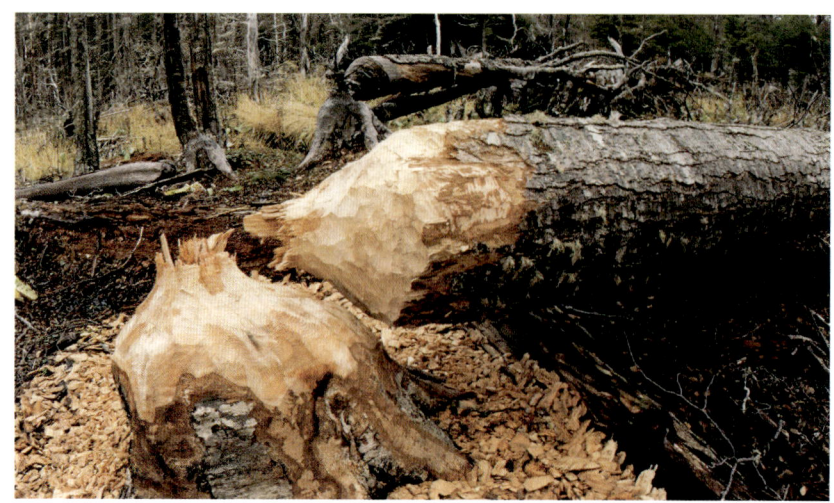

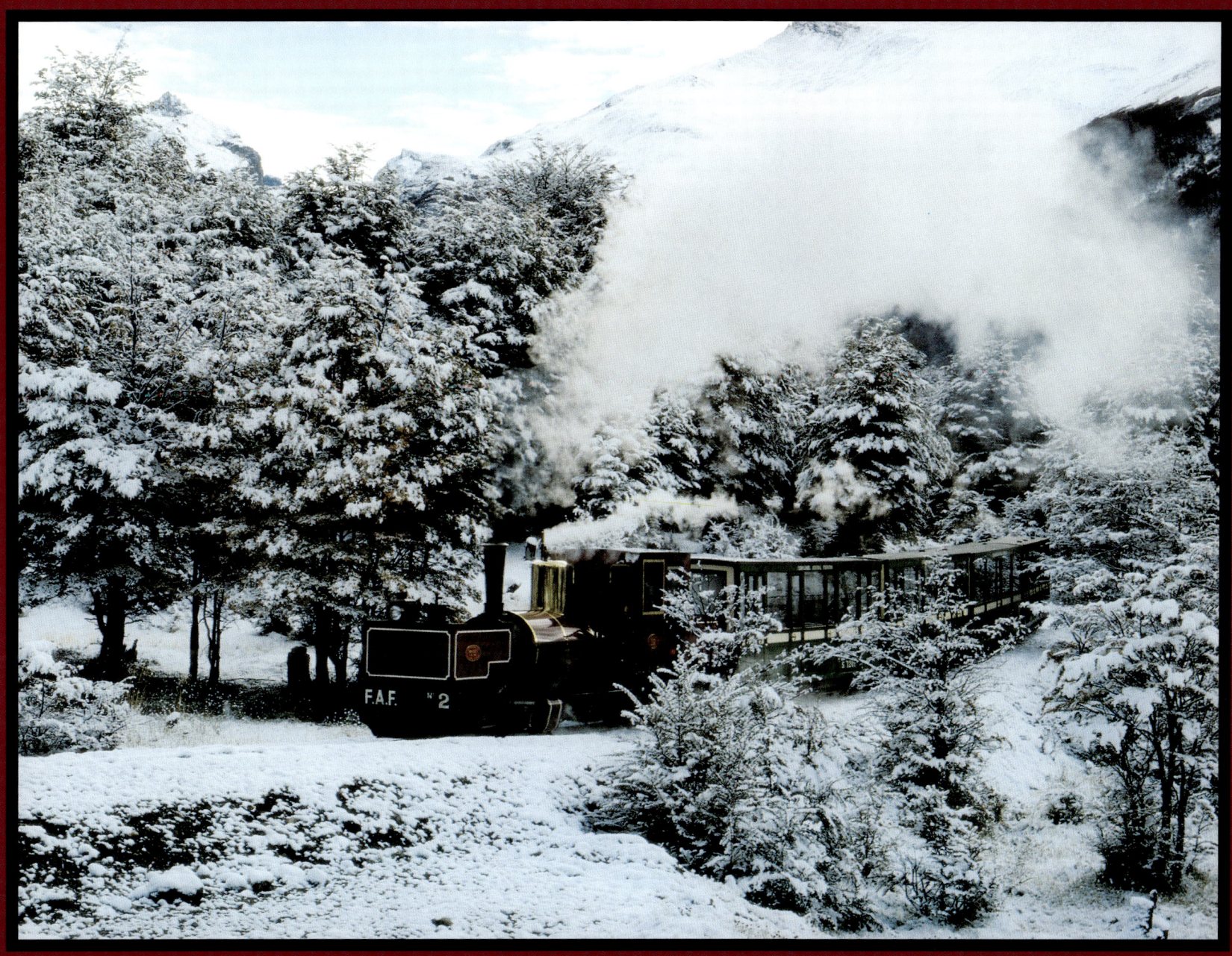

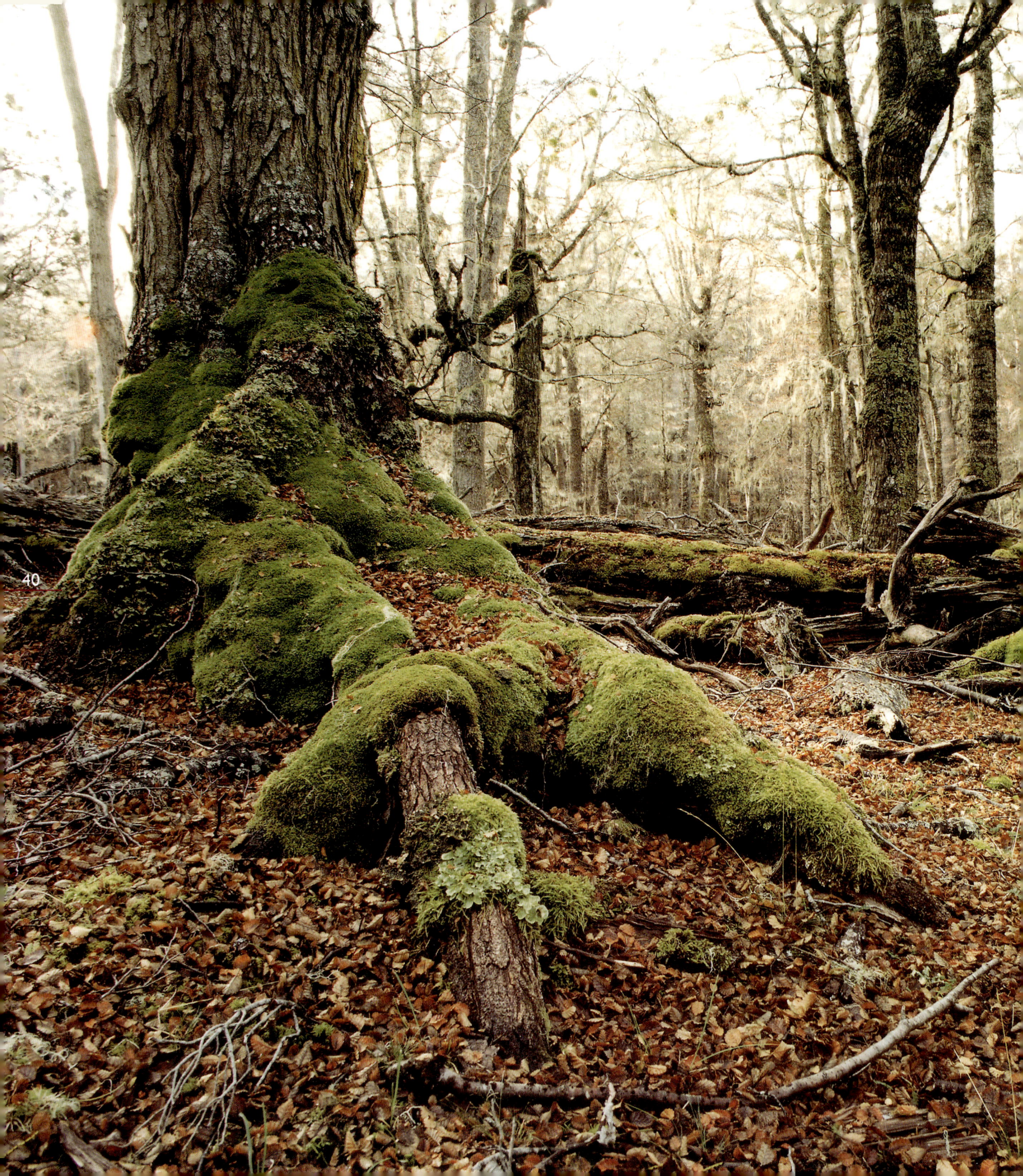

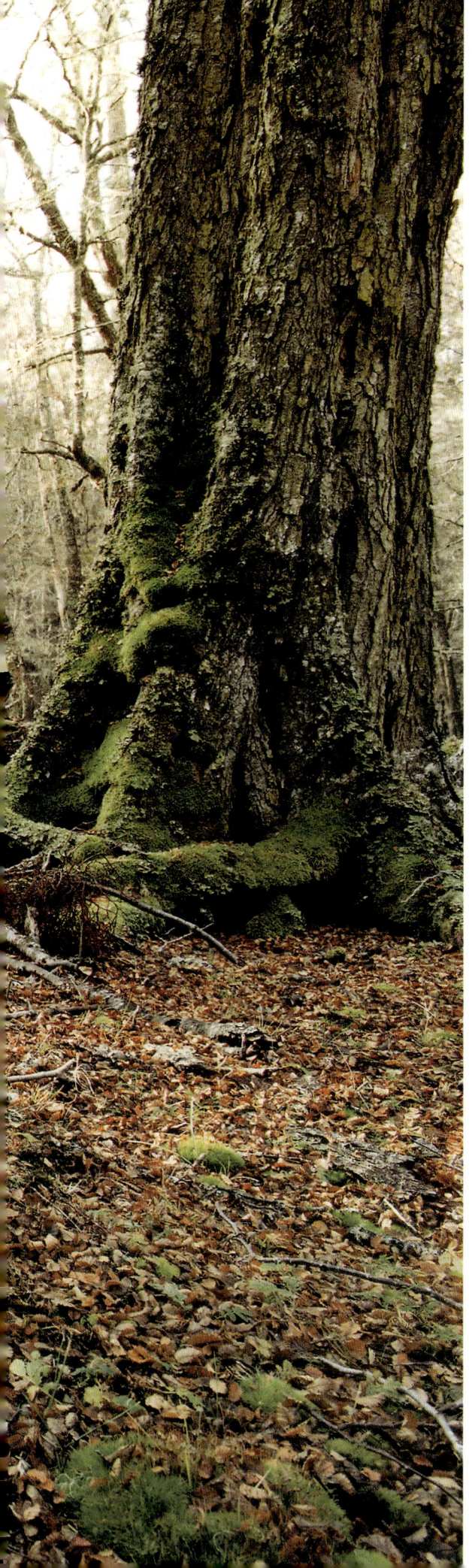

Hermoso sendero
para descubrir en
Aldea Nevada.

*A beautiful path leads to
Aldea Nevada (Snowy
Village).*

Majestuosas raíces
que simulan ser
garras de algún
animal cubiertas por
musgo y líquenes en
la Estancia Rolito,
donde el trekking es
un placer.

*Majestic moss-covered
roots resembling some
animal's claws at
Estancia Rolito, where
trekking is a pleasure.*

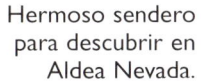

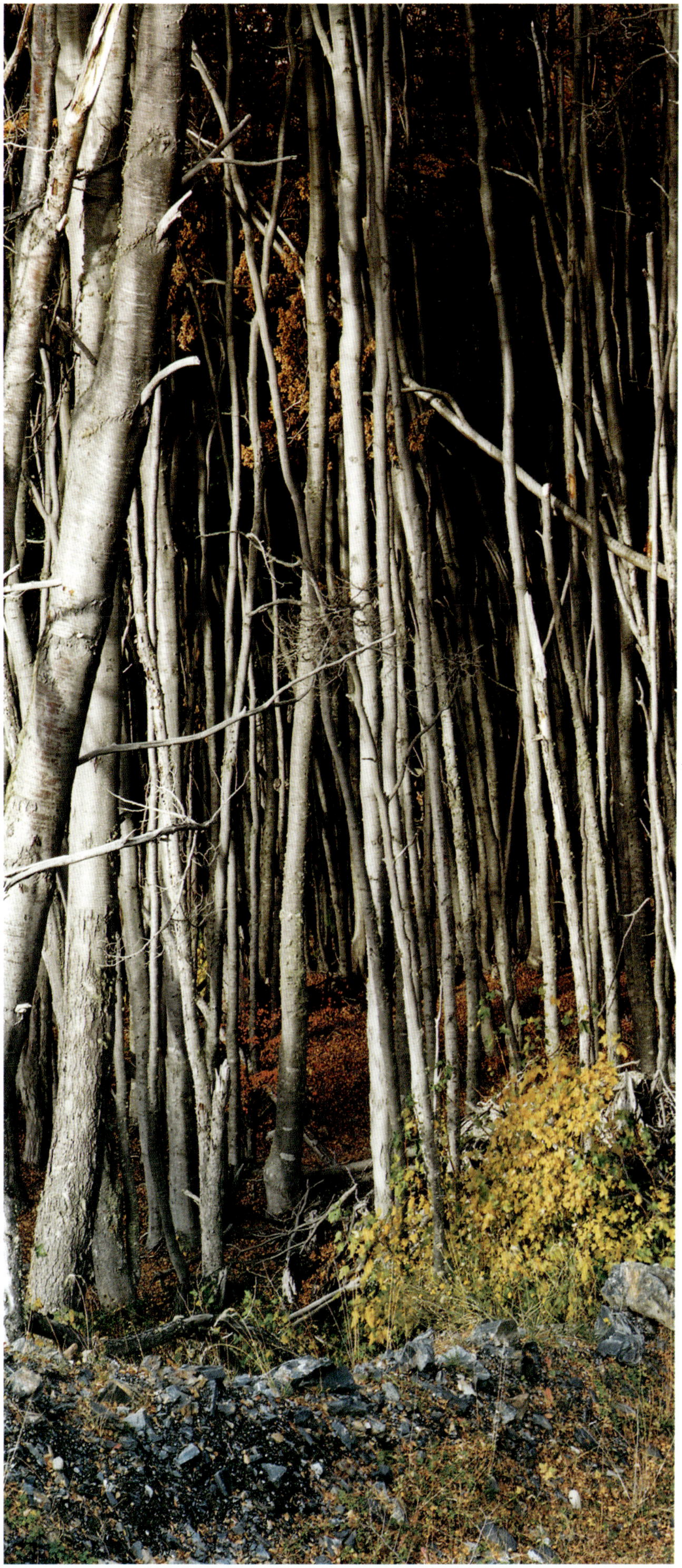

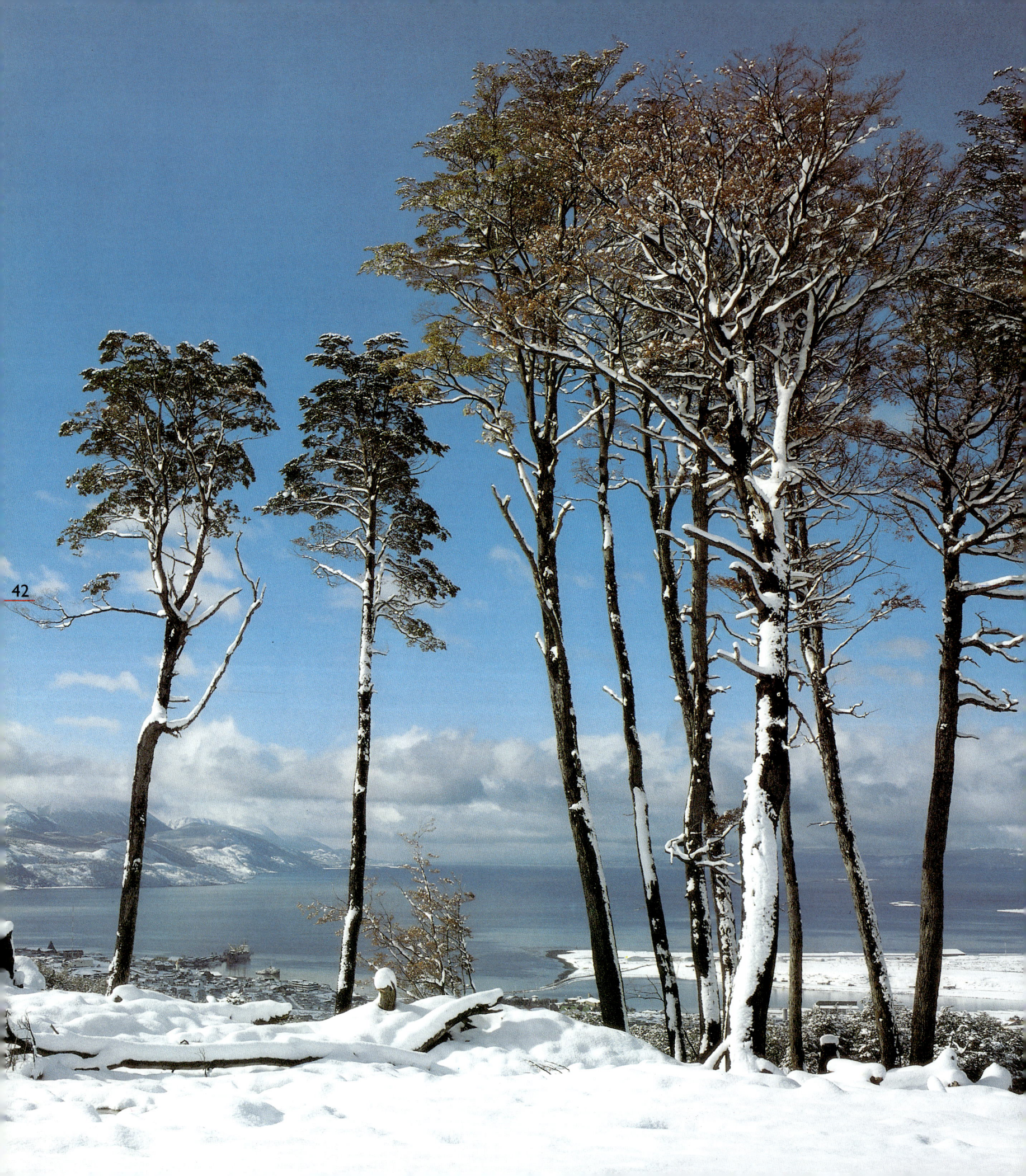

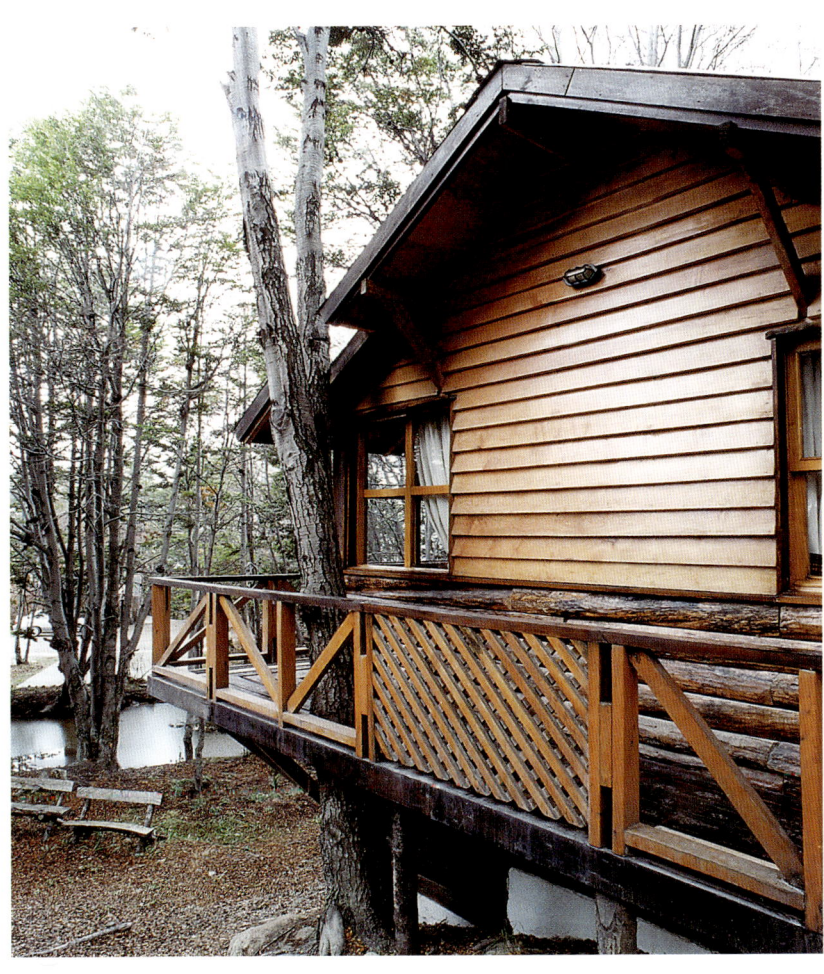

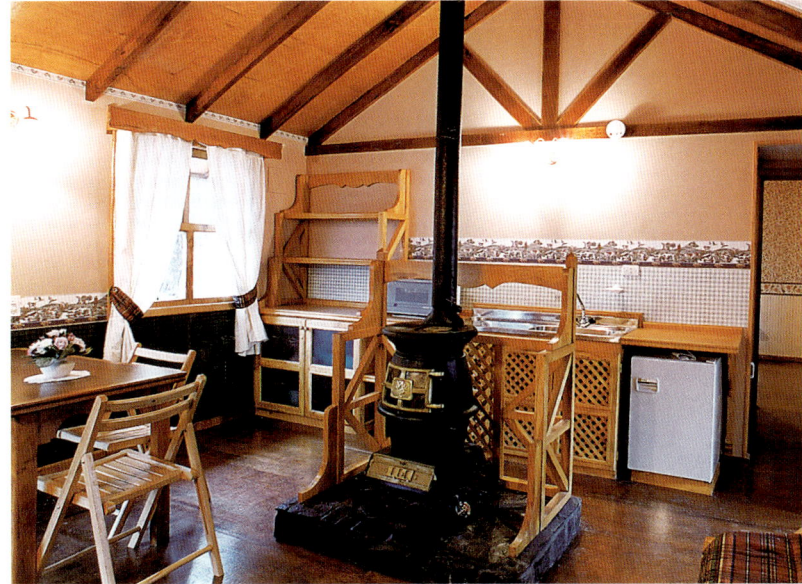

Aldea Nevada. Cabañas inmersas en la naturaleza de un bosque con historia. Hace 7.000 años ya los yámanas estaban aquí. Hace 70 años, los presos extraían madera de los bosques a traves de estos senderos. La cabaña en el bosque, ese sueño de vacaciones distintas, plenas de fantasías, como la magia de las historias de la Tierra del Fuego. La construcción de las cabañas fue iniciada en el año 1989 por sus propios dueños, quienes las hicieron pensando en lo que desearían encontrar para sus momentos de descanso. Su proyecto arquitectónico responde a las características de viviendas implantadas en bosques, en armonía con el entorno, y tambien cumpliendo lineamientos de exigencias regalmentarias vigentes. La madera utilizada en la construcción es provista por el árbol predominante alrededor, la lenga (nothofagus pumilio).

43

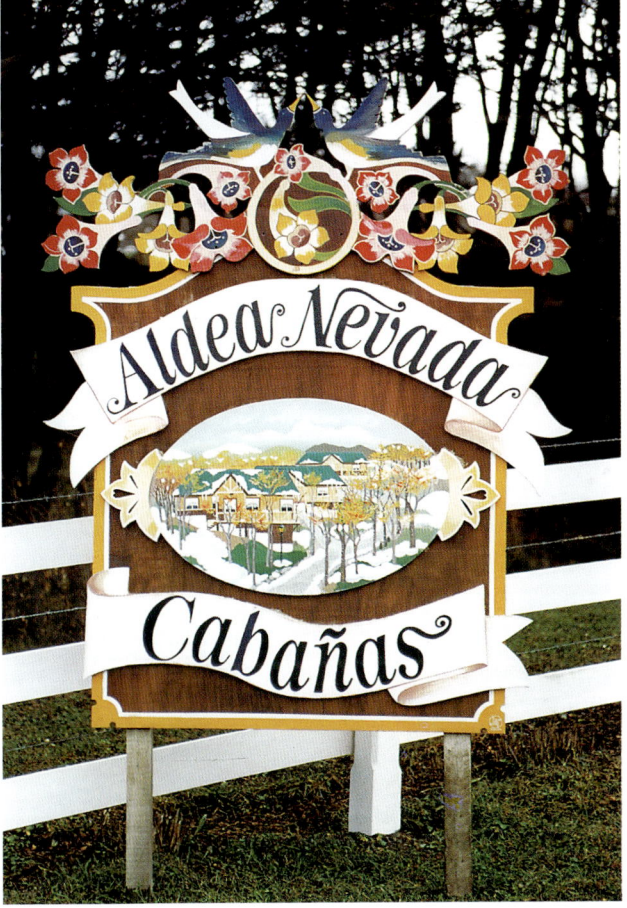

Aldea Nevada . Cabins in a forest full of history. 7000 years ago the Yamanas lived here, 70 years ago prisoners extracted wood from the forest through these paths. A cabin in the woods, the dream of a different vacation, full of fantasies like the stories of Tierra del Fuego. They were built by the owners themselves, according to what they would like for their own moments of leisure. The project is in harmony with its environment, and with the strict building code. The wood used in the construction is Lenga (Nothofagus Pumilio), the dominant tree species in the area.

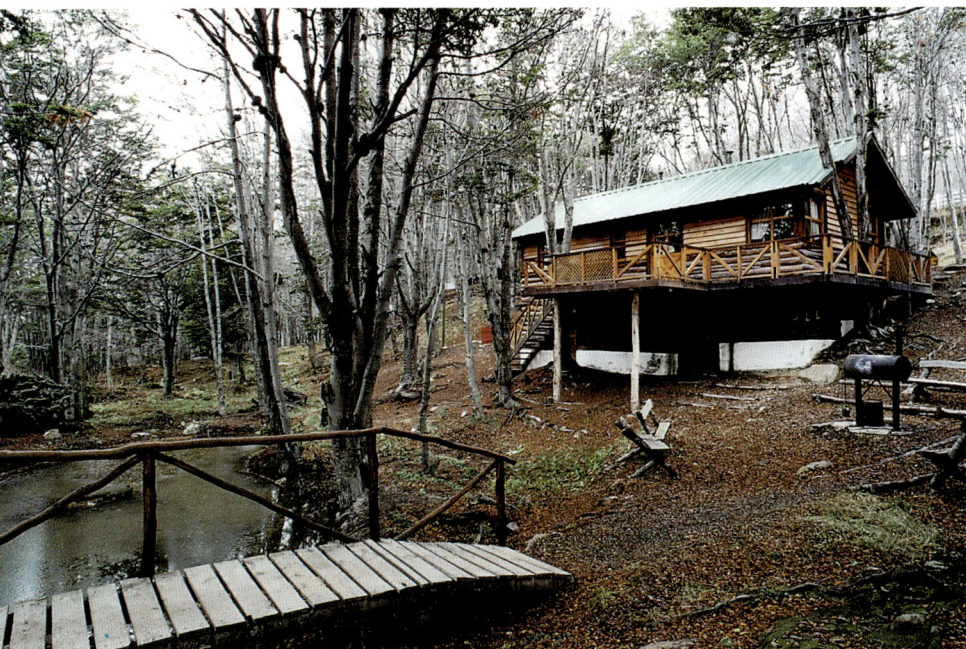

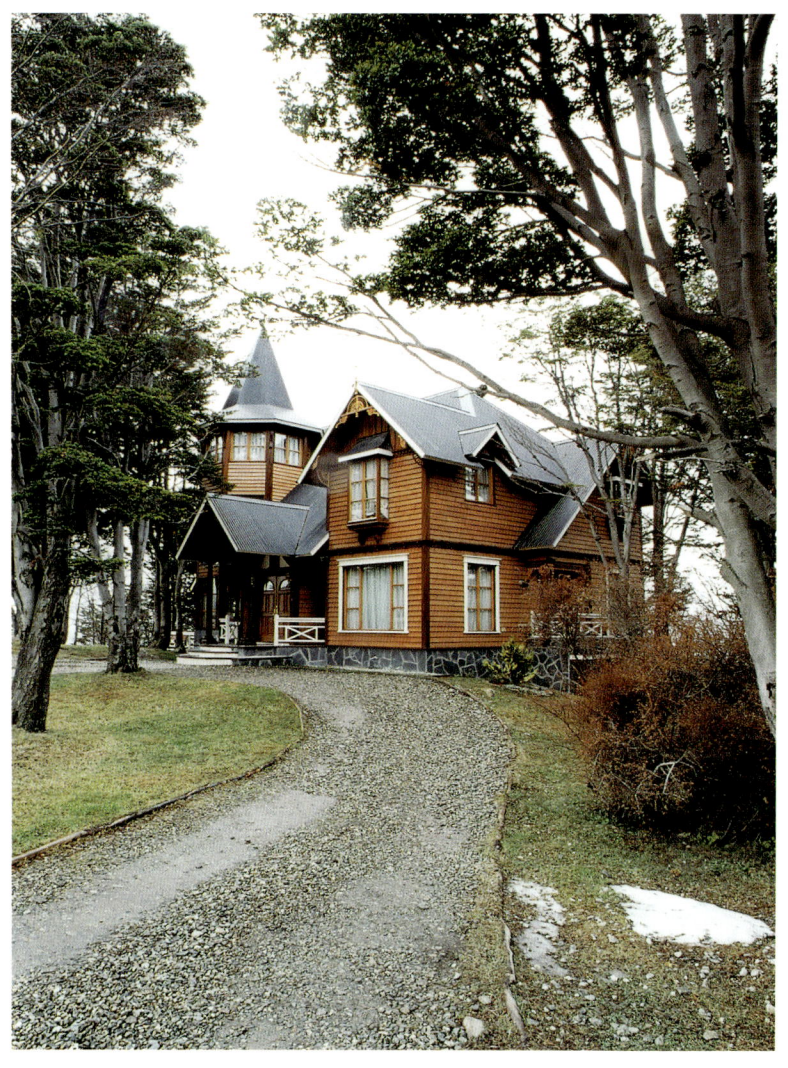

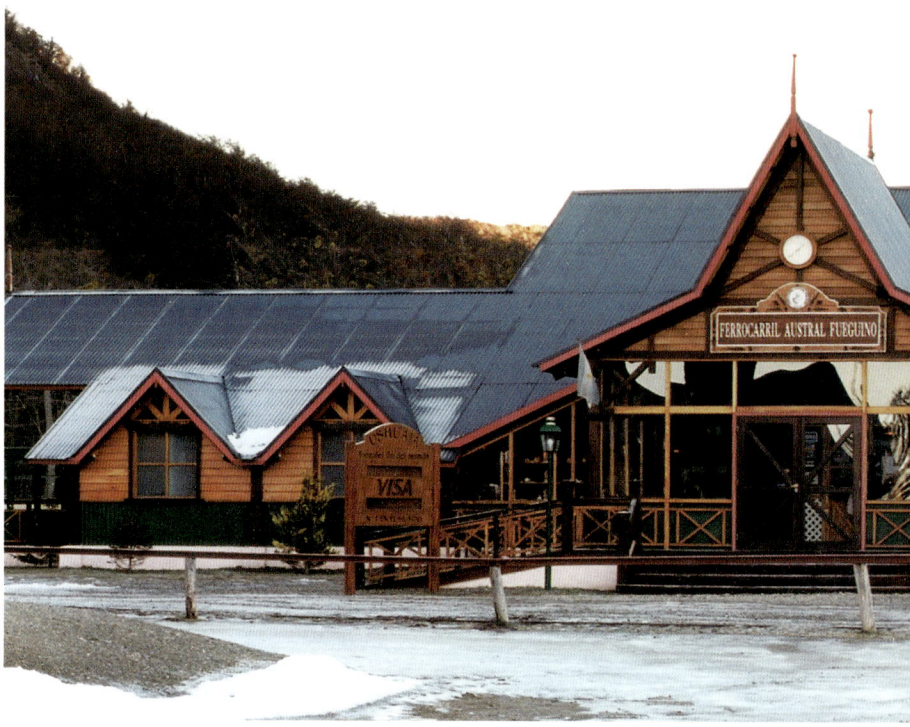

La arquitectura fueguina necesita de los elementos que le son característicos, herencia de las primeras viviendas del lugar, que responden al funcionamiento y espíritu de la época victoriana, en las que cada elemento decorativo tiene su razón de ser, estructural o de interpretación para el hombre: el "pináculo", homenaje del hombre al árbol que le dió la madera para la construcción de la vivienda; la "cresta" en las cumbreras, que se utiliza para producir turbulencia y de esta forma evitar la succión de los techos por el viento; las "ménsulas", como componentes estructurales para soportar los aleros...y como ellos, muchos más. Con estos elementos queremos inspirar a la gente para que puedan rememorar en sus viviendas un pasado que también nos pertenece, y lograr una profunda identidad para el futuro.

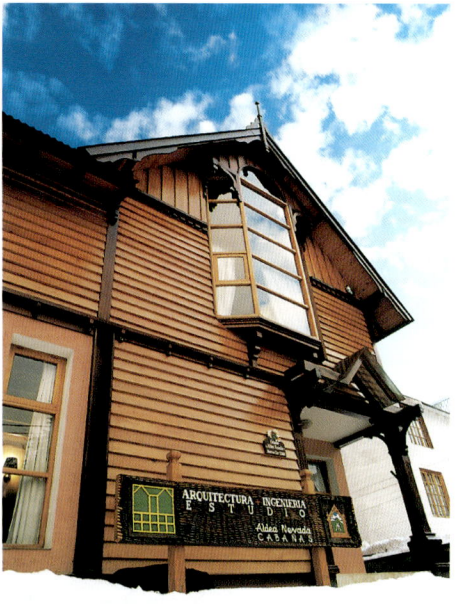

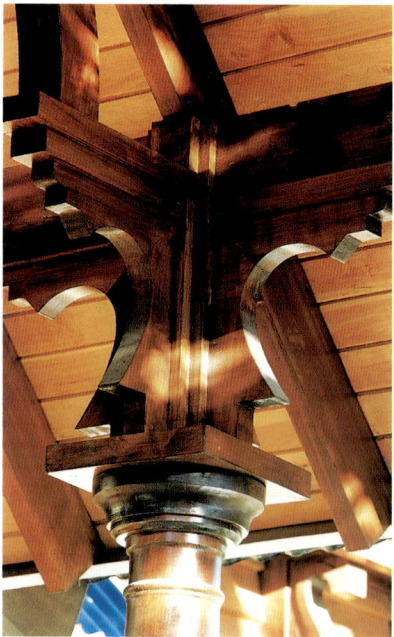

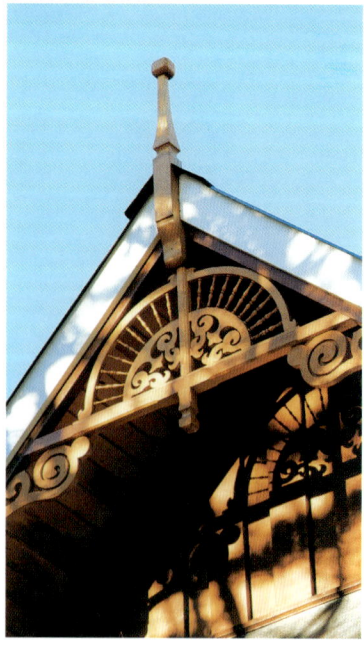

The fuegian architecture requires the features that are characteristic of it, inherited from the first houses built here. These houses followed the spirit and form of the Victorian style and in them every decorative or structural feature had a purpose or a meaning: the "pinnacle", a tribute from man to the tree that gave him the wood for his house; the "crest" over the ridge, to produce turbulence and protect the roof from being sucked by the wind; the brackets to support the eaves...and many more. With this we hope to inspire people to reflect our past in their houses, and so help to achieve a deep identity for the future.

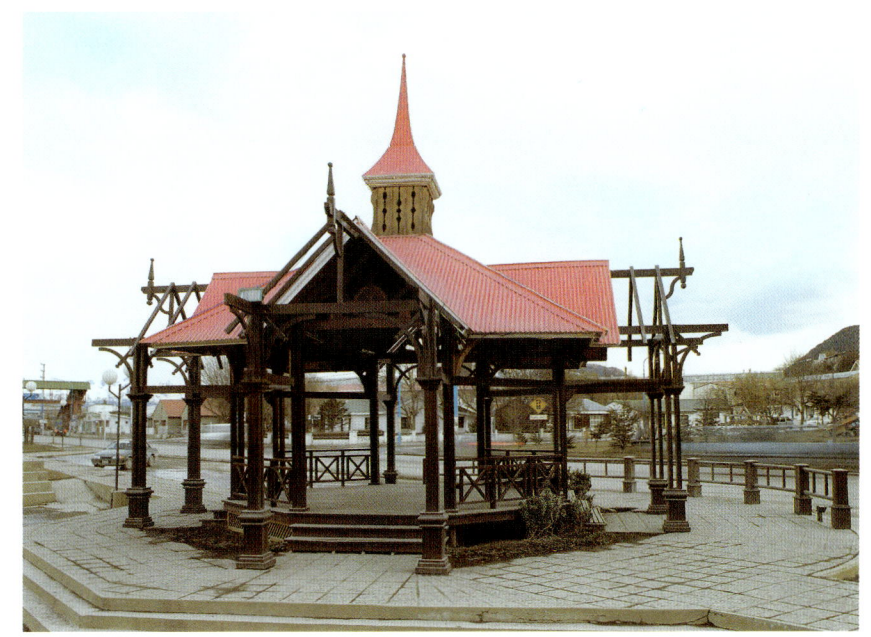

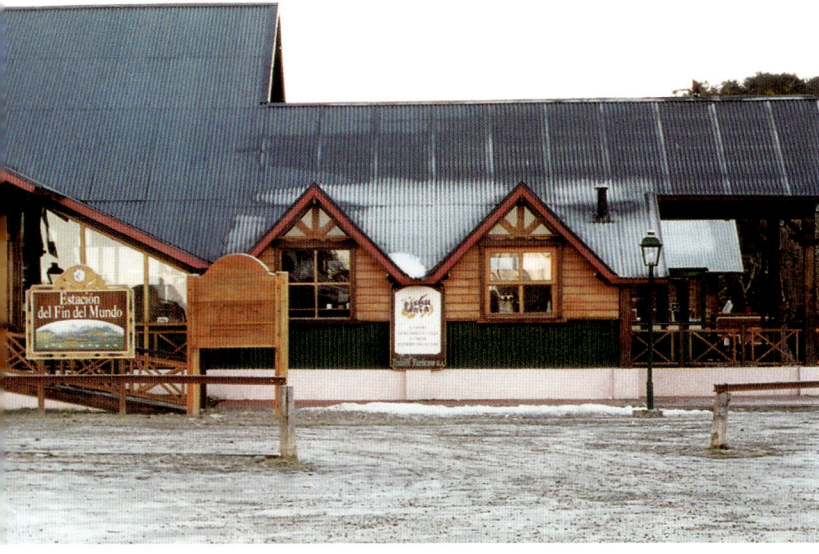

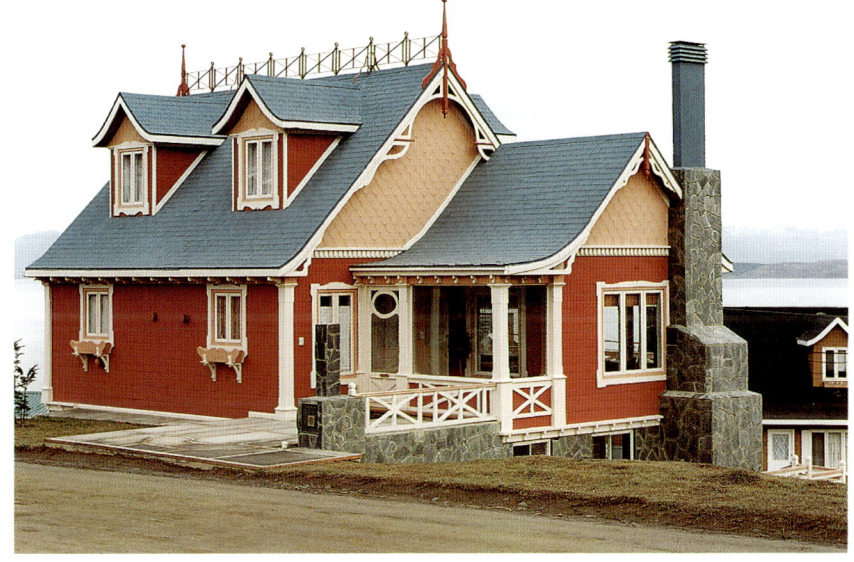

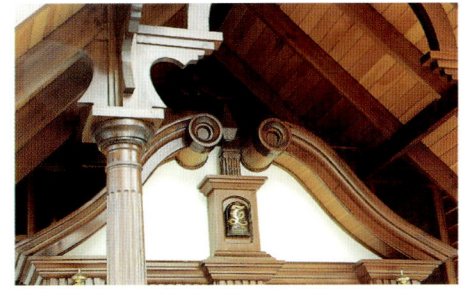

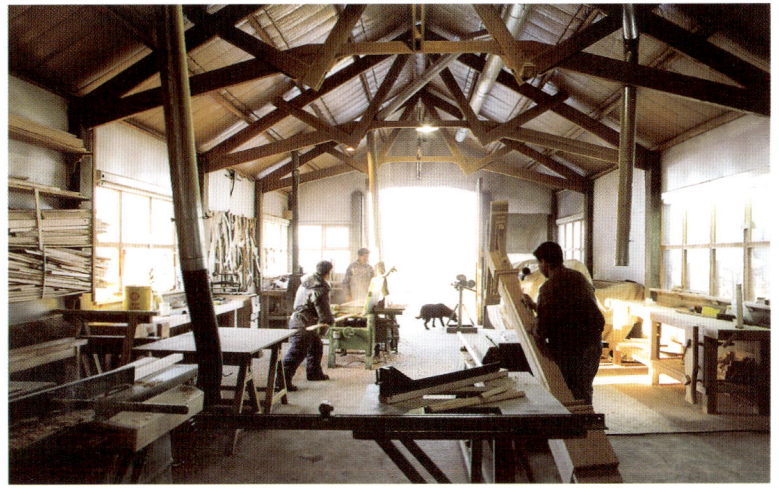

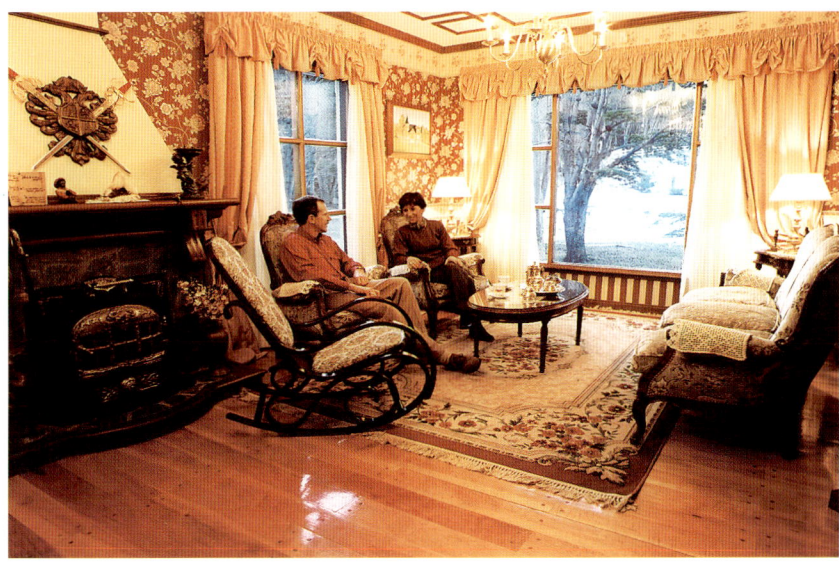

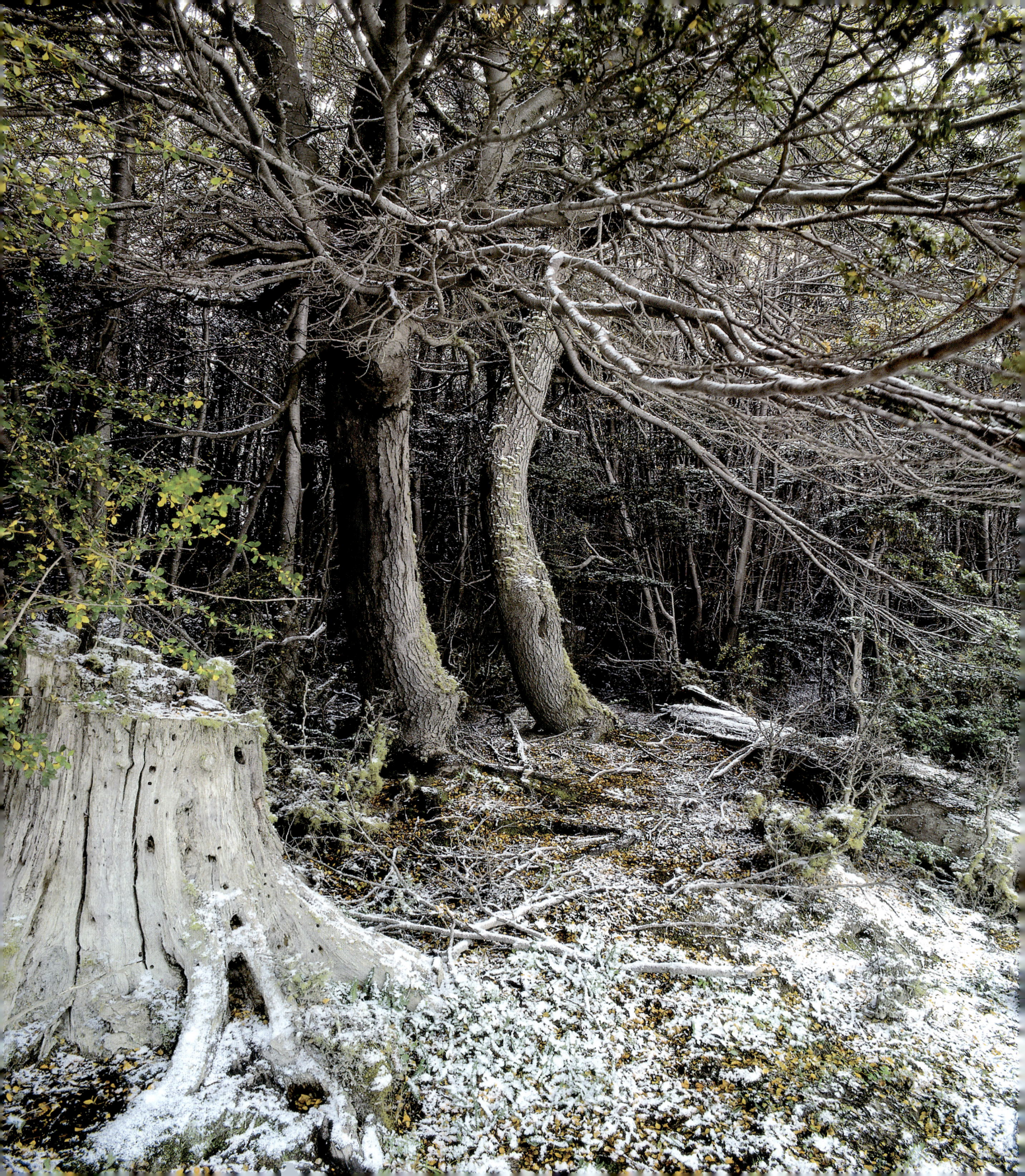

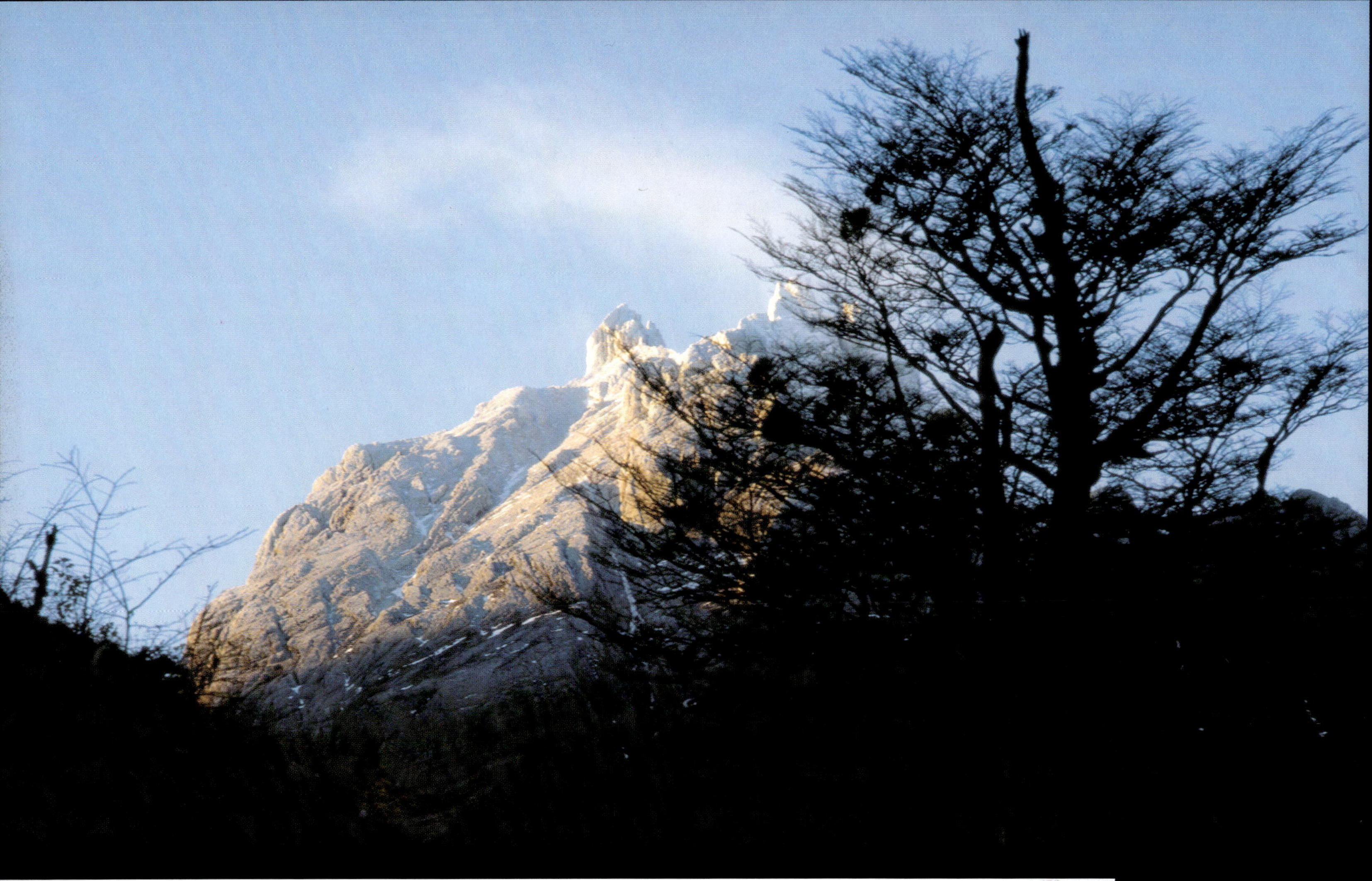

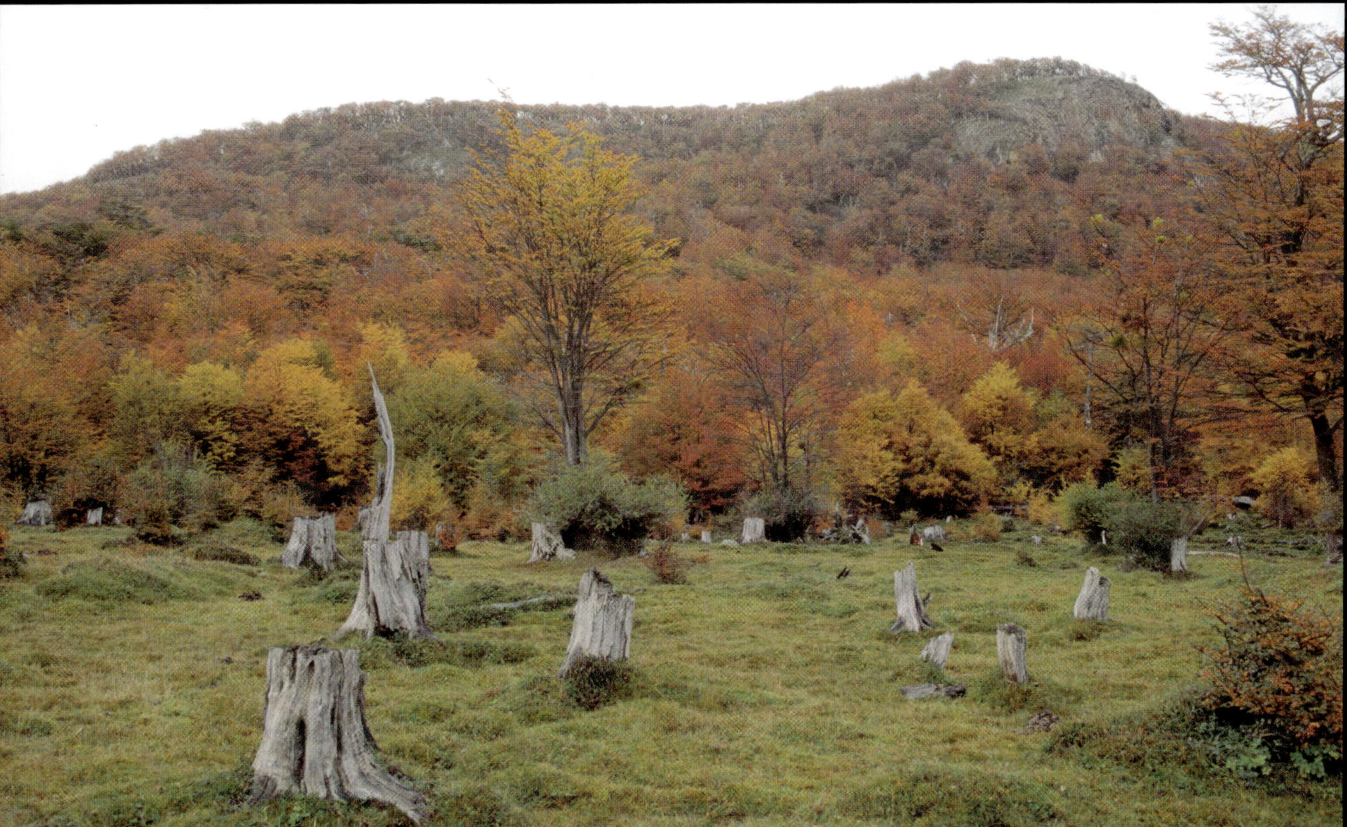

Pag. anterior:
Naturaleza en todo su
esplendor y el aire en
total pureza.

Opposite: Nature in all its
splendour and air in all its
purity.

Arriba: Vista del Monte
Olivia desde la Ruta N°3.

Above: A view of Monte Olivia
from Route 3.

Izquierda: Lengas
quemadas después de un
incendio.

Left: Lengas after a forest fire.

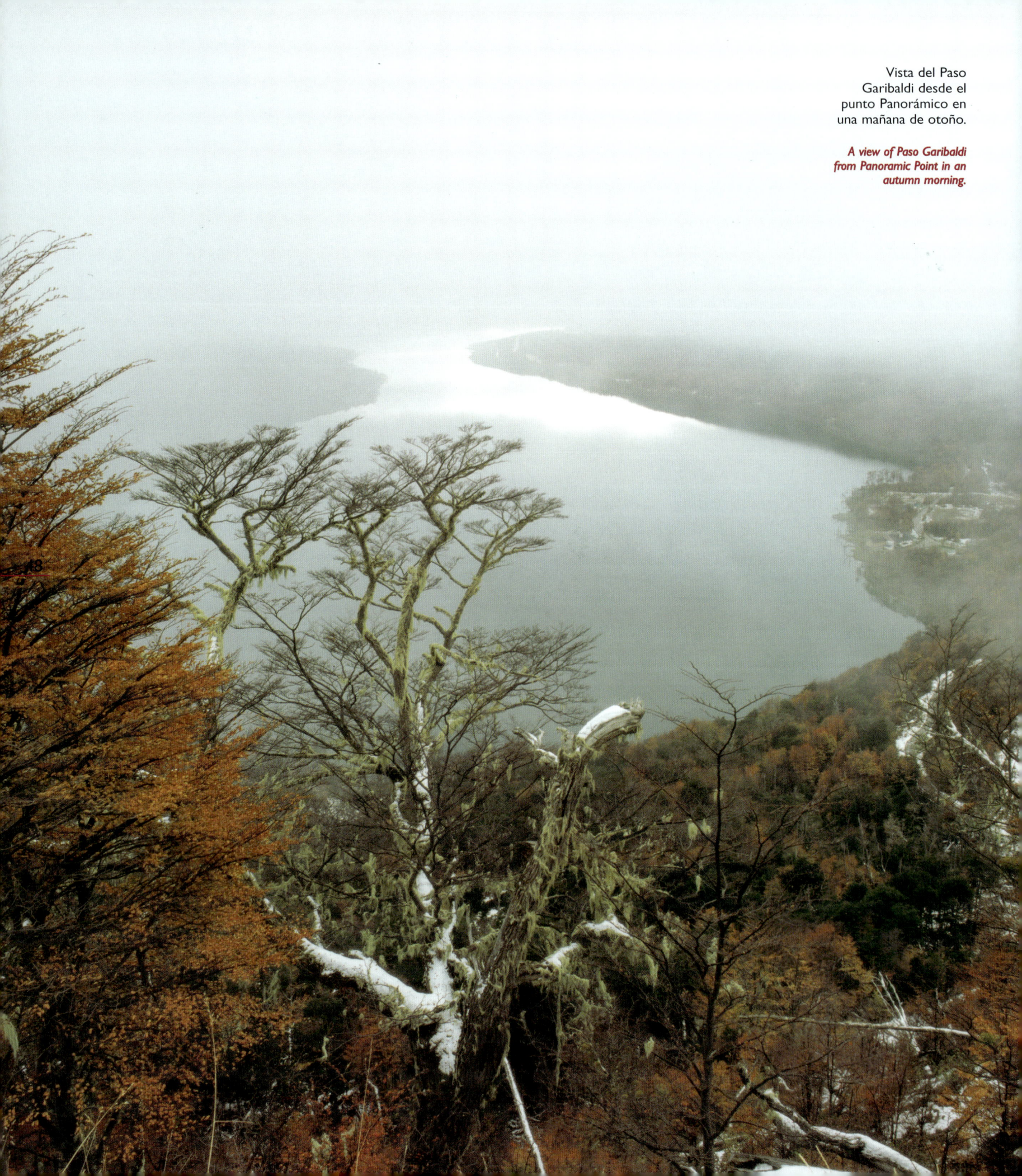

Vista del Paso
Garibaldi desde el
punto Panorámico en
una mañana de otoño.

*A view of Paso Garibaldi
from Panoramic Point in an
autumn morning.*

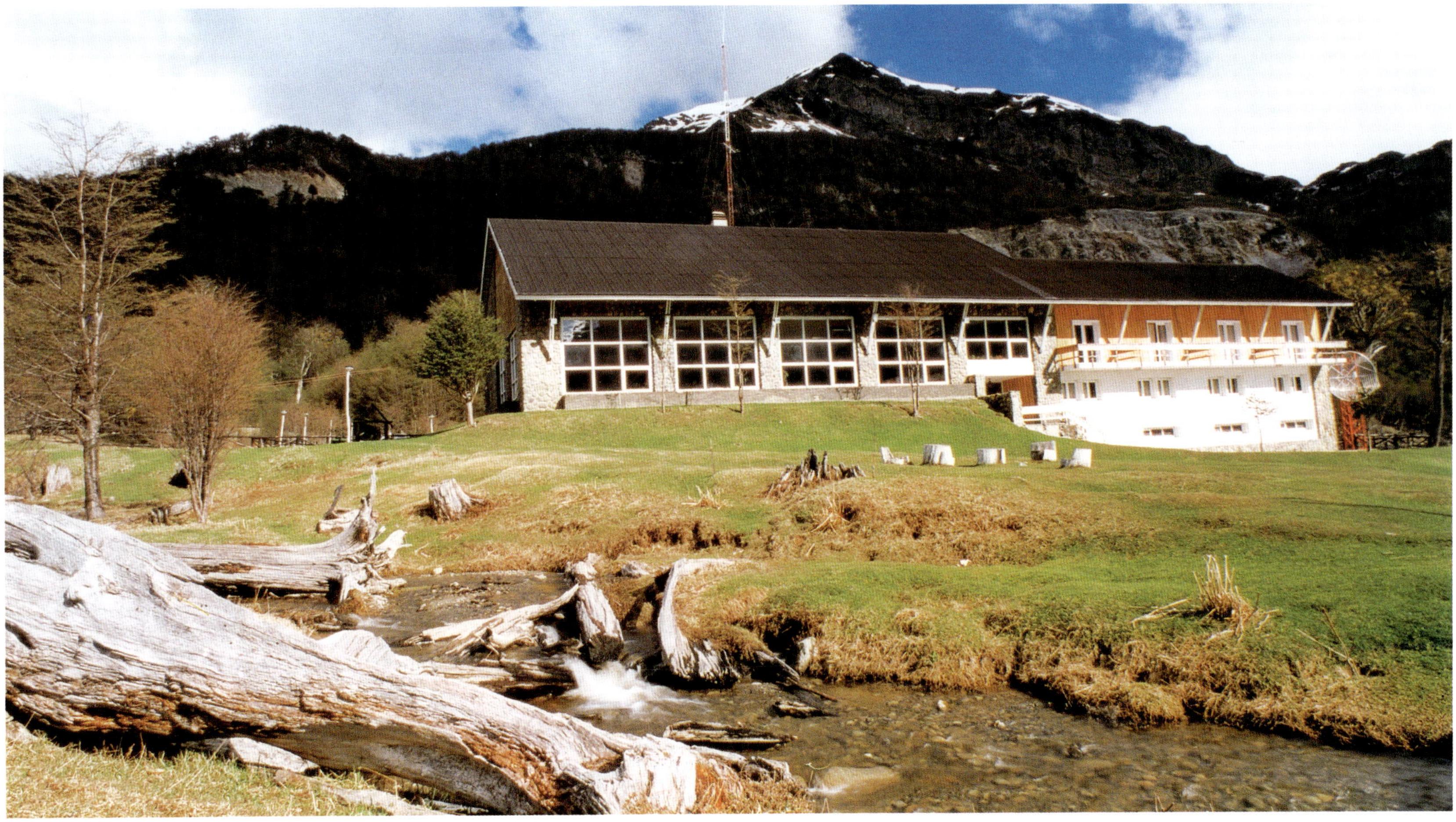

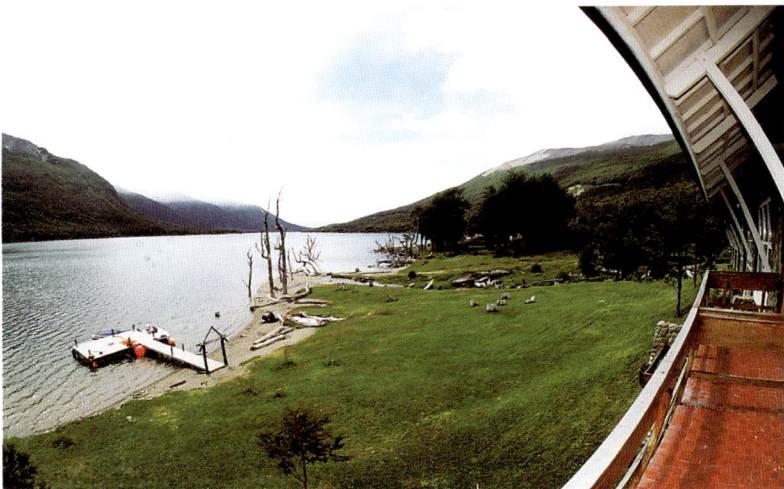

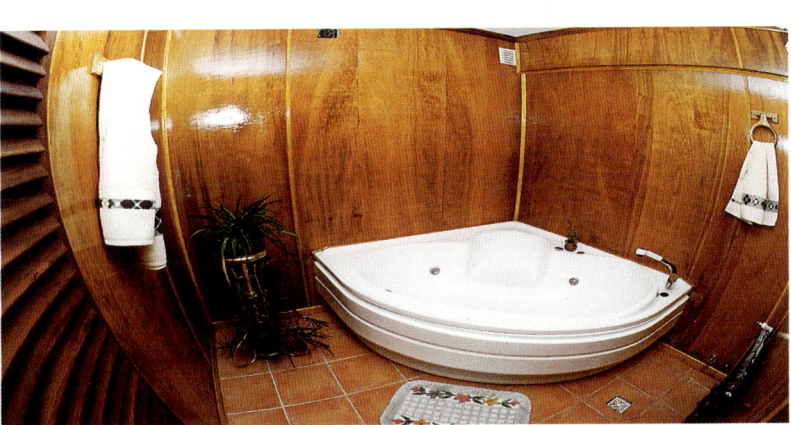

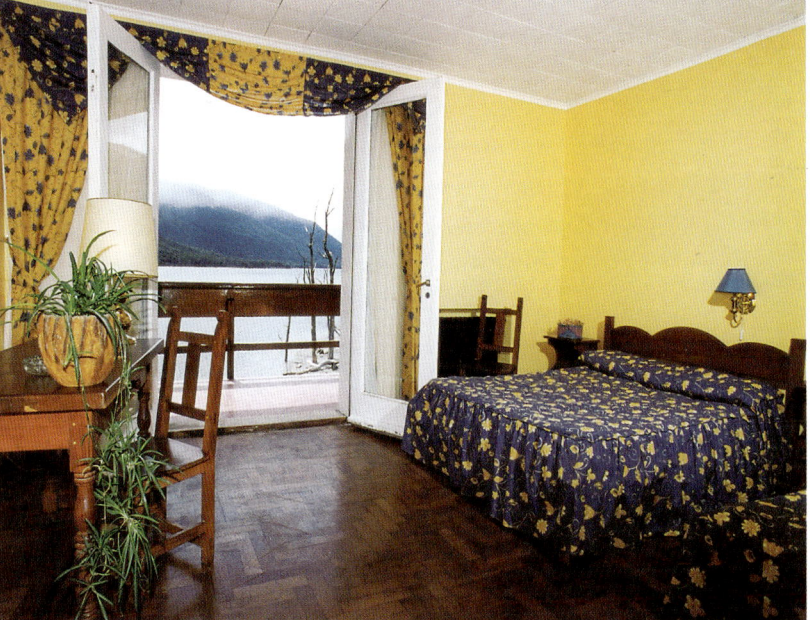

Hostería Petrel, emplazada a orillas del lago Escondido. Los visitantes disfrutan del paisaje y la atención de su anfitrión Edardo Sandri.

Hostería Petrel, by the Lago Escondido (Hidden Lake). Visitors enjoy the landscape, and the attention of its owner, Edardo Sandri.

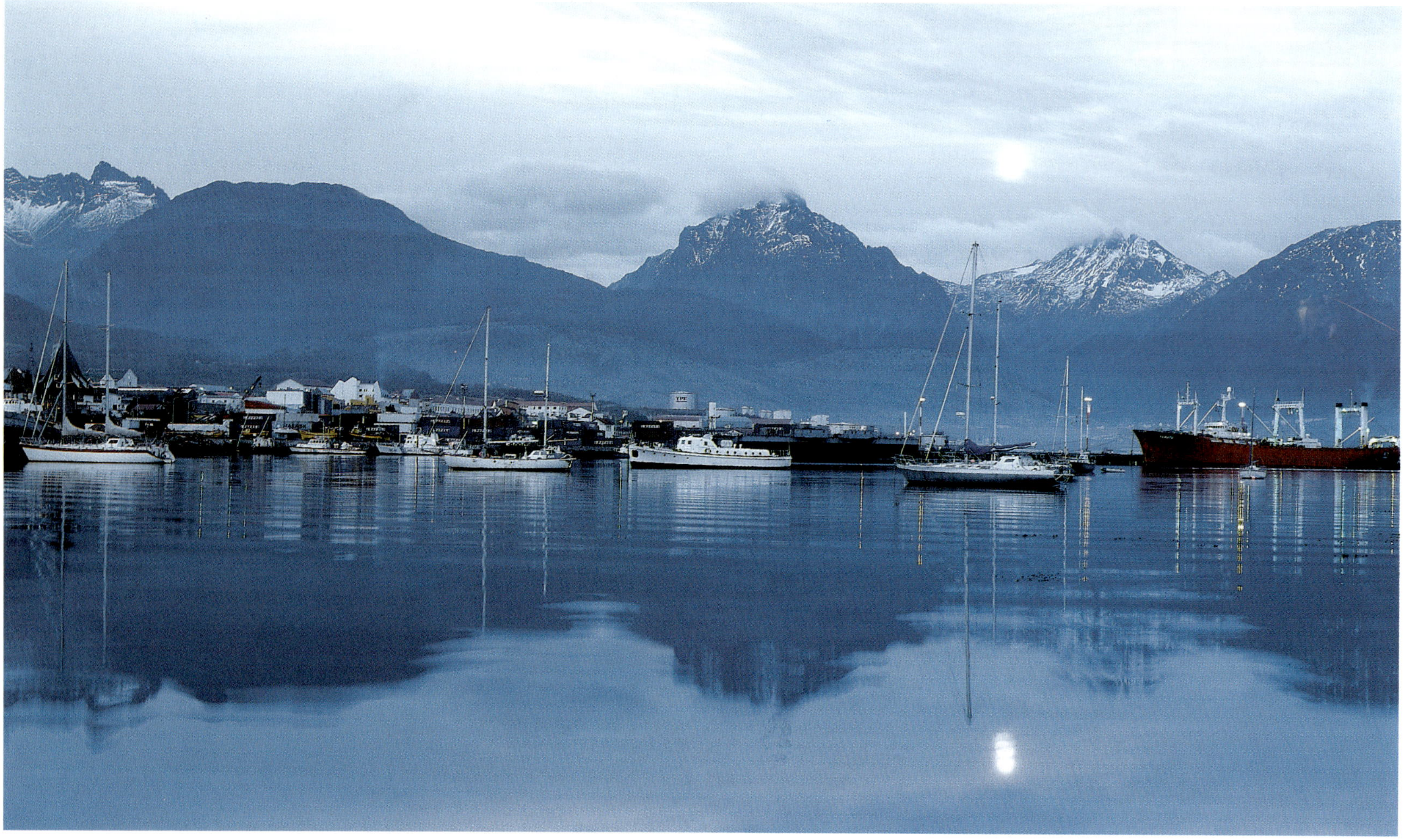

Abajo izquierda: La Ruta N°3 con dirección a Bahía La Pataia, donde termina (Parque Nacional Tierra del Fuego).

Below left: Route 3 heading towards Bahía La Pataia, where it ends. (Tierra del Fuego National Park)

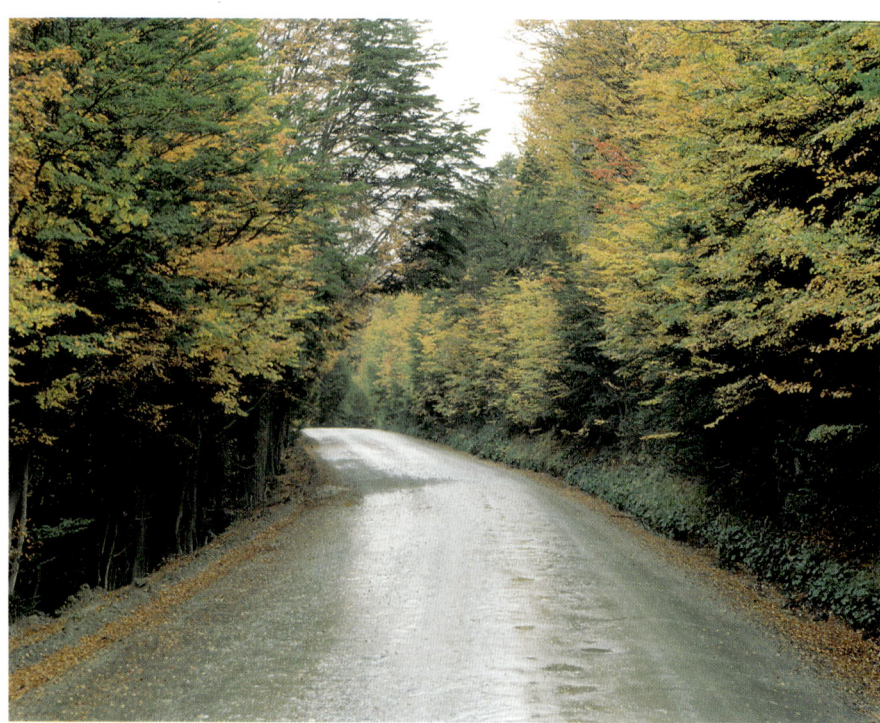

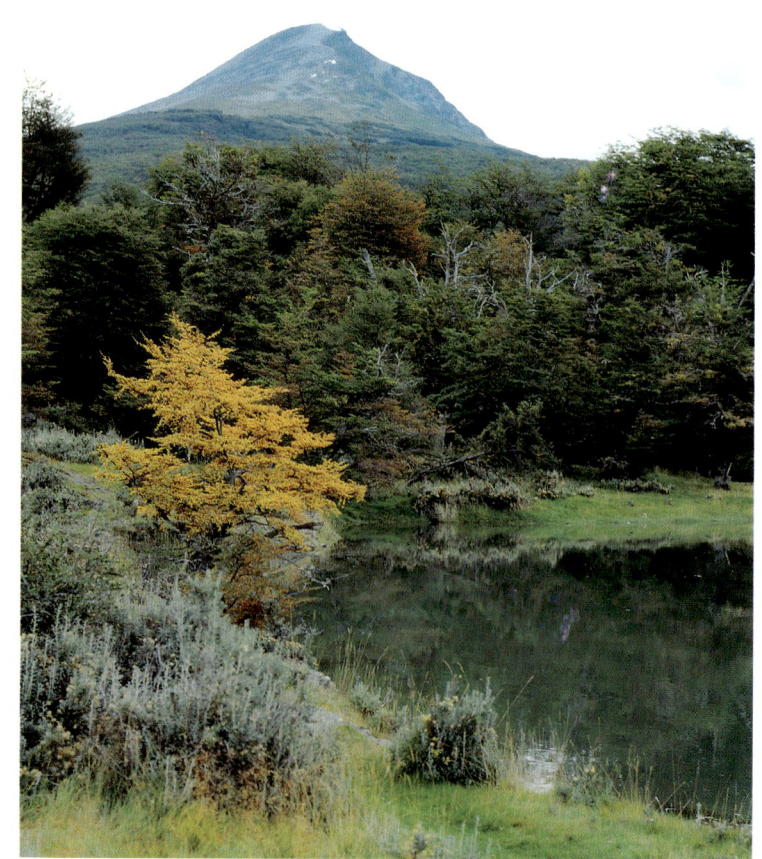

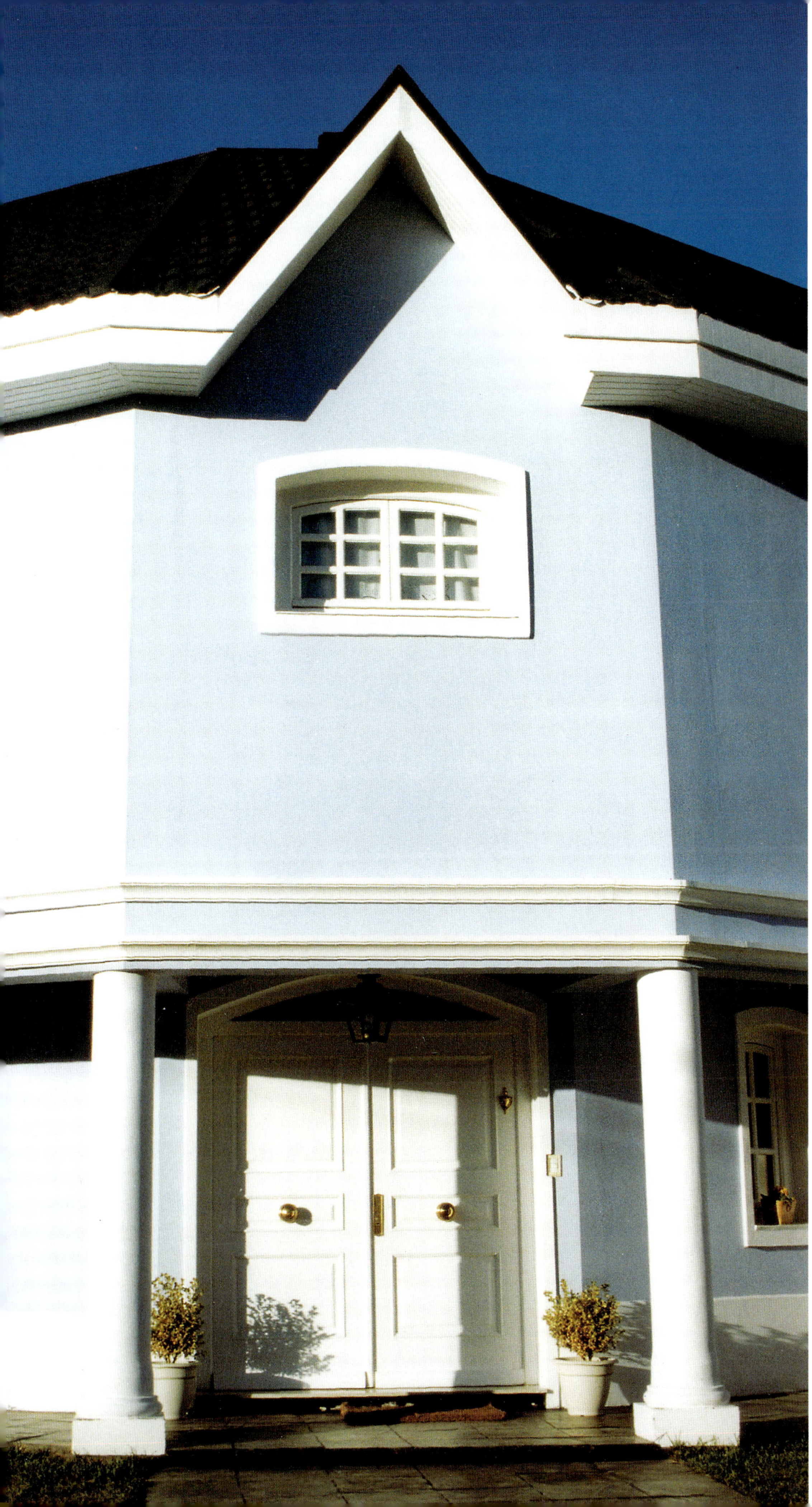

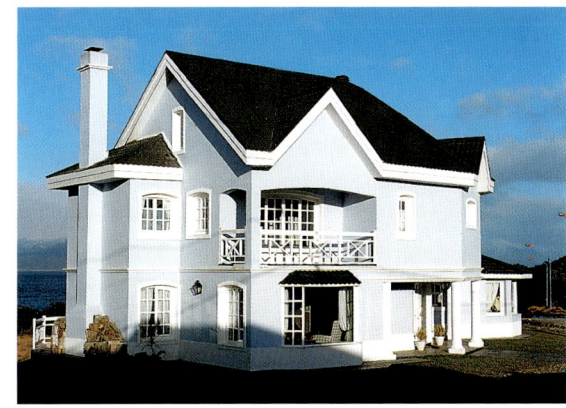

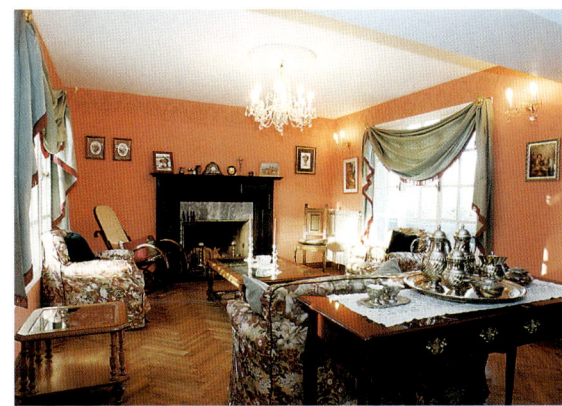

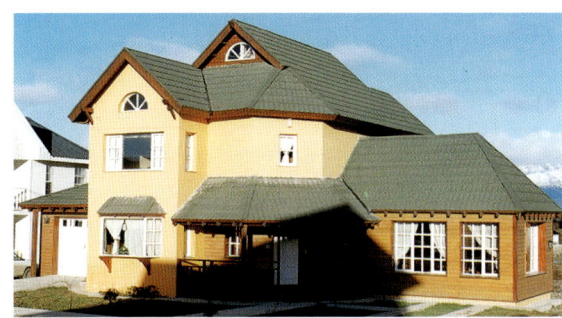

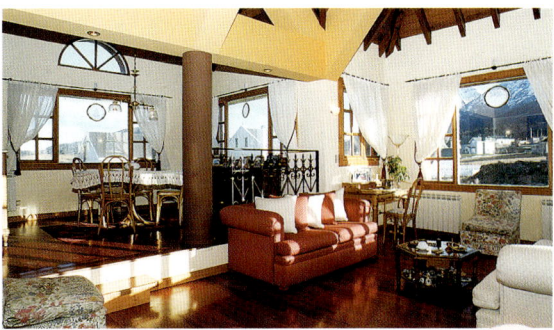

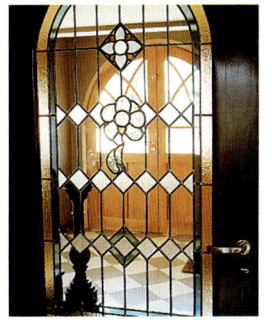

Aníbal González Paz, un arquitecto con un estilo muy personal.

Aníbal González Paz, an architect with a very characteristic style.

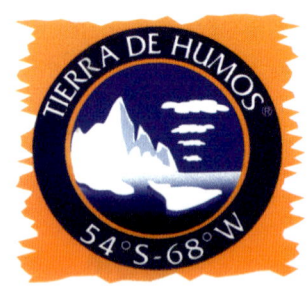

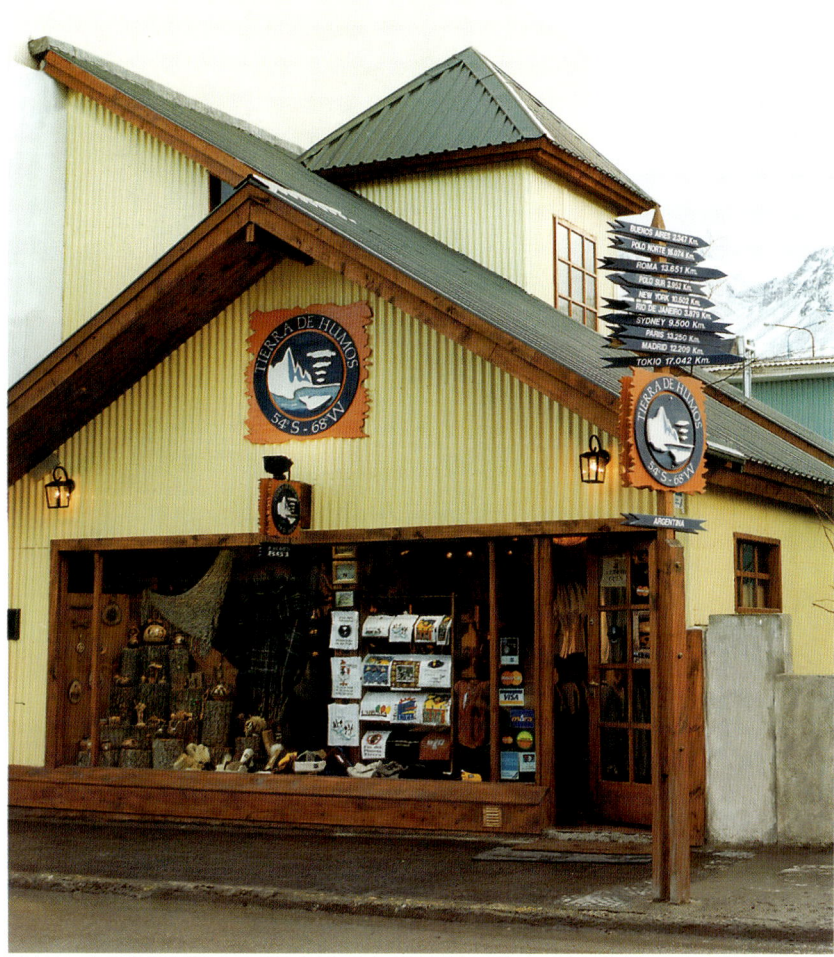

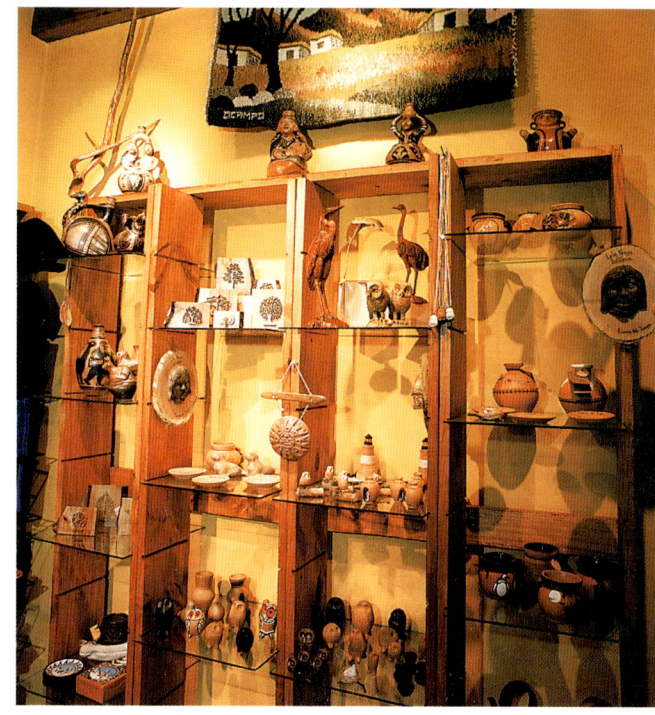

Tierra de Humos cuenta con una variedad de productos regionales, piezas únicas en su local típicamente fueguino emplazado en el corazón de la ciudad.

Tierra de Humos (Land of Smoke) offers a wide variety of regional crafts in a typically fuegian shop, located in the heart of town.

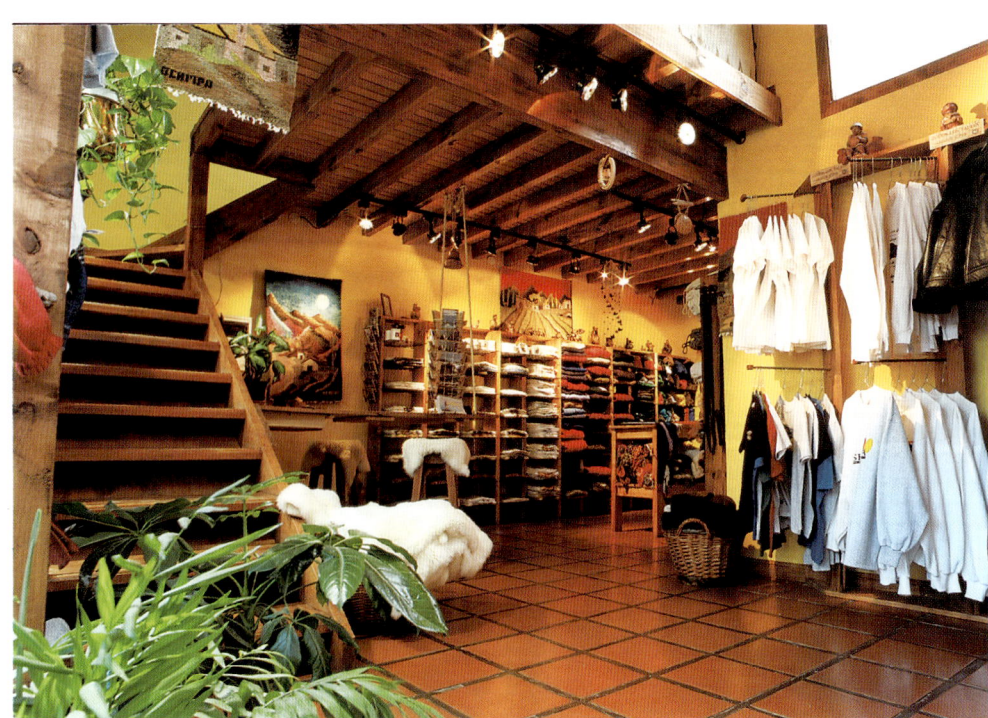

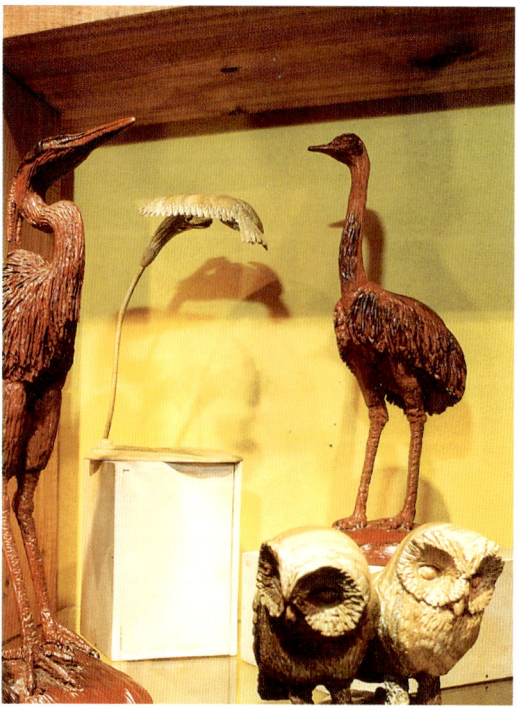

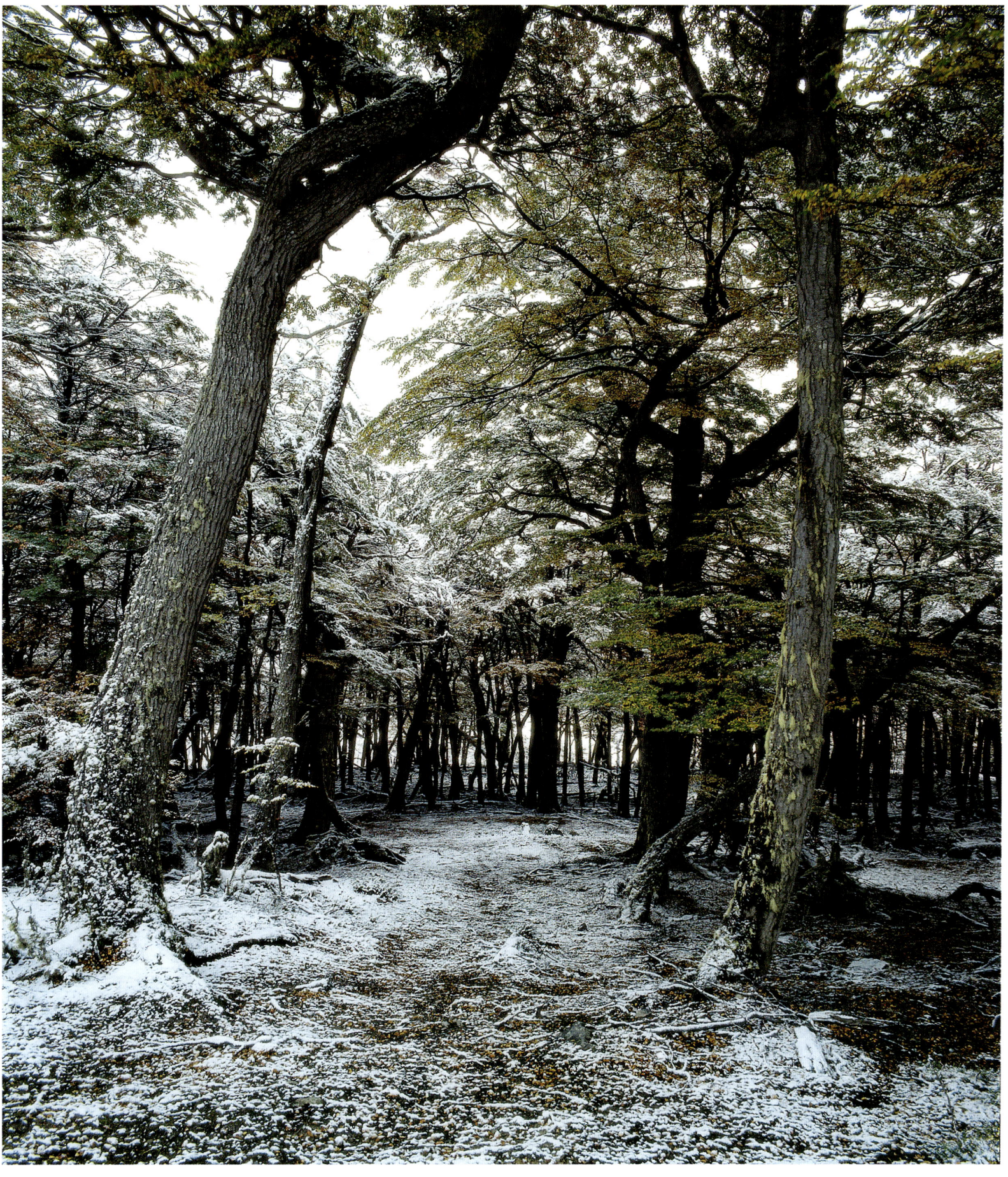

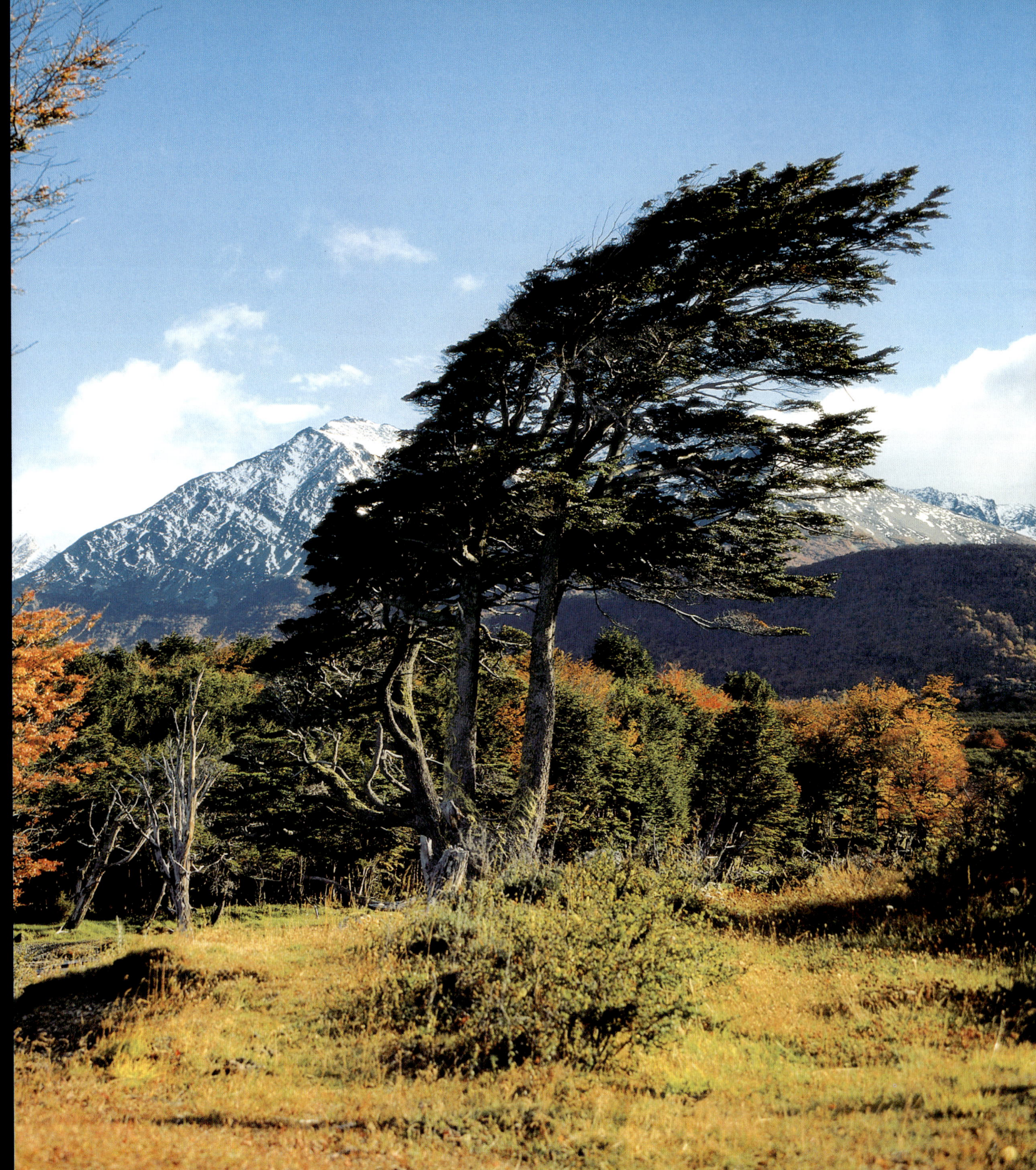

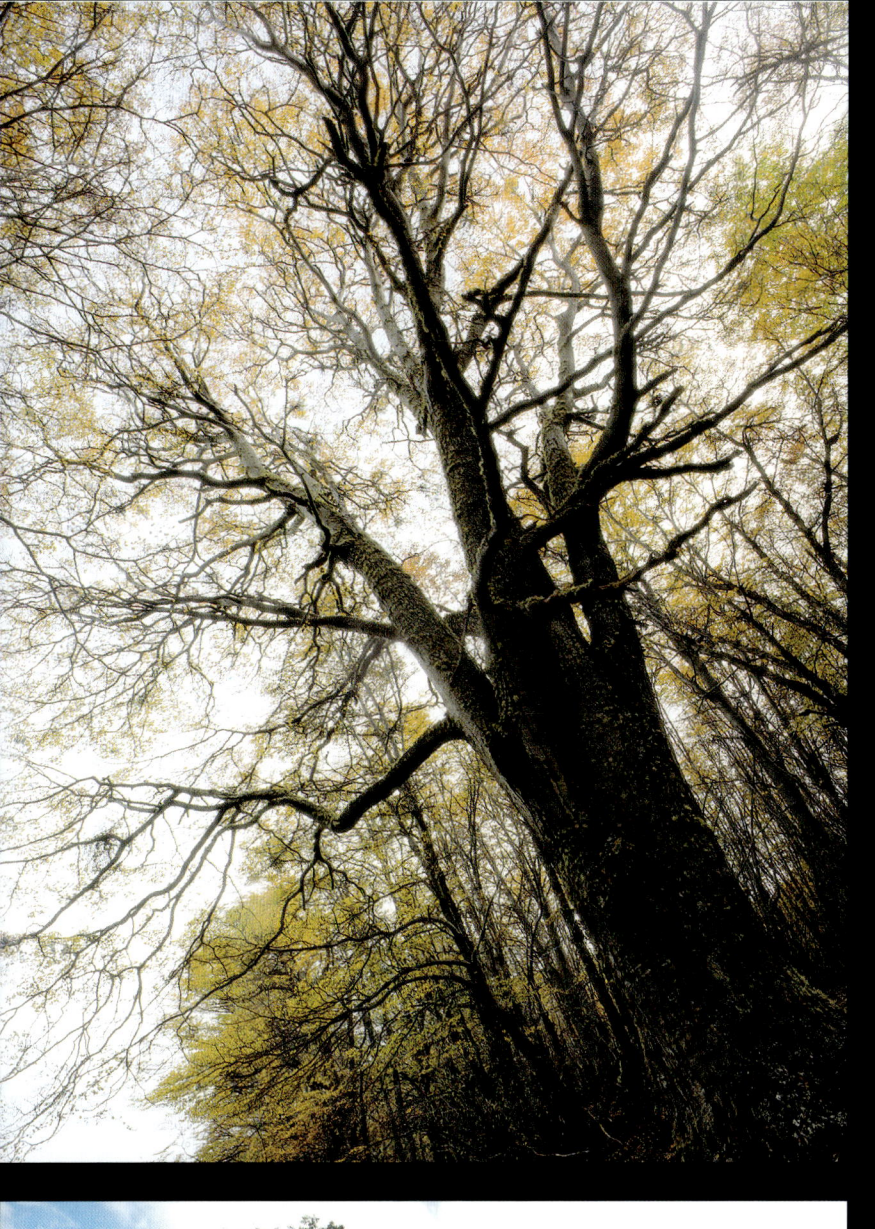
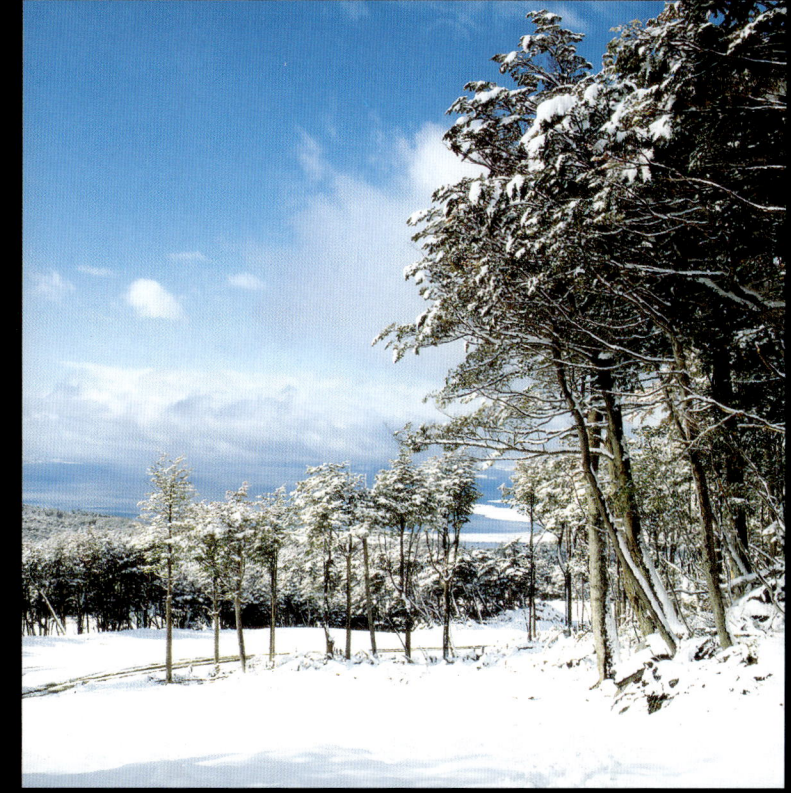
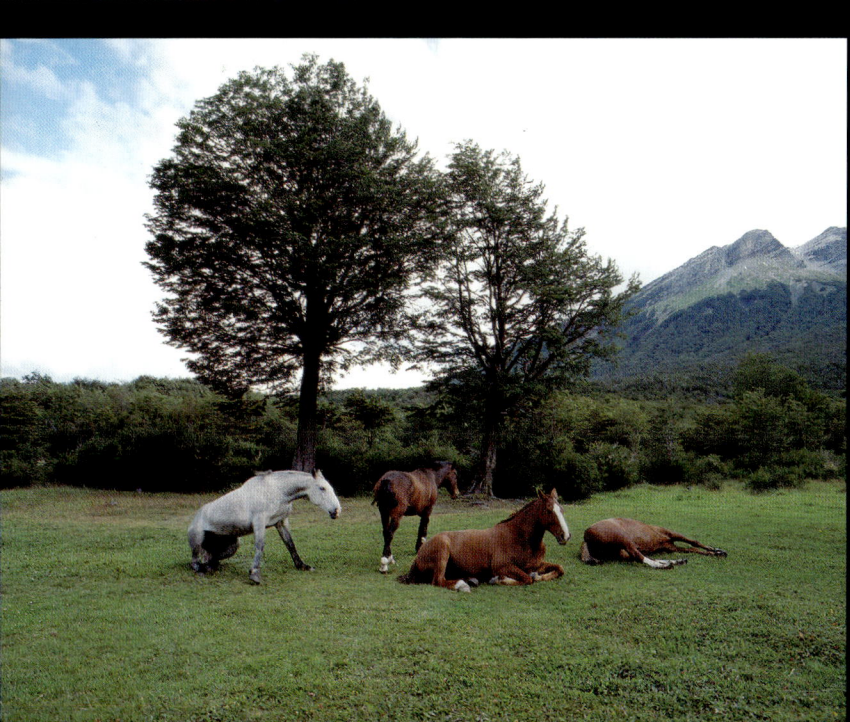
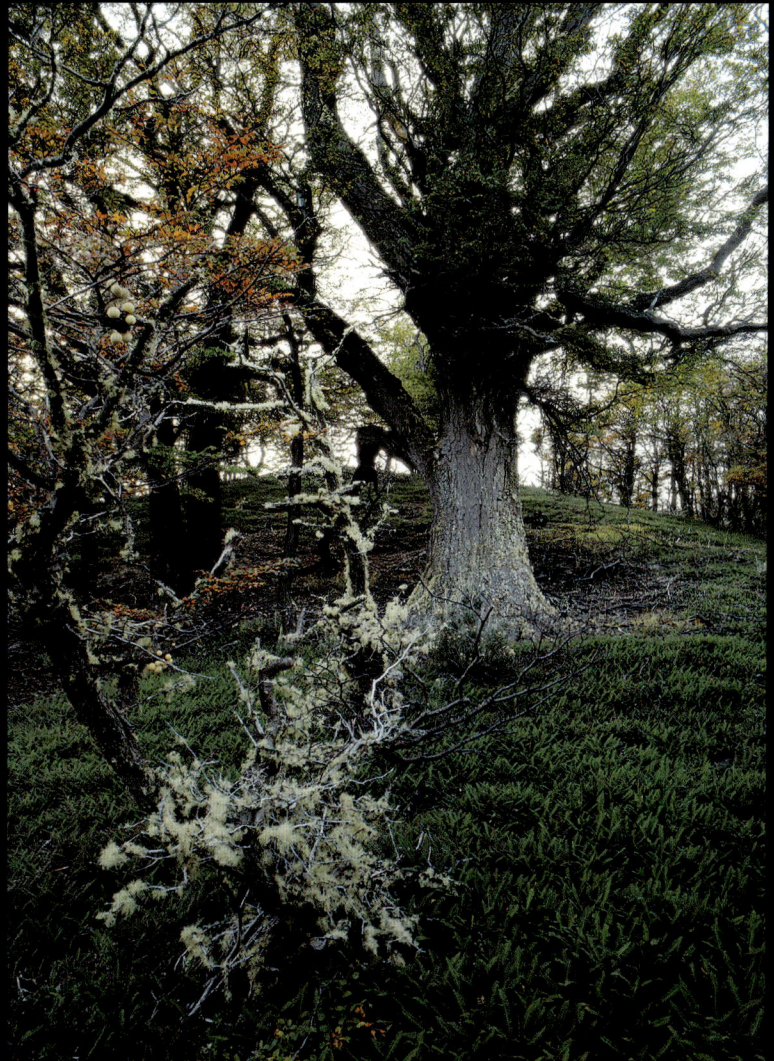

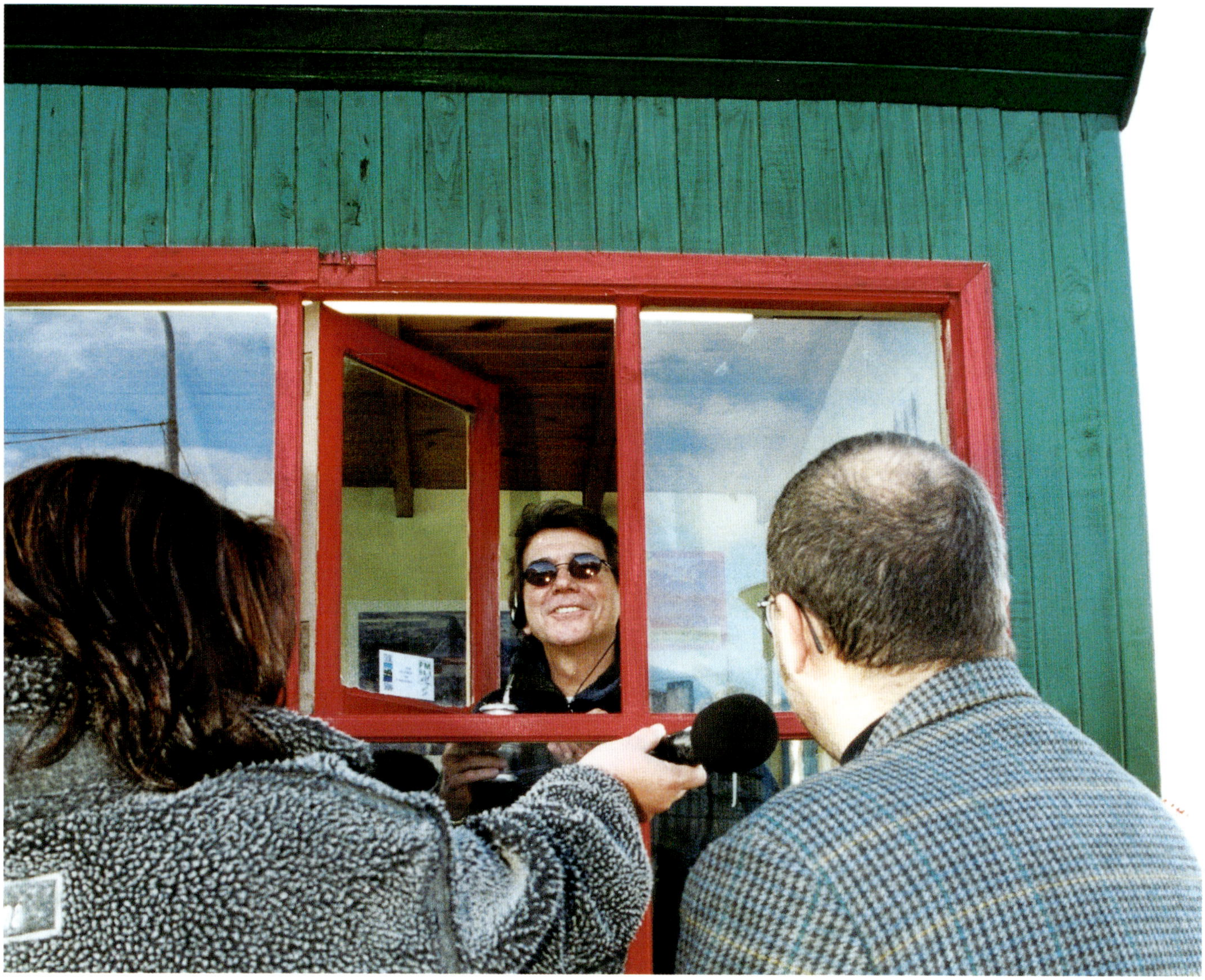

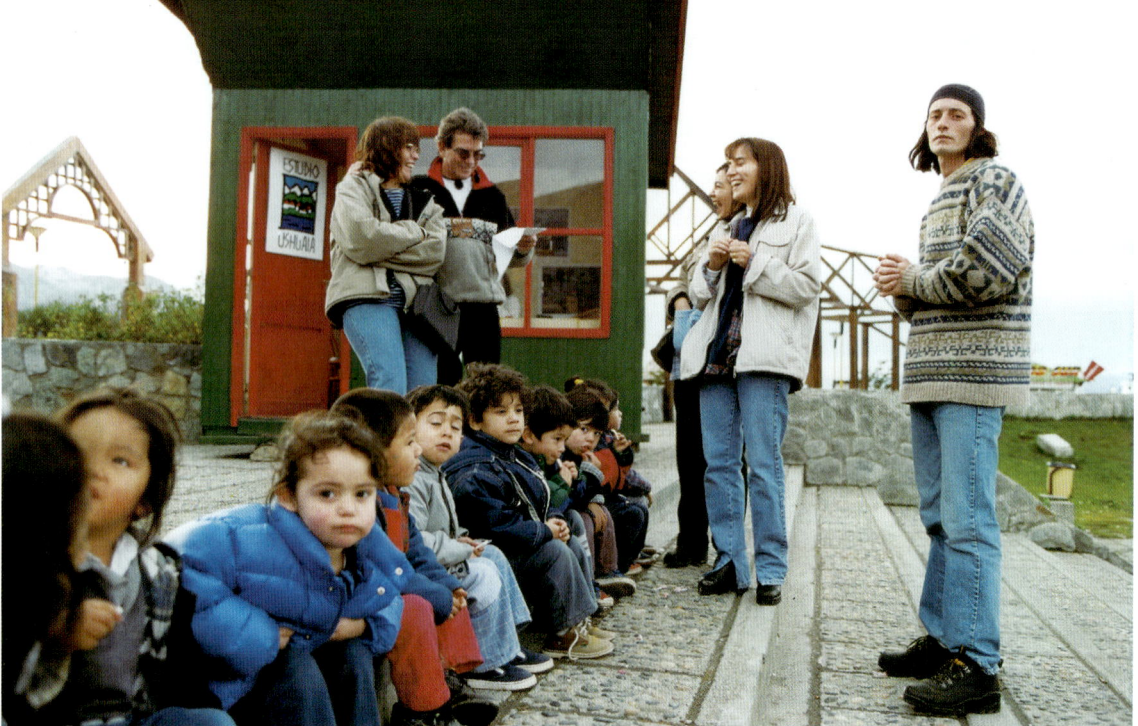

Una radioemisora viajera, recorriendo todo el país, uniendo ciudad con ciudad: "Estudio País". Un amigo, llegando al corazón de la gente: Juan Alberto Badía.

A travelling broadcasting station, running all over the country, joining city with city: "Estudio País". A friend reaching people's hearts: Juan Alberto Badía.

Arriba: un catalán cantando canciones de otro catalán, Juan Manuel Serrat.

Above: A Catalonian singing songs of another Catalonian, Joan Manuel Serrat.

Abajo: Niños de un jardín de infantes de la ciudad visitan el estudio.

Below: Kindergarten kids visiting the studio.

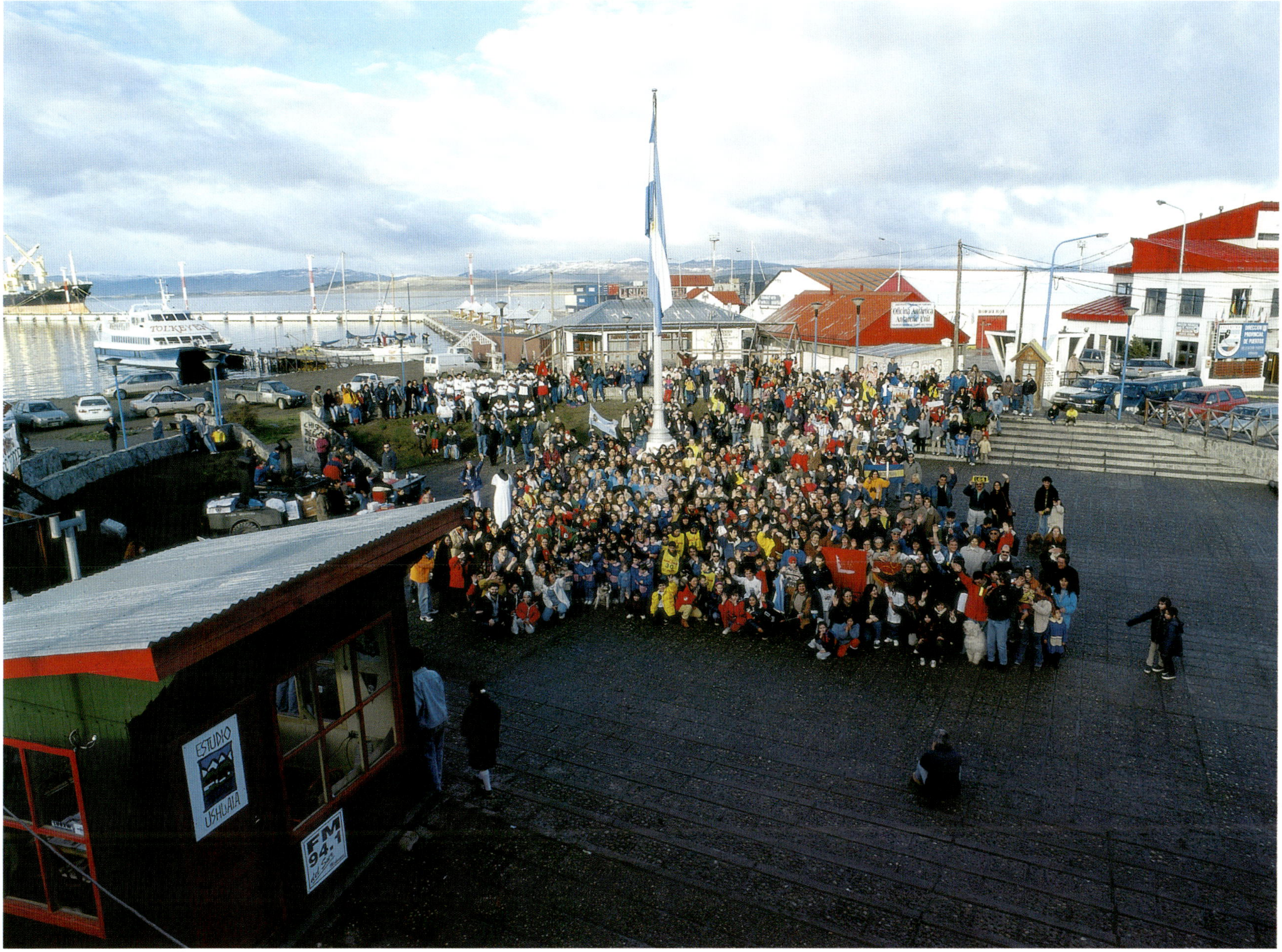

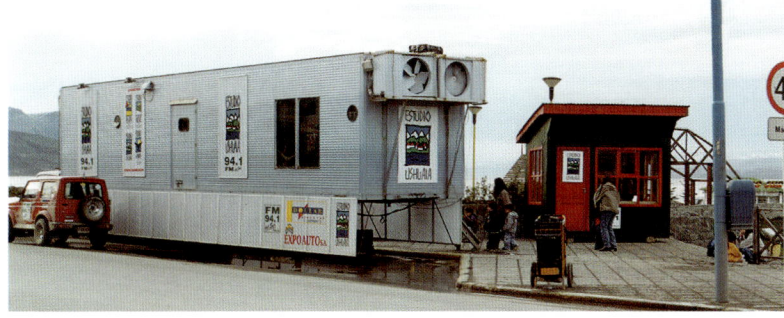

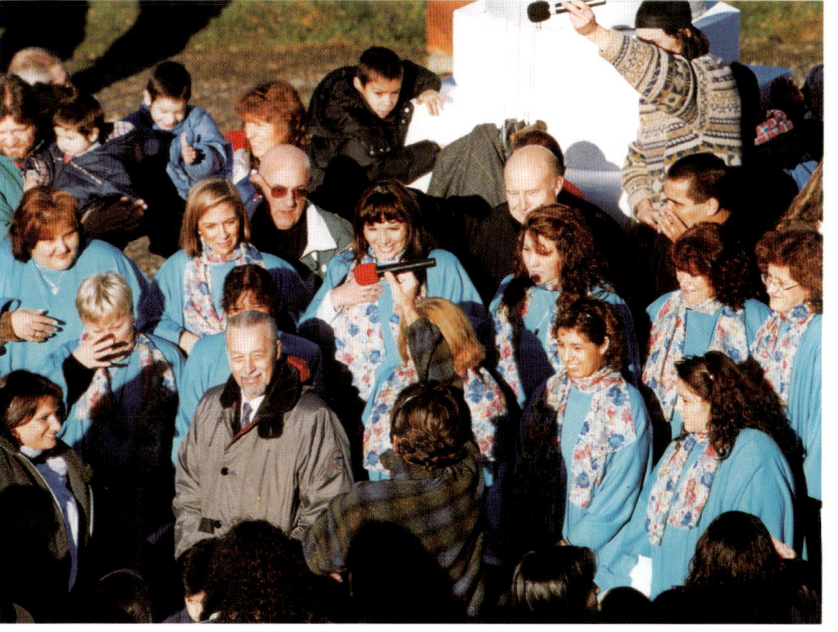

Arriba: ¡Bienvenidos!. Un domingo al mediodía la gente de Ushuaia se juntó para saludar al mundo a través de esta foto.

Above: Welcome!. People from Ushuaia, gathered on a Sunday midday, to say hello to the world.

Abajo izquierda: Estudio móvil de la radio.

Below left: Radio's mobile studio.

Abajo derecha: Coro local.

Below right: Local Chorus.

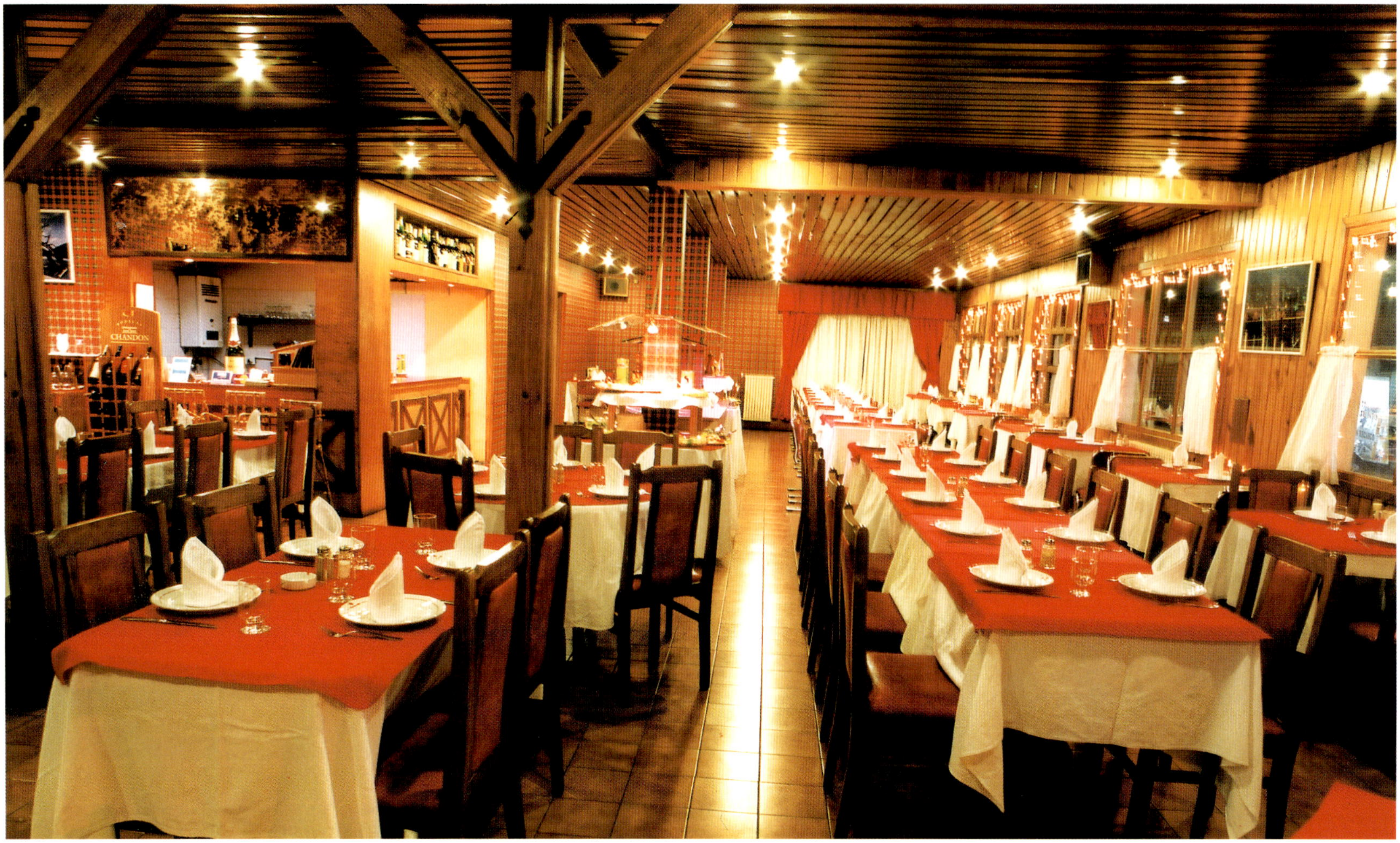

Restaurant Moustacchio. En pleno corazón de
la ciudad ofrece un amplio menú y los mejores
tangos, y la atención de su anfitrión Felipe.

Moustacchio Restaurant. In the heart of town, with a
varied menu and the best "tango", and the attention of his
owner Felipe.

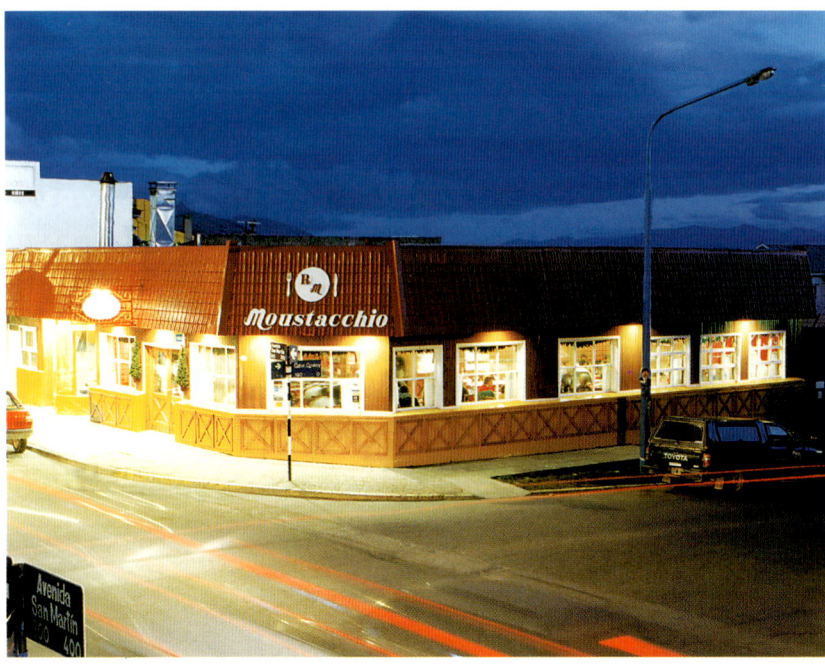

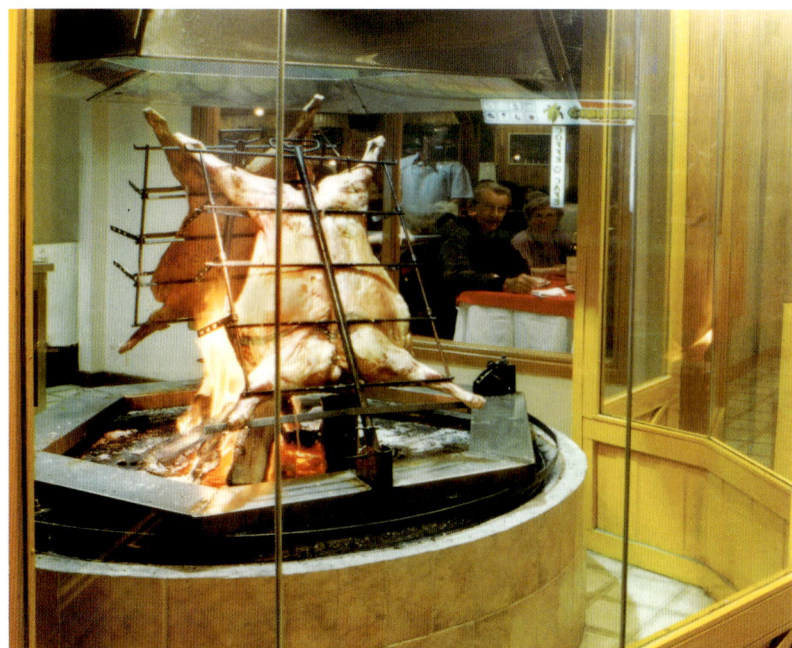

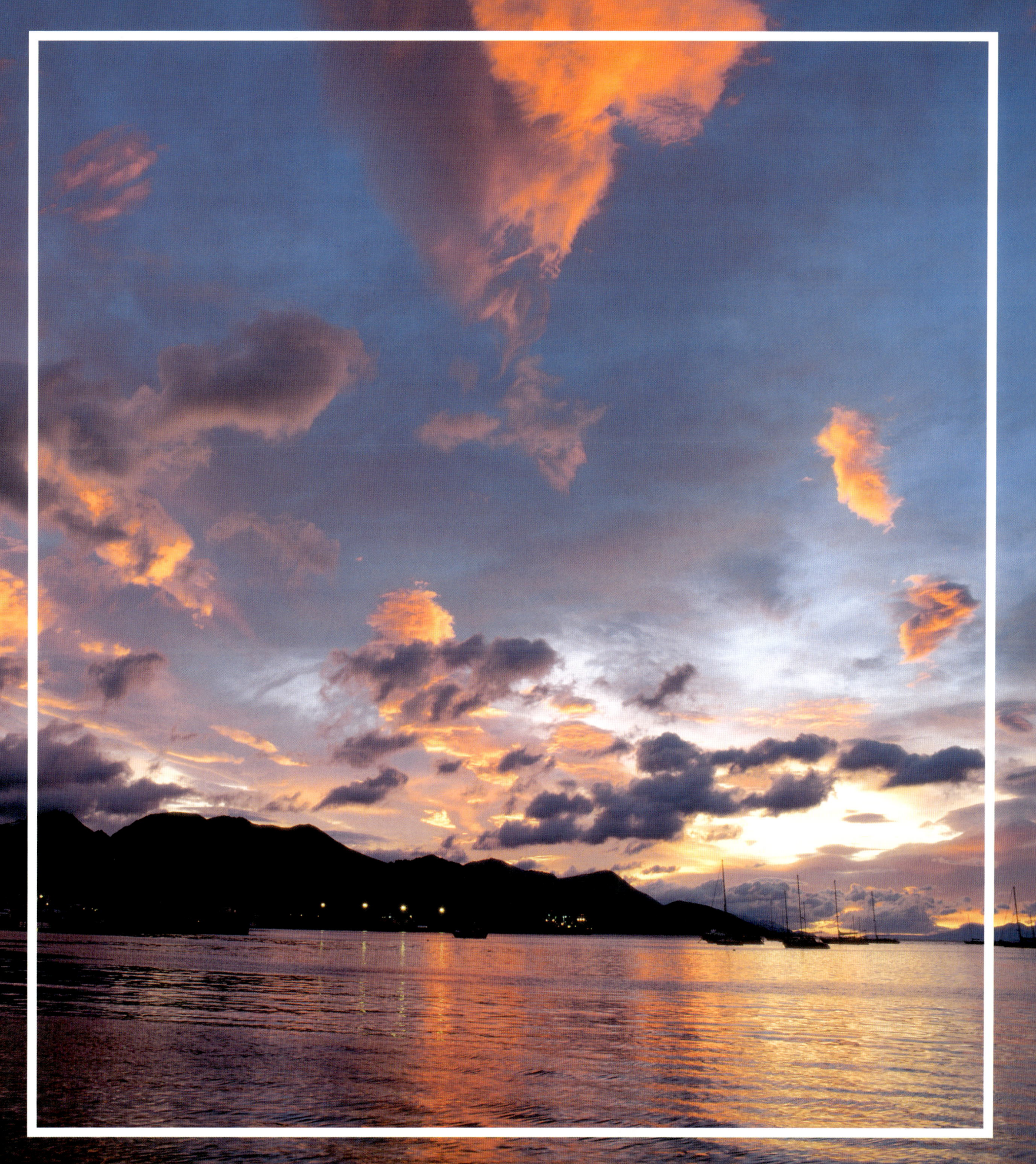

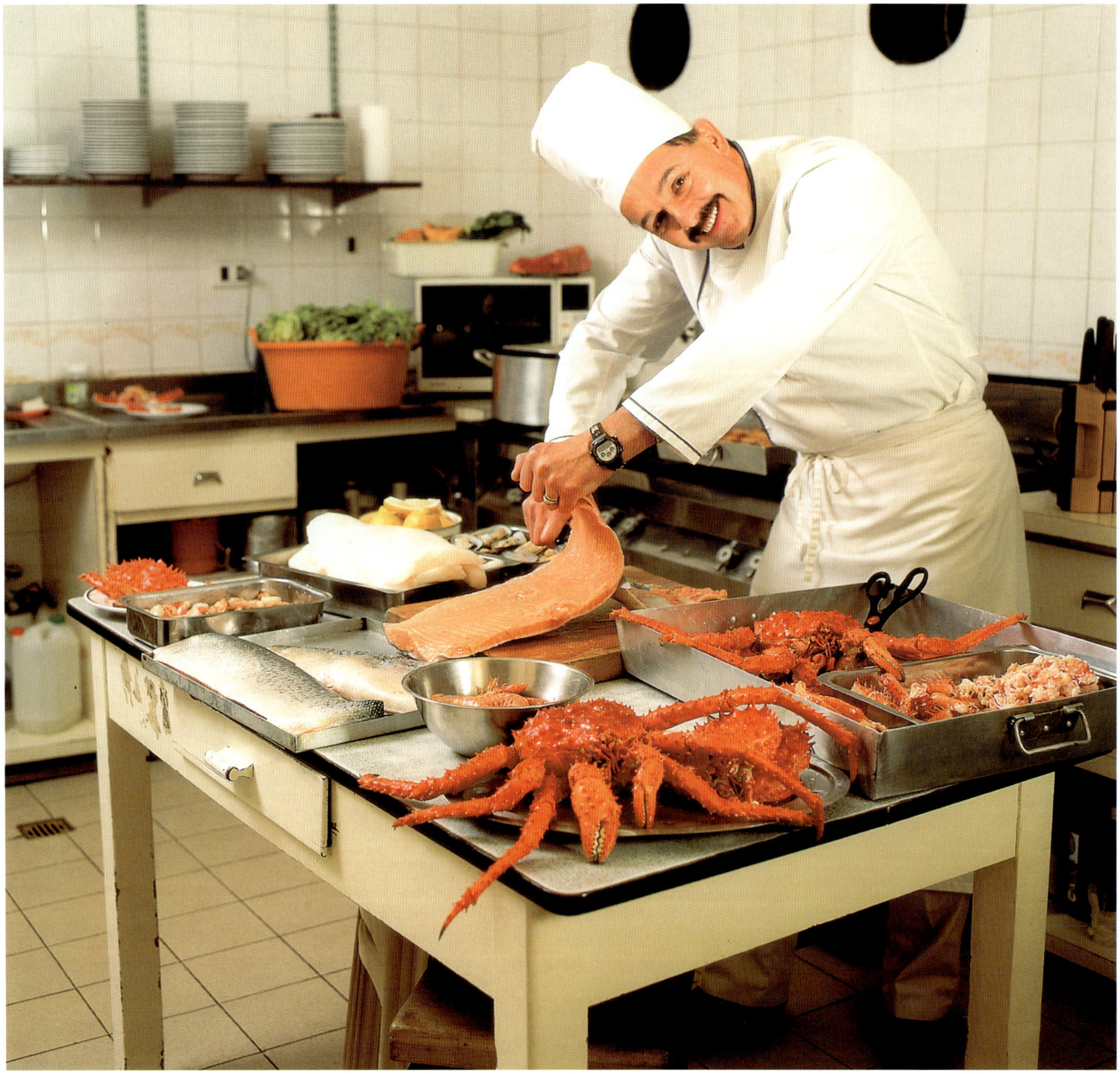

Con vista al canal Beagle, Tía Elvira ofrece su especialidad: centolla y merluza negra.

Tia Elvira Restaurant, looking out on the Beagle Channel. Crab, black hake are its specialties.

Arriba: Oscar Sigel, su dueño y cocinero.

Above: Oscar Sigel, owner and chef of Tia Elvira.

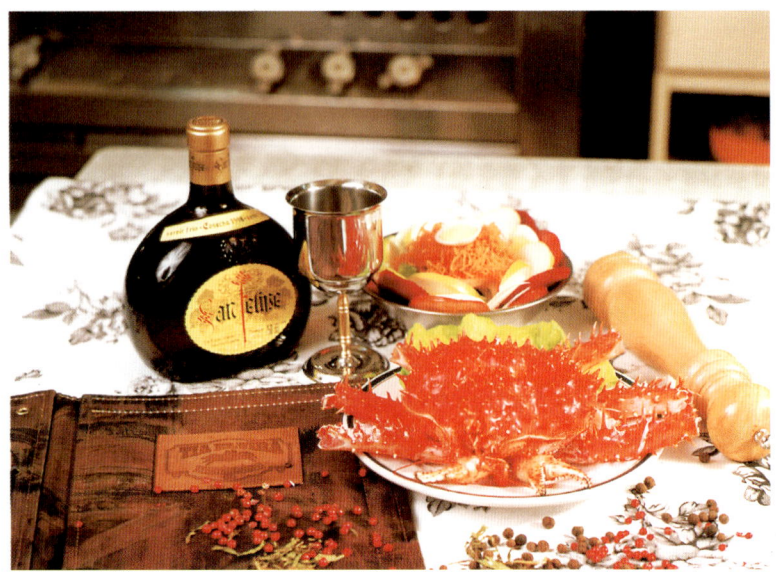

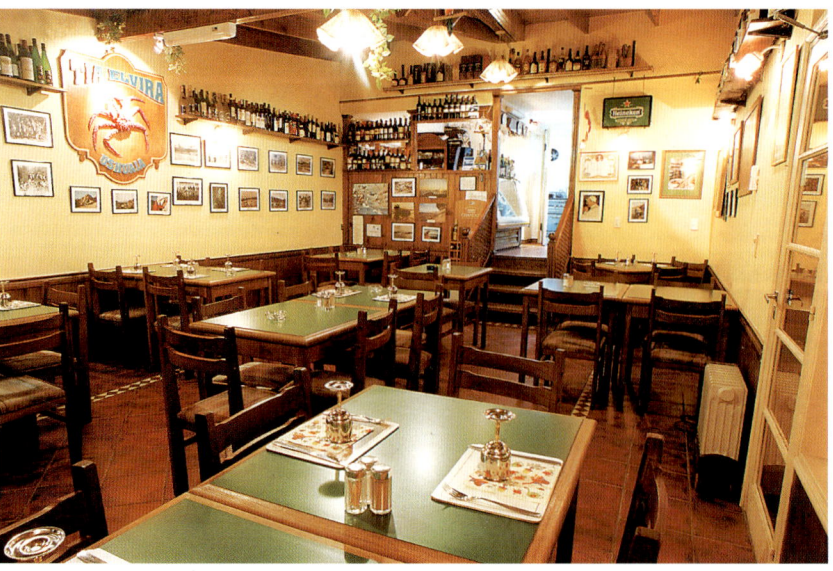

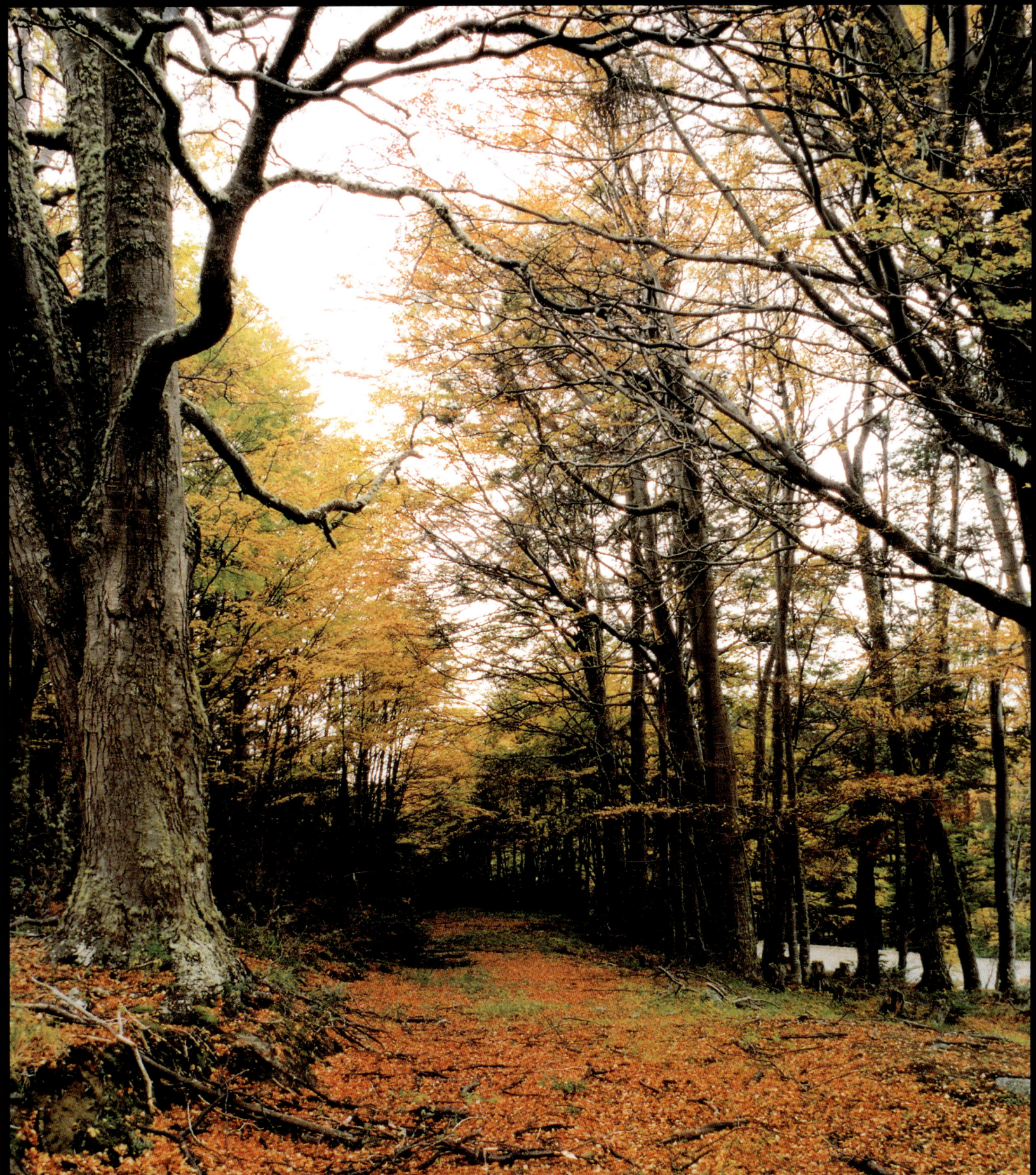

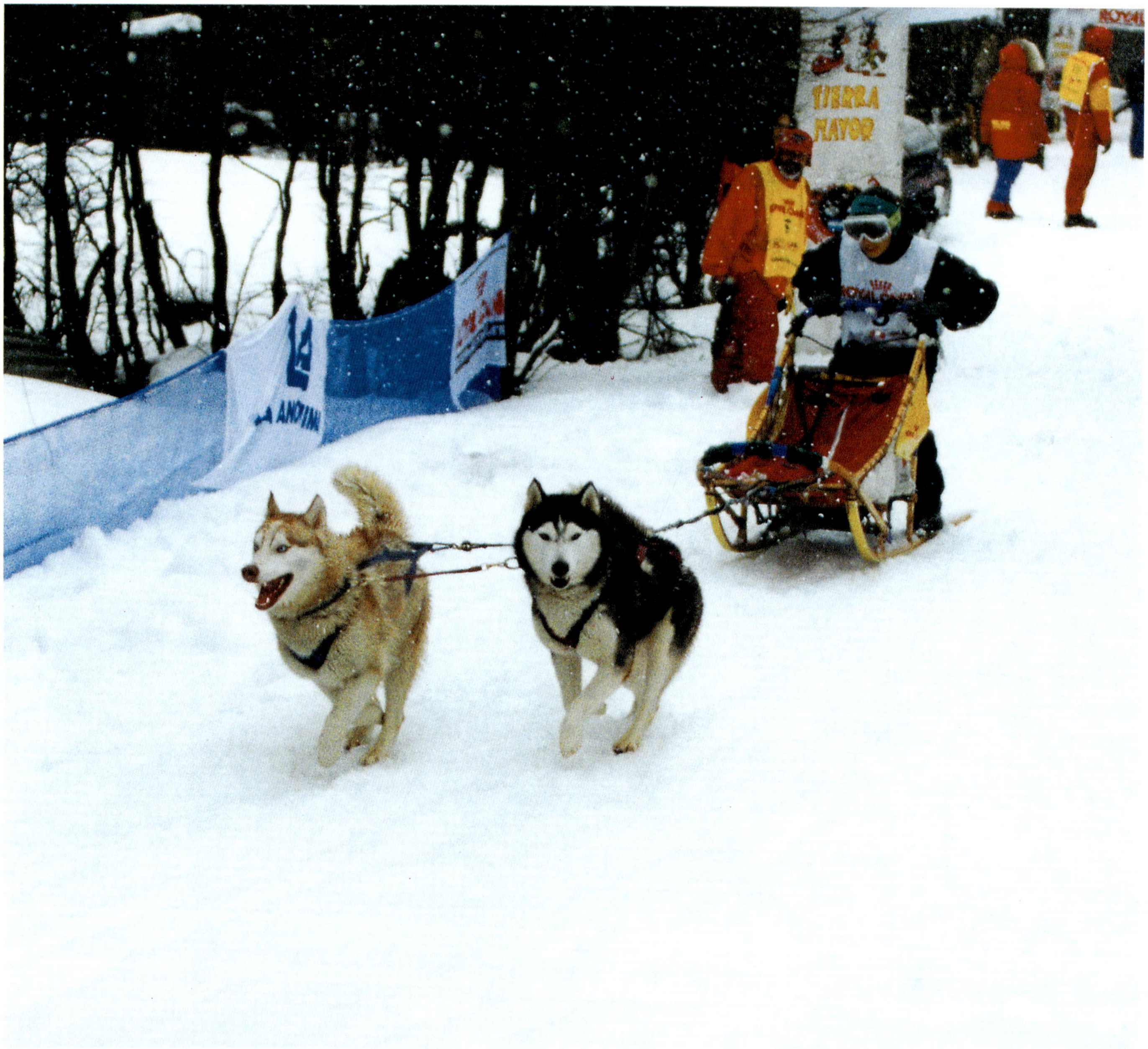

La práctica de deportes de nieve apasionan<None> a grandes, niños y... huskies.

Winter sports are a passion for kids, grown-ups...and huskies.

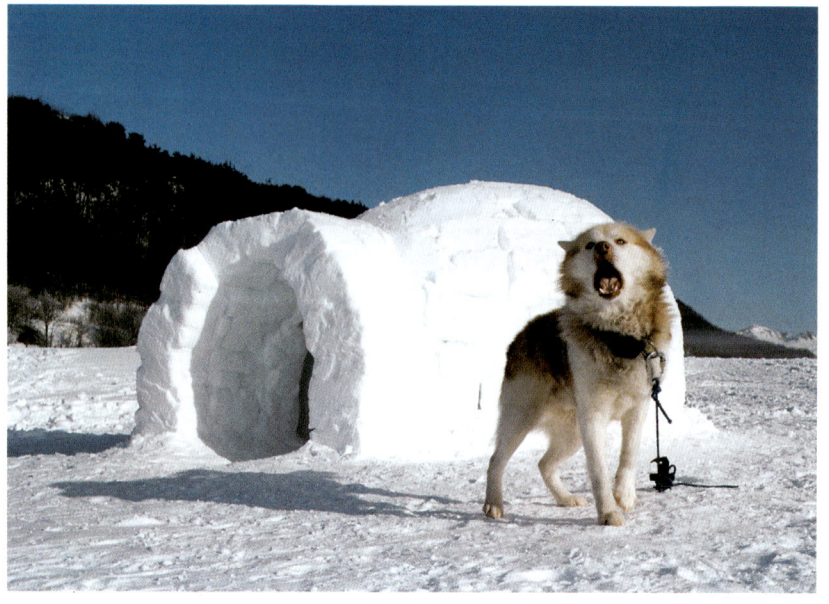

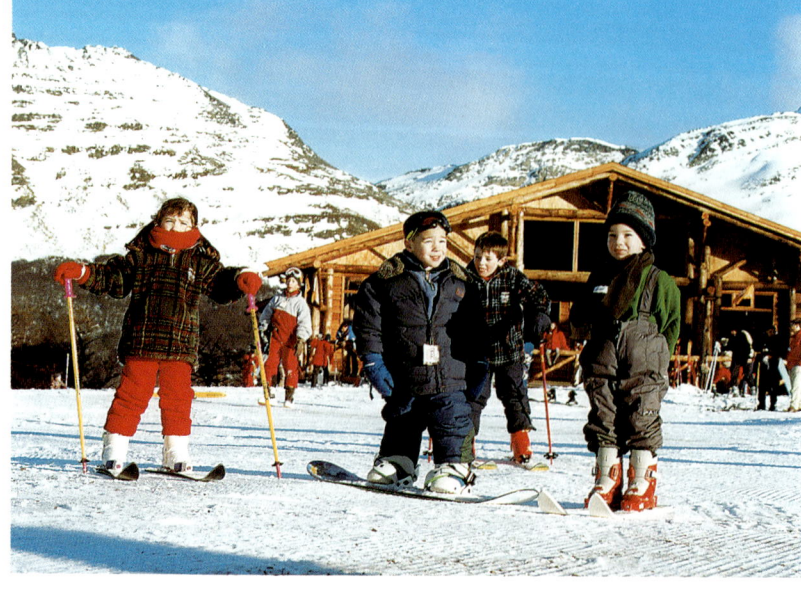

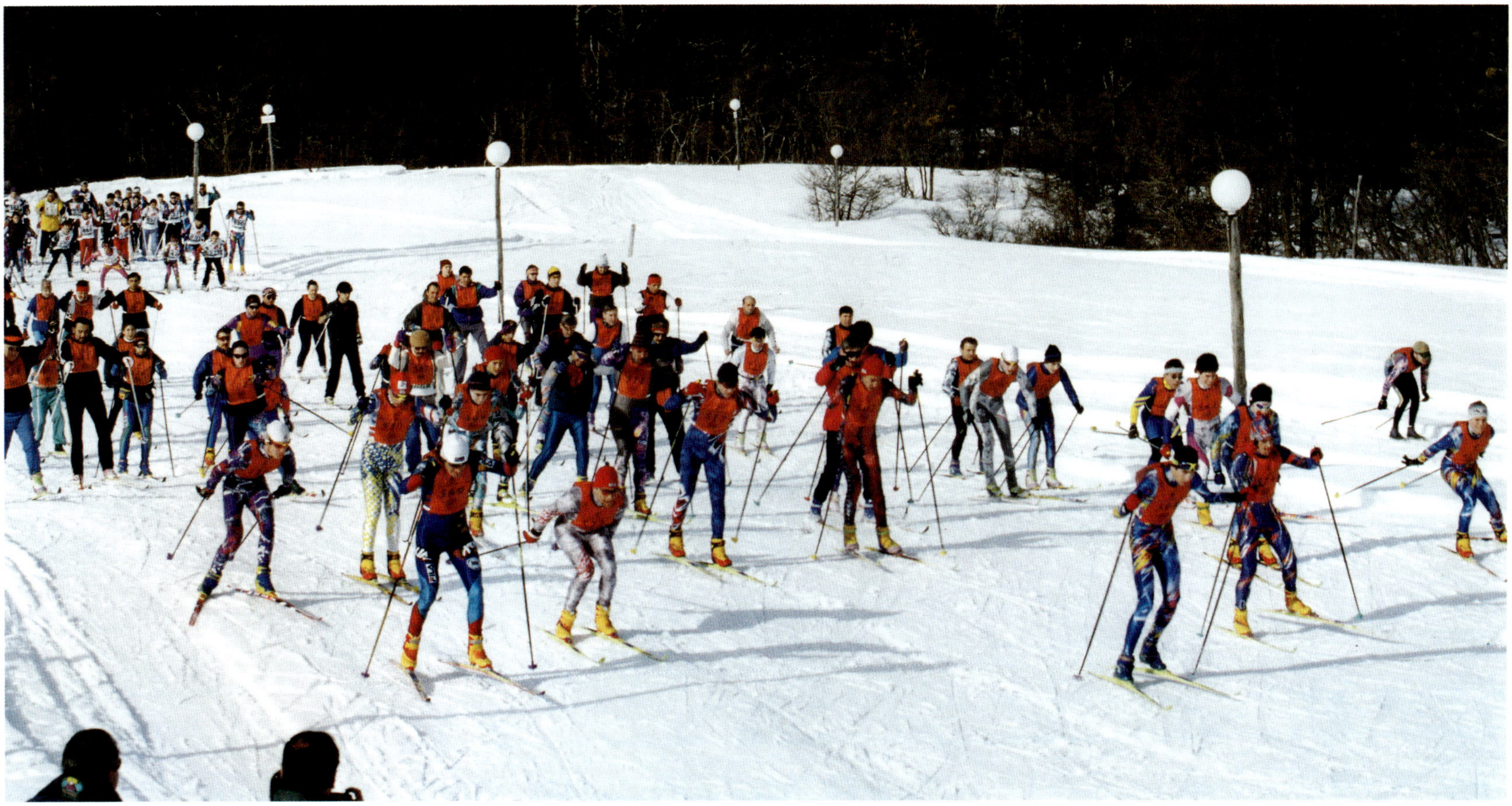

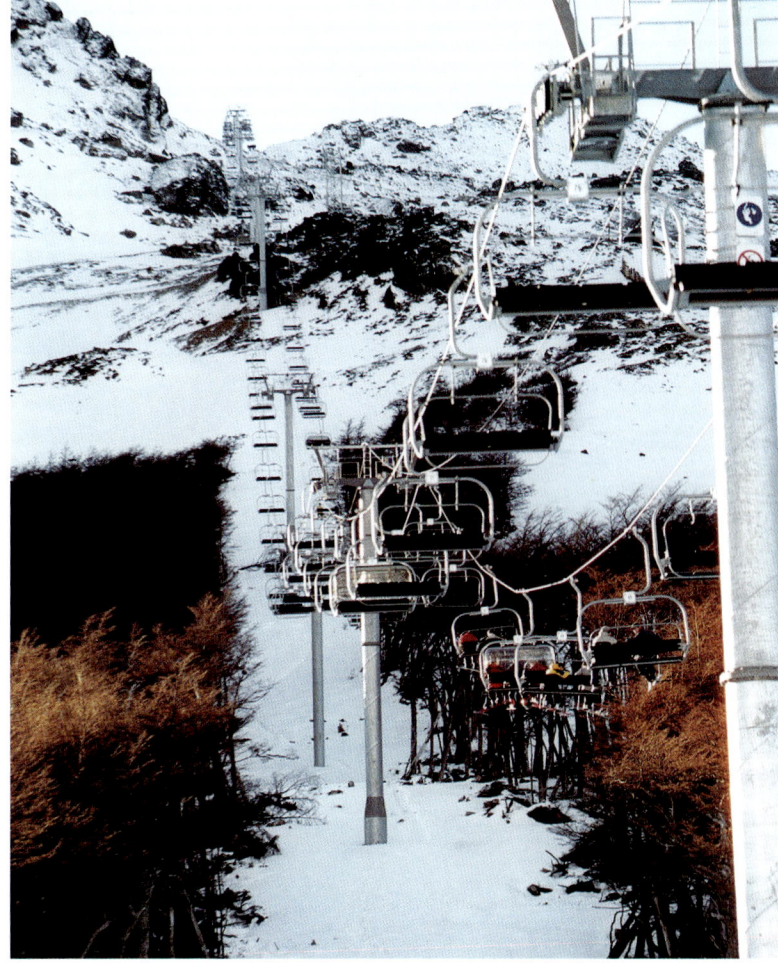

Arriba: esquiadores en carrera, marcha Blanca en el Valle de los Huskies.

Above: Skiers racing. Opposite, white March at the Valley of Huskies.

Medio de elevación recientemente inaugurado en el Cerro Krund por la empresa Cerro Castor.

Abajo: Deportistas haciendo canotaje en el Canal Beagle.

Below: Canoeing on the Beagle Channel.

A chairlift recently inaugurated at the Cerro Krund by Cerro Castor firm.

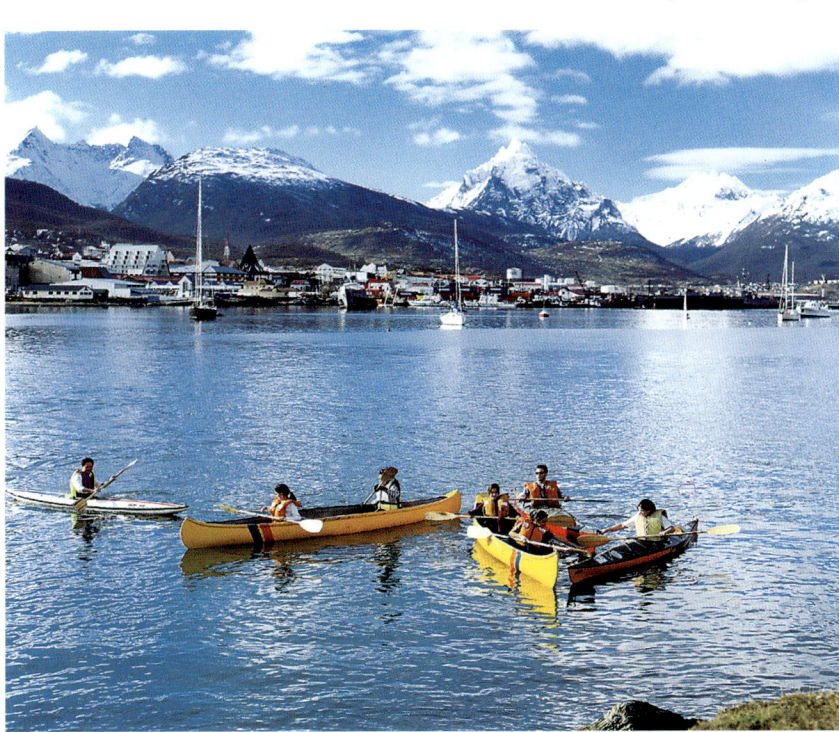

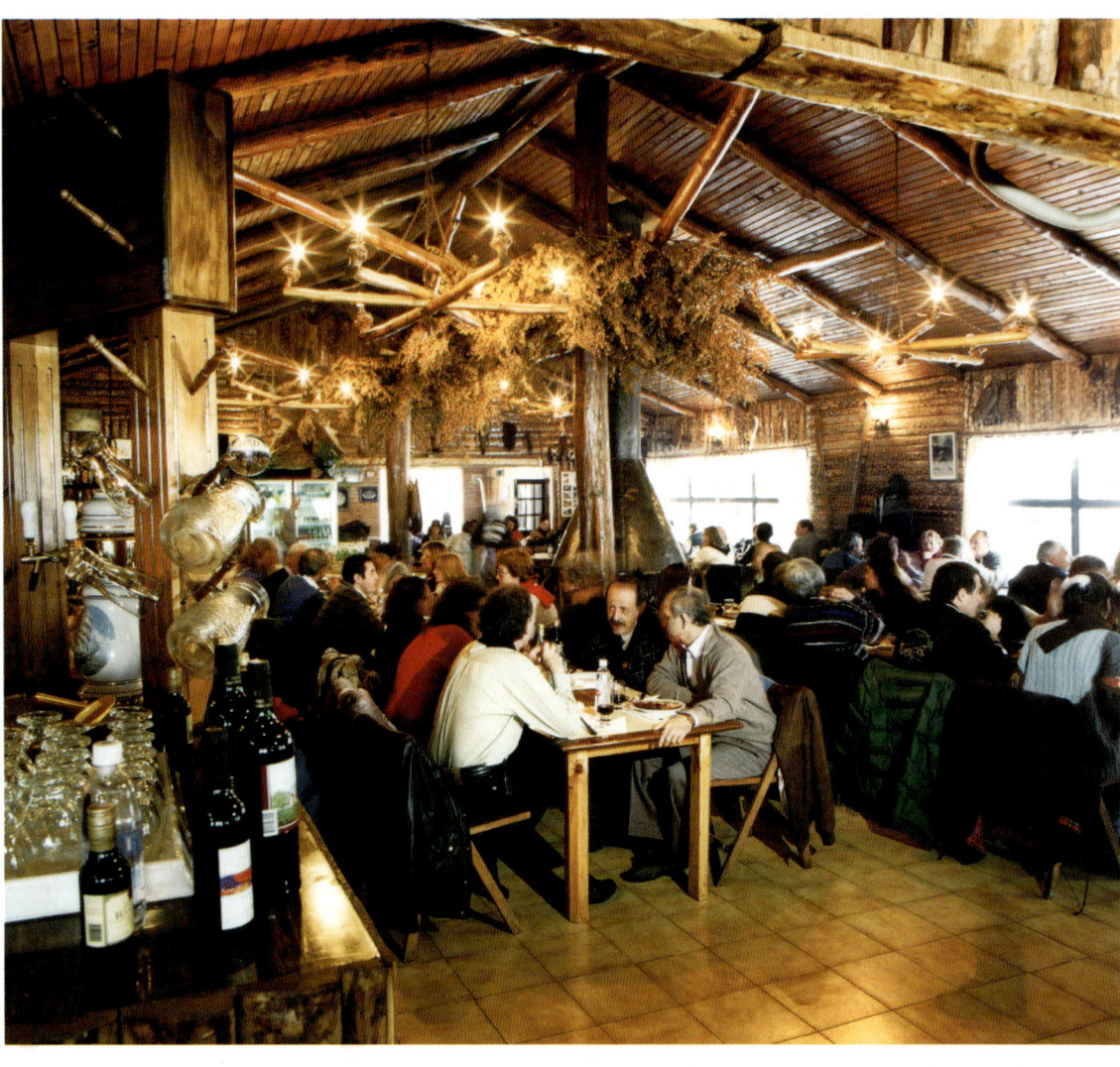

Las Cotorras recibe a turistas con distintas posibilidades según la estación del año en que se encuentre: caminatas y buenos asados en verano; esquí, moto-esquí y otras actividades en invierno.

Las Cotorras has different choices for visitors, according to the season: Hikes and great "asados" in summer; ski, snowcats and other activities in winter.

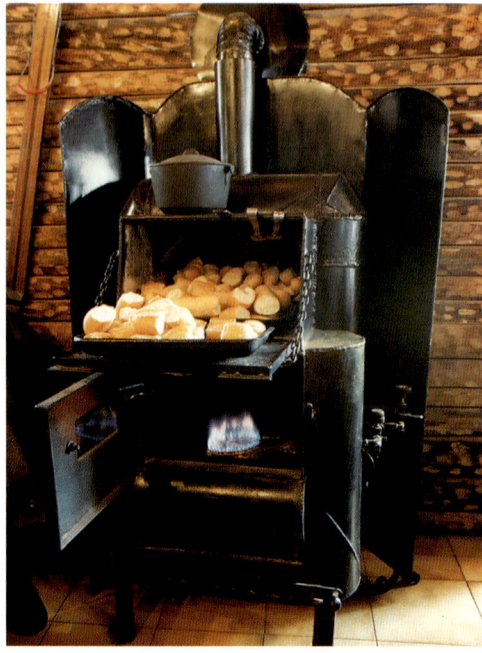

Abajo: Asado, la comida argentina por excelencia. Los argentinos se enorgullese en preparar el mejor asado del mundo.

Below: "Asado" (grilled meat), the most typical argentinian food. Argentinians pride themselves in having the best beef and in making the best "asados" in the whole world.

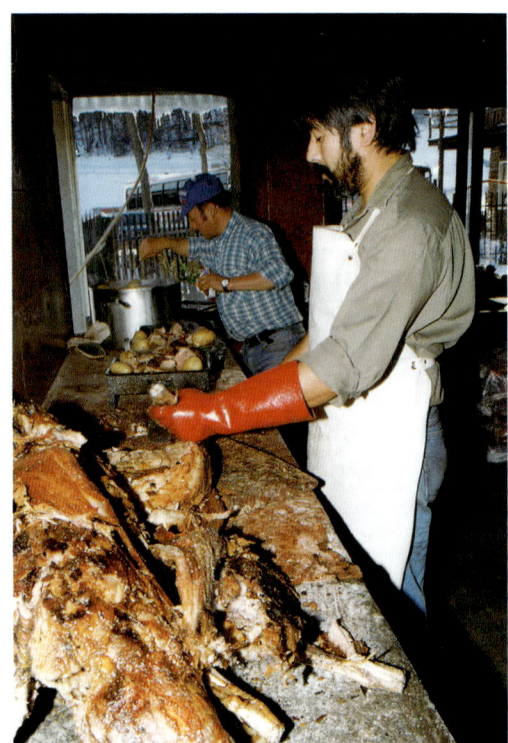

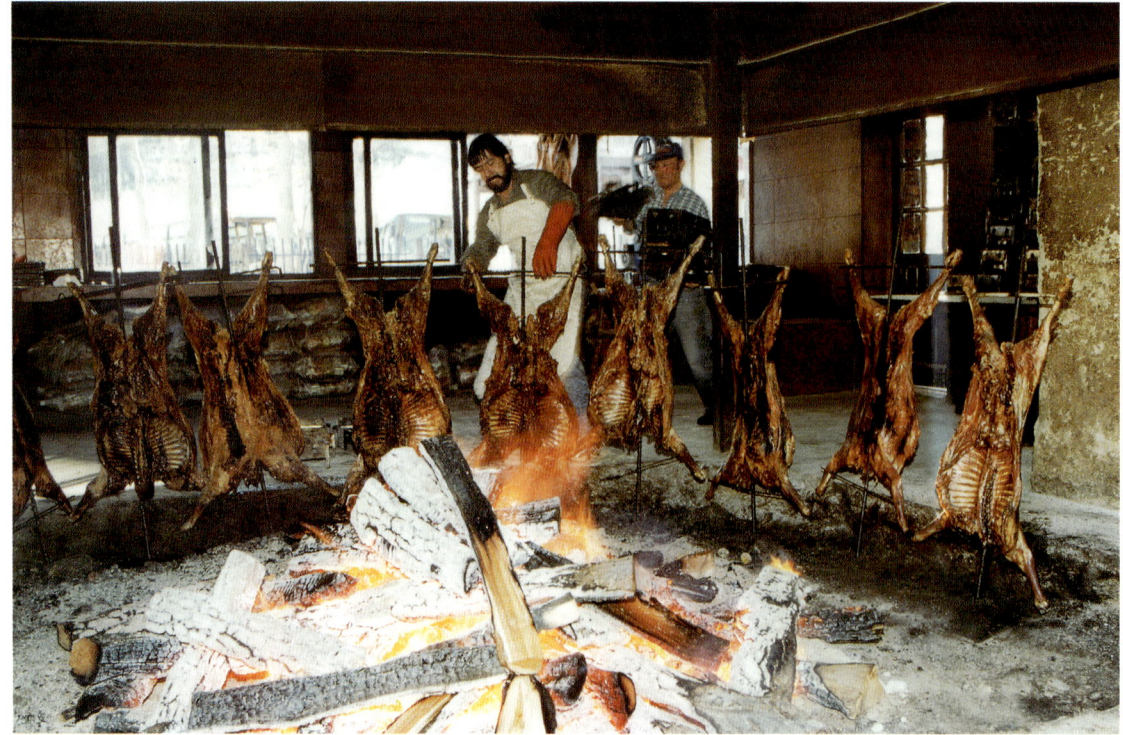

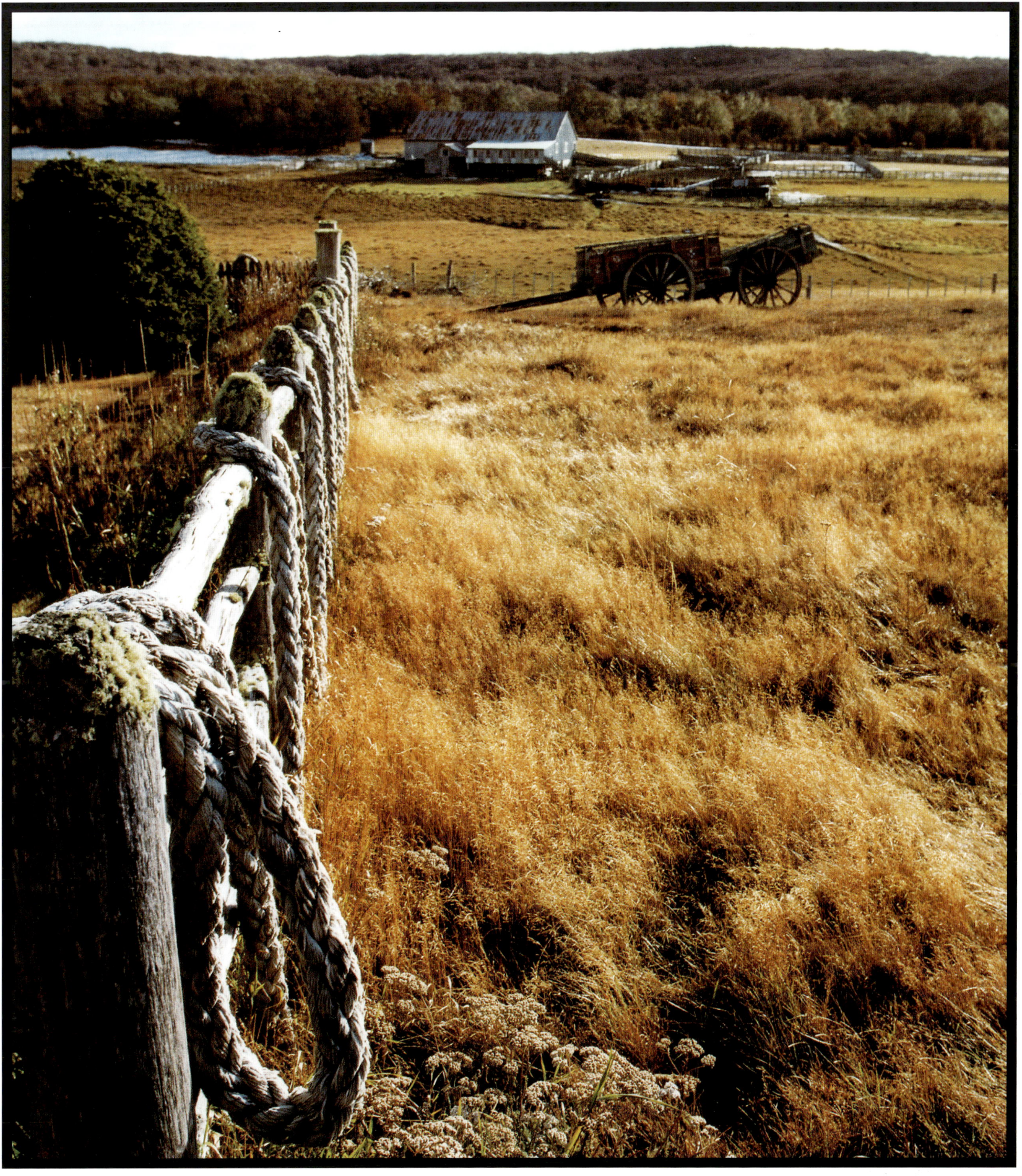

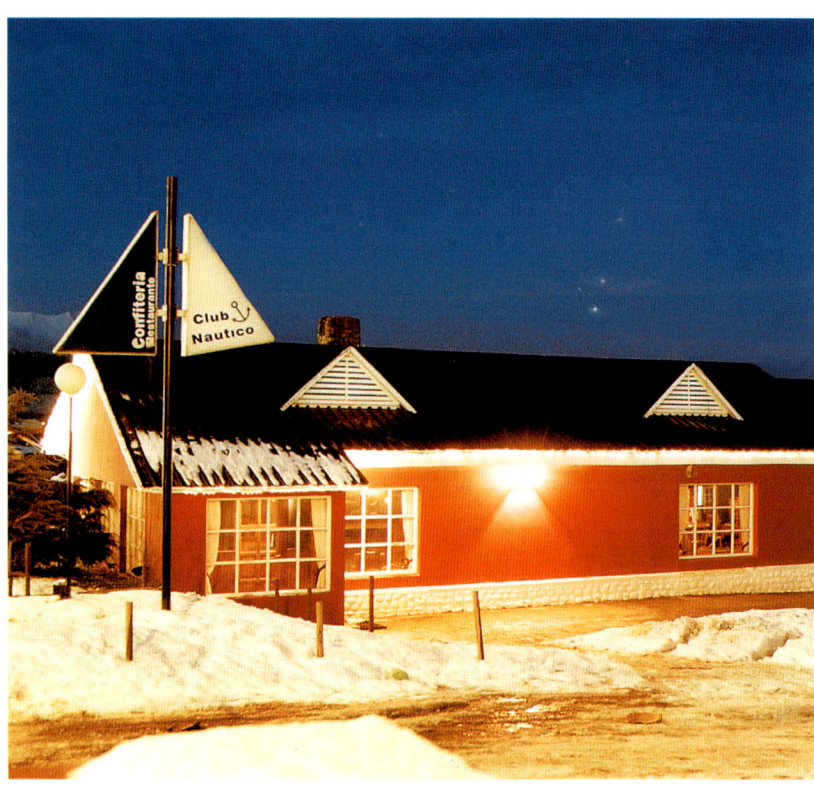

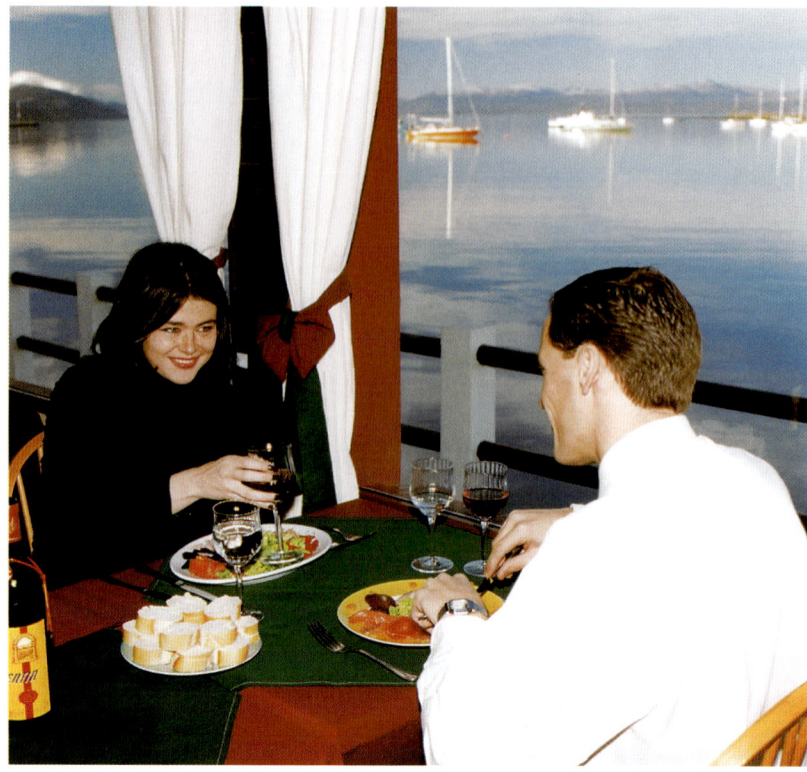

El Club Náutico con una de las mejores vistas del canal y el encanto de los veleros, es un excelente lugar para almuerzos ejecutivos, cenas románticas y disfrutar de buena música. Todo organizado por José.

The Yacht Club, with one of the best views of the channel and the charm of sailboats, is a good place for an executive lunch, a romantic dinner and to enjoy good music, all prepared by José.

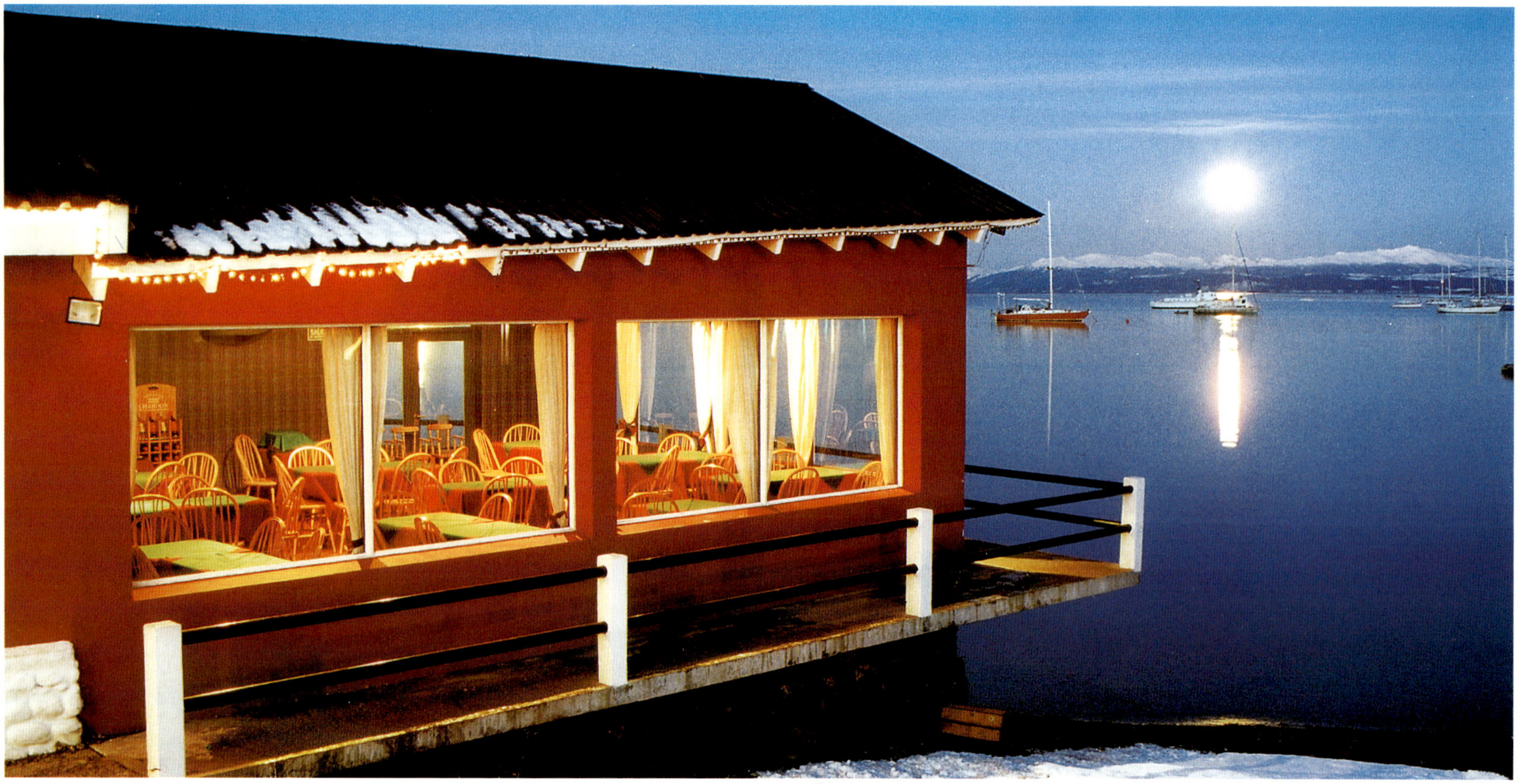

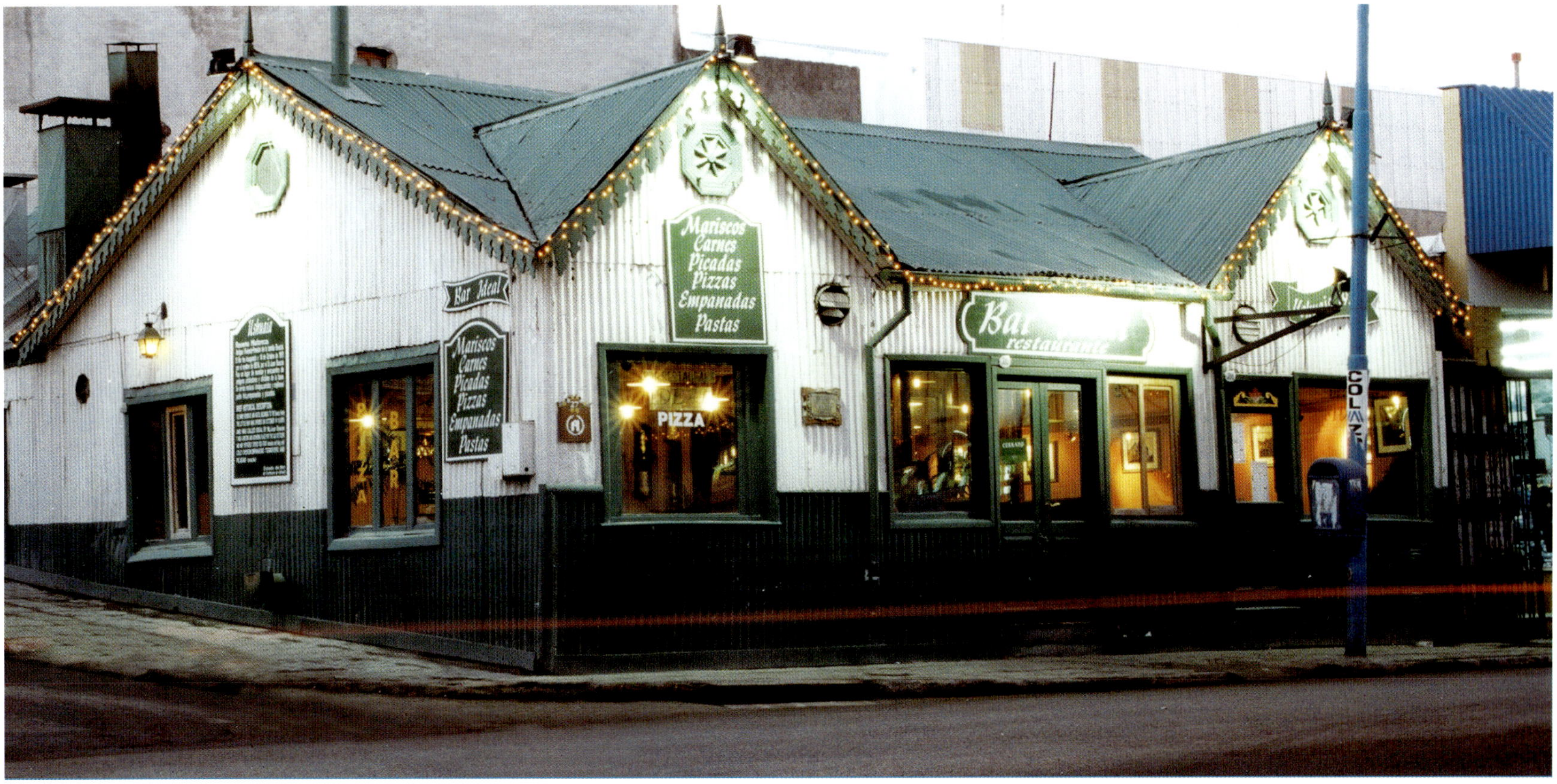

Antigua vivienda y pensión de la familia Buezas. El bar fue inaugurado el 14 de Octubre de 1951, con el nombre de Ideal, por el Sr. Juan Buezas. Fue lugar de reunión y encuentro de antiguos pobladores y oficiales de la base. Se servían mariscos (cholgas, centollas y mejillones) pollo frío, empanadas y picadas.

Old family residence and boarding house belonging to the Buezas family. The bar was named "Ideal" by Mr. Juan Buezas and it was a gathering place for old settlers and navy officers, it served sea food, cold chicken, "empanadas" (turnovers) and snacks.

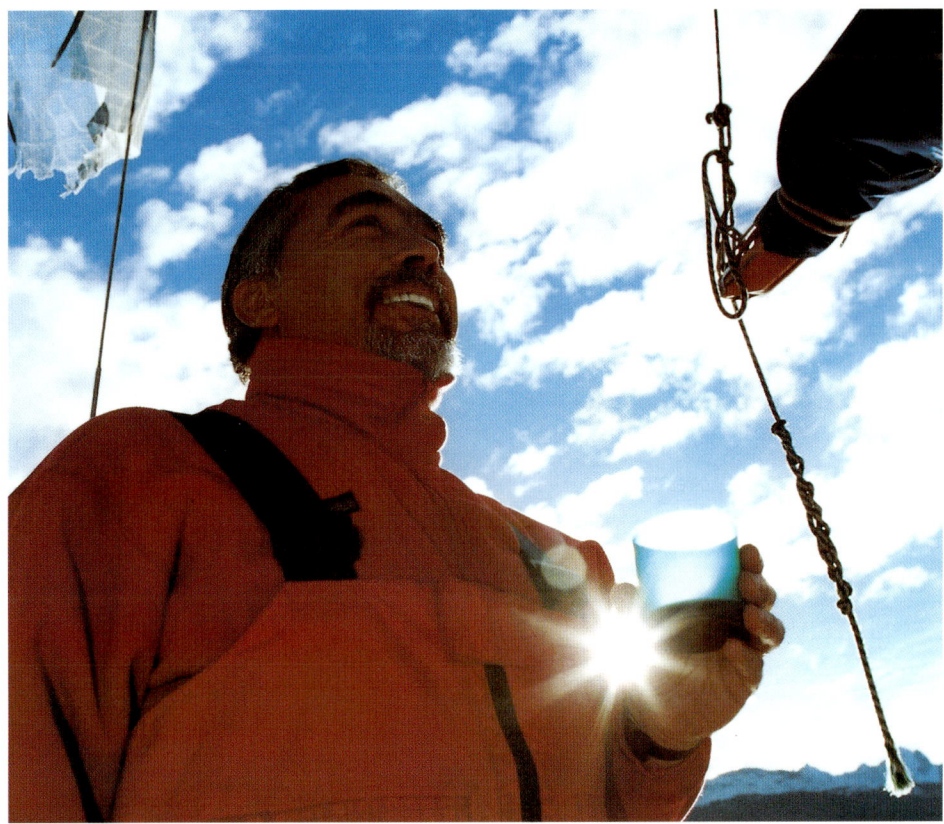

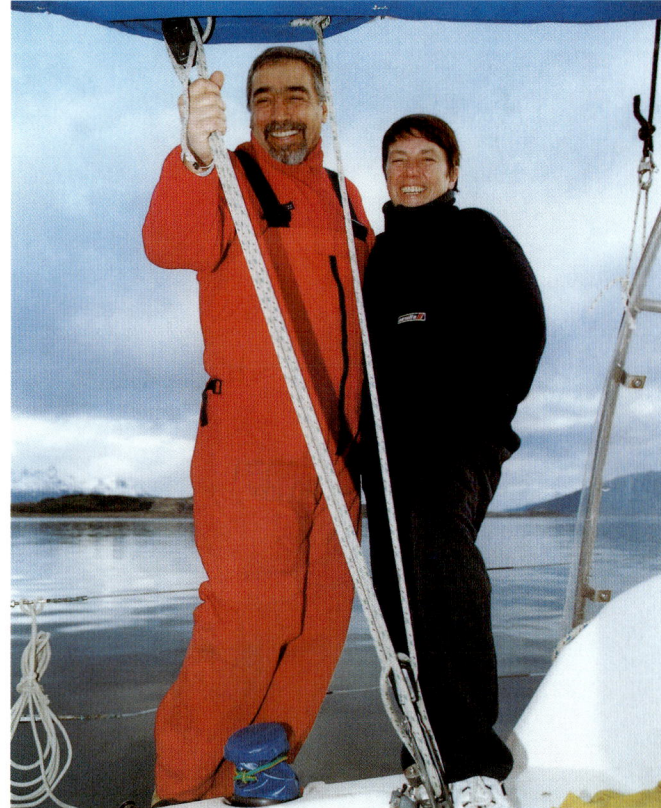

El capitán Gonzalo navegando el Canal Beagle.   *Captain Gonzalo sailing down the Beagle Channel.*

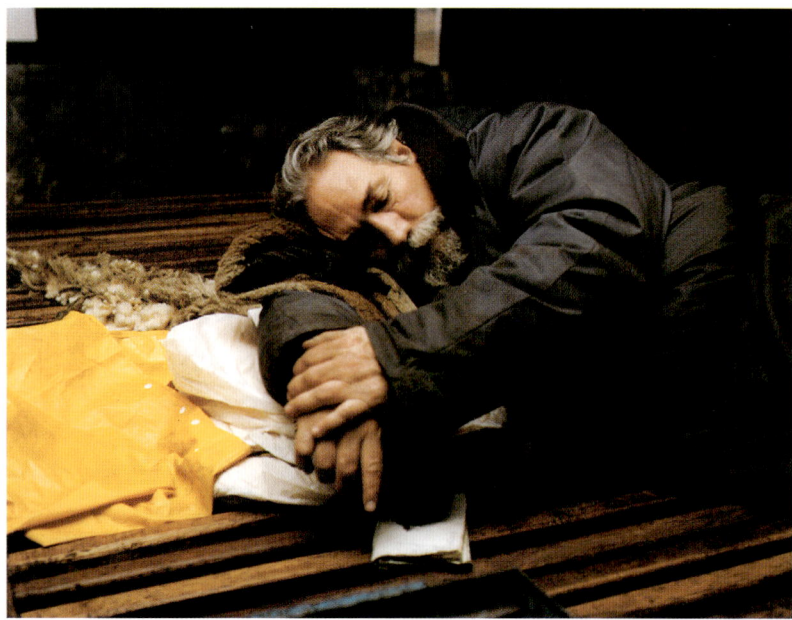

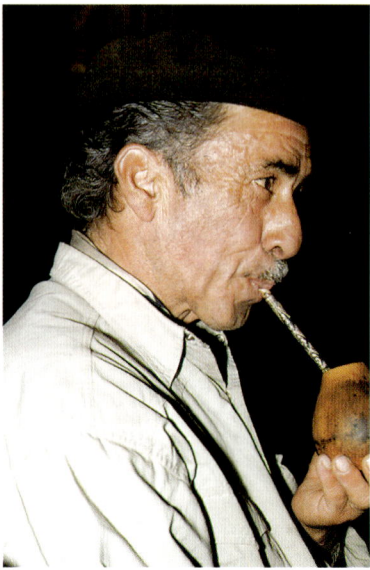

Arriba: Pepe tomando una siesta luego de una arduo día de trabajo.

Arriba: Pepe taking a nap after a hard day of work.

Izquierda: Gaucho tomando mate.

Left: A gaucho drinking mate.

Abajo: Keiko, preparando la cena.
Below: Keiko cooking dinner.

Derecha: La casa del encargado.

Right: The foreman's house.

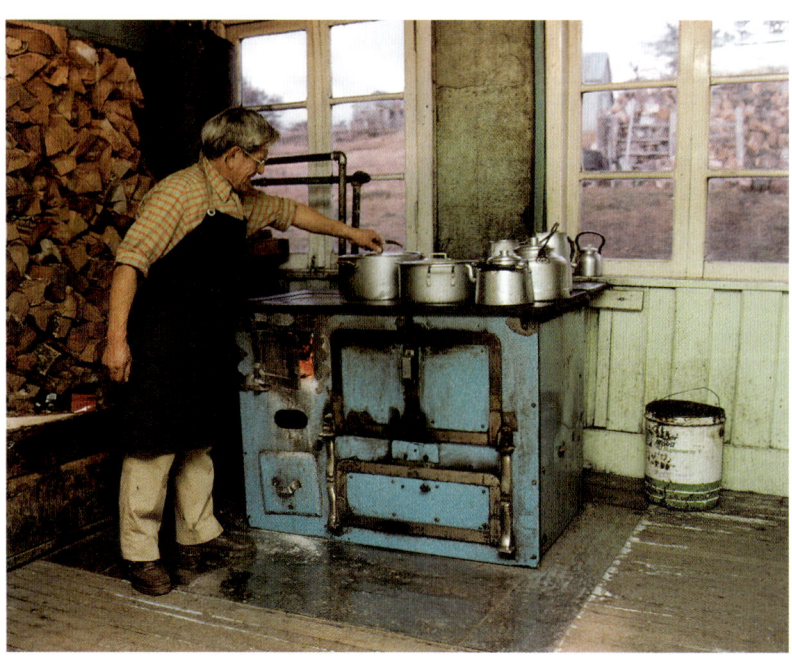

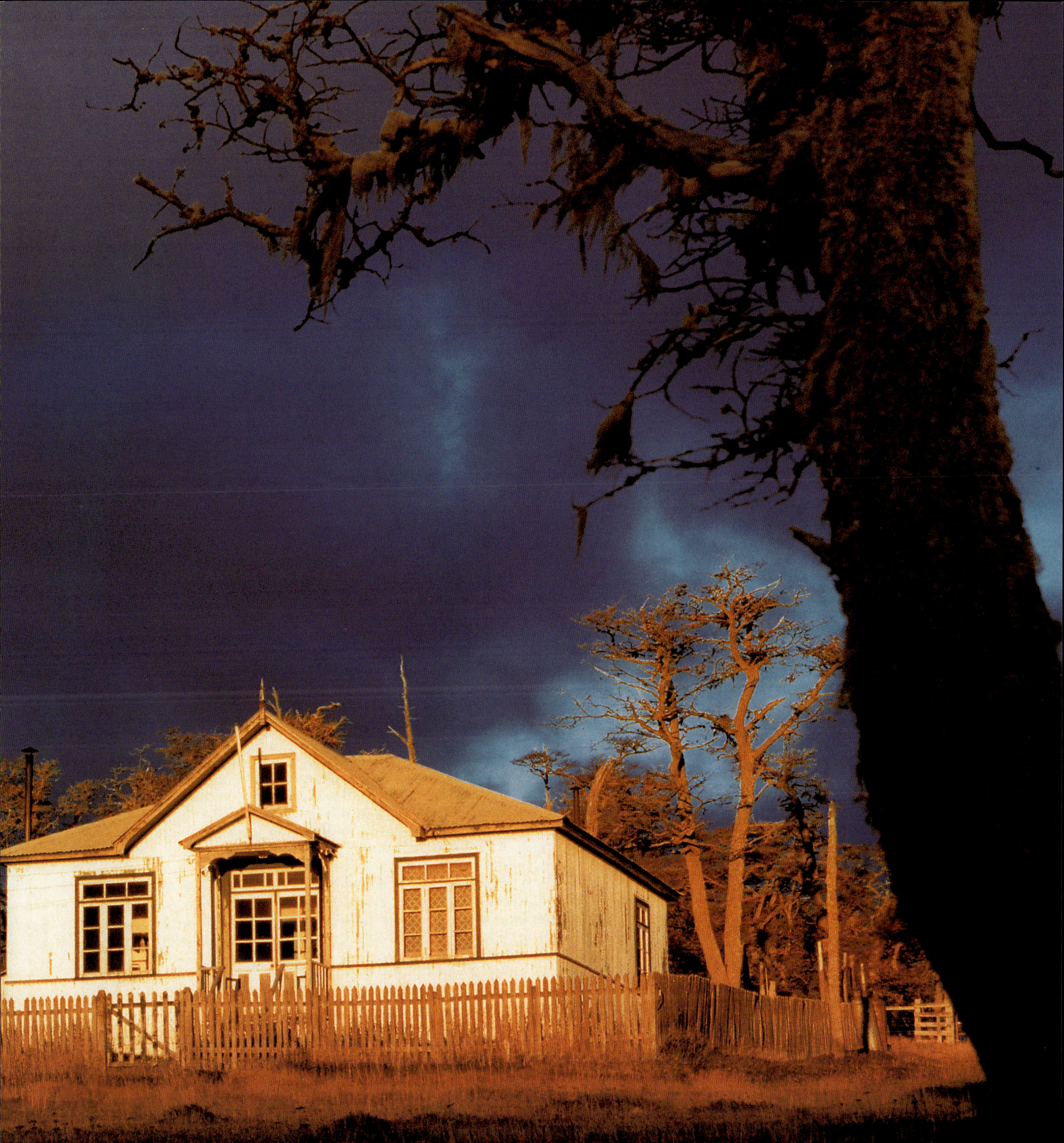

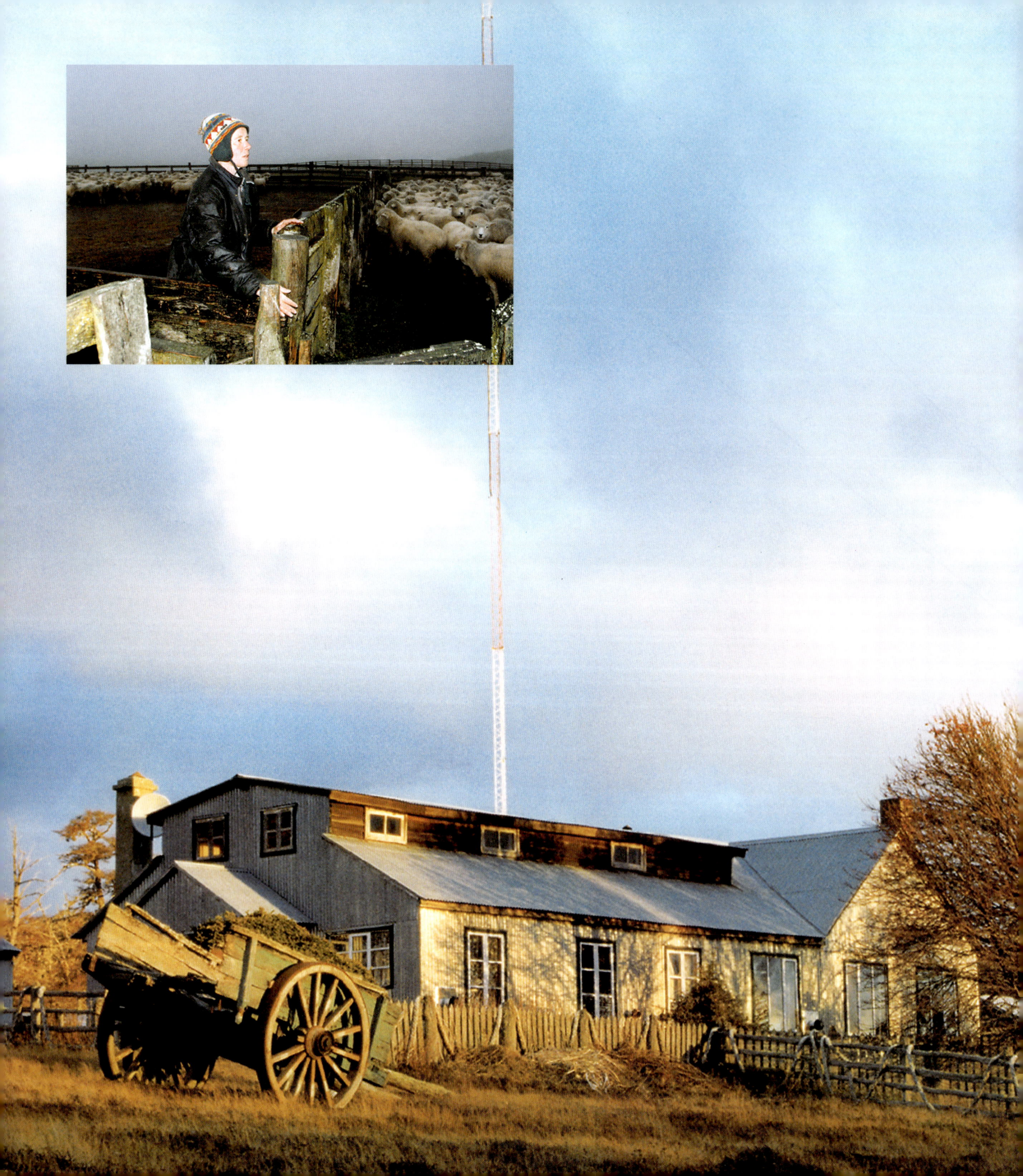

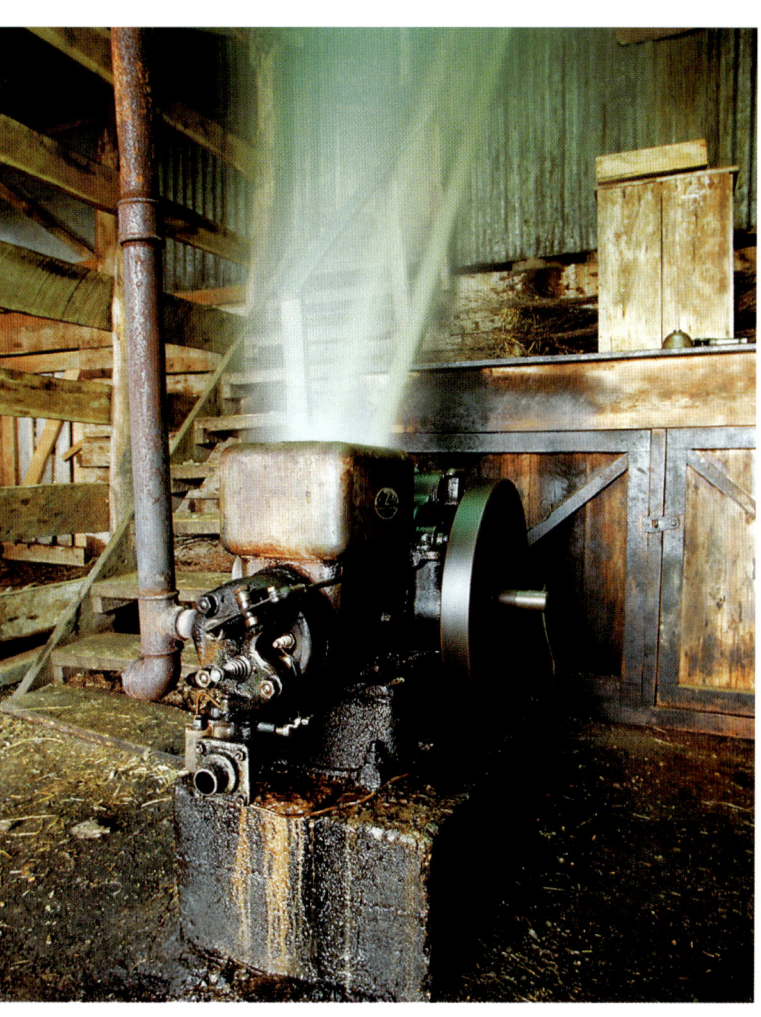

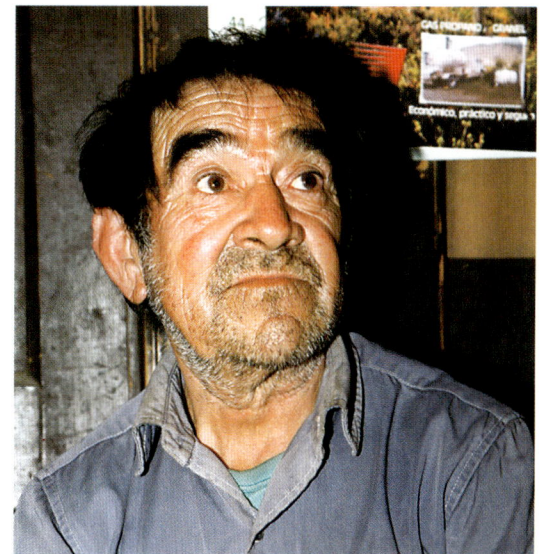

Izquiera: Casco de estancia que pese a haberse quemado fue reconstruido por Pepe y Ani, su esposa (arriba izquierda) con un arduo trabajo.

Left: A homestead once burnt down, then rebuilt by Pepe and Ani , his wife, after hard labour.

Arriba izquierda: Motor de esquila.

Above left: A shearing machine.
Arriba: Pipa, un gaucho solitario.
Above right: Pipa ? , a lonesome gaucho.

Abajo: vista general de la Estancia.
Below: General view of the Estancia.

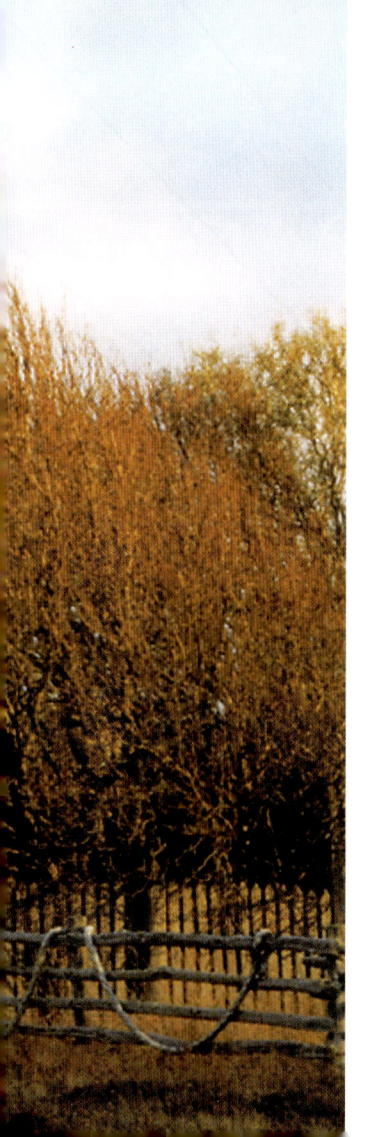

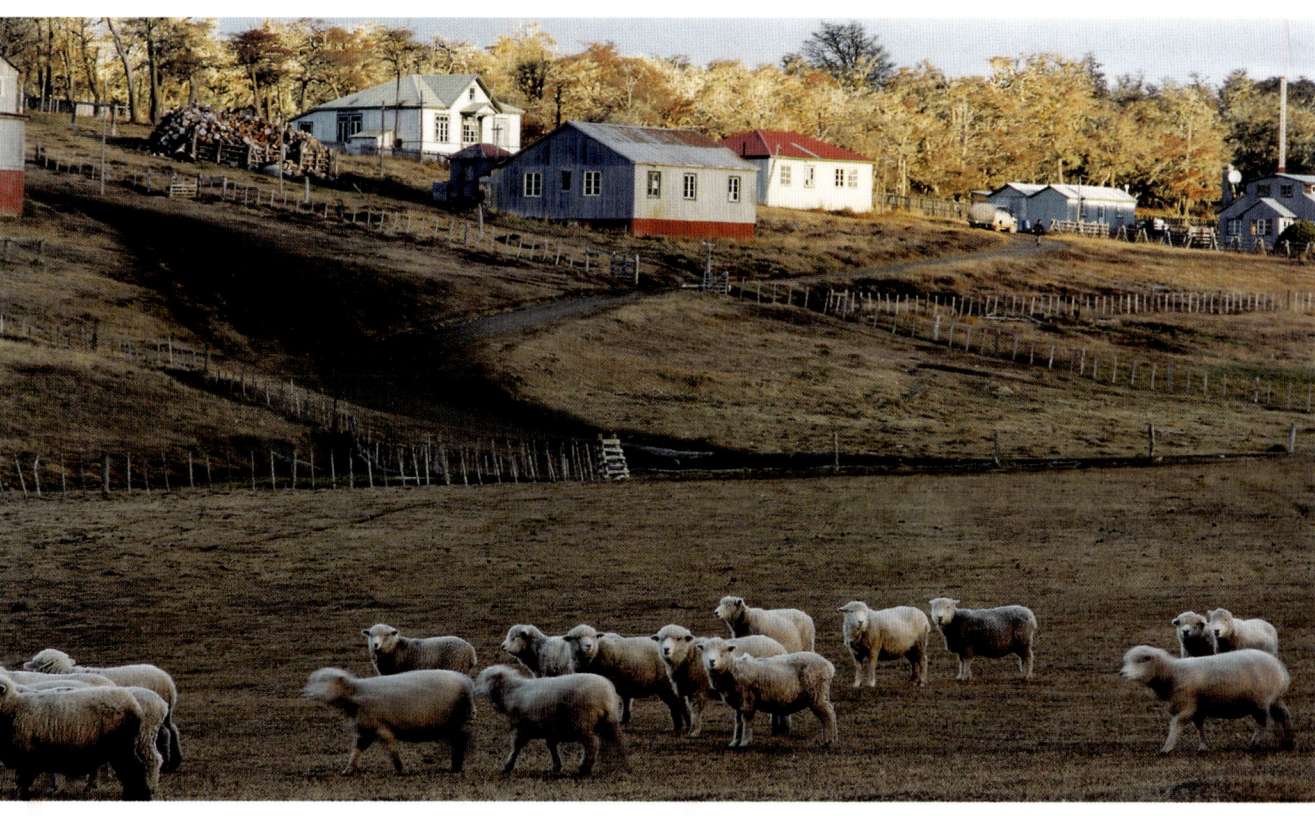

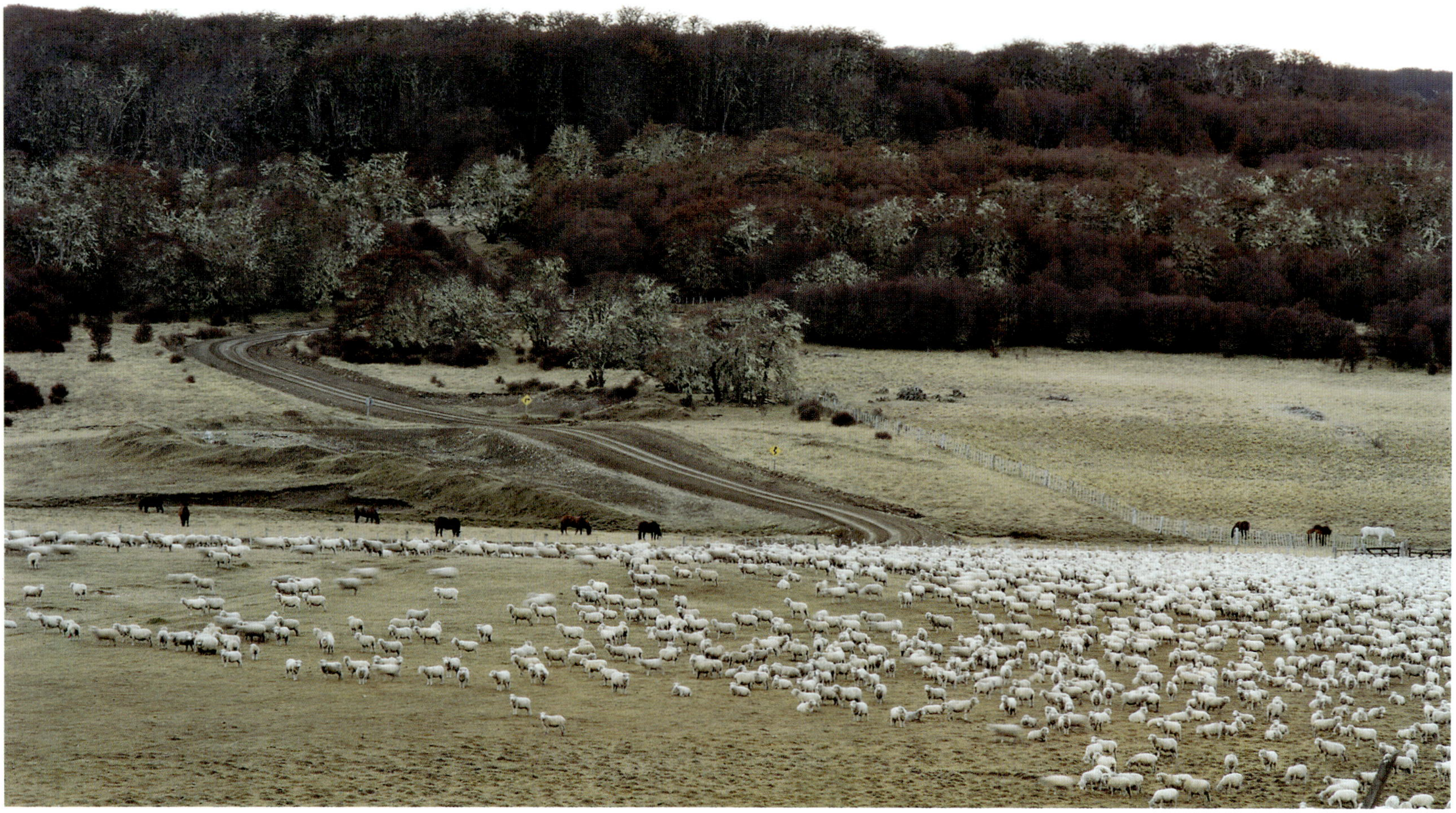

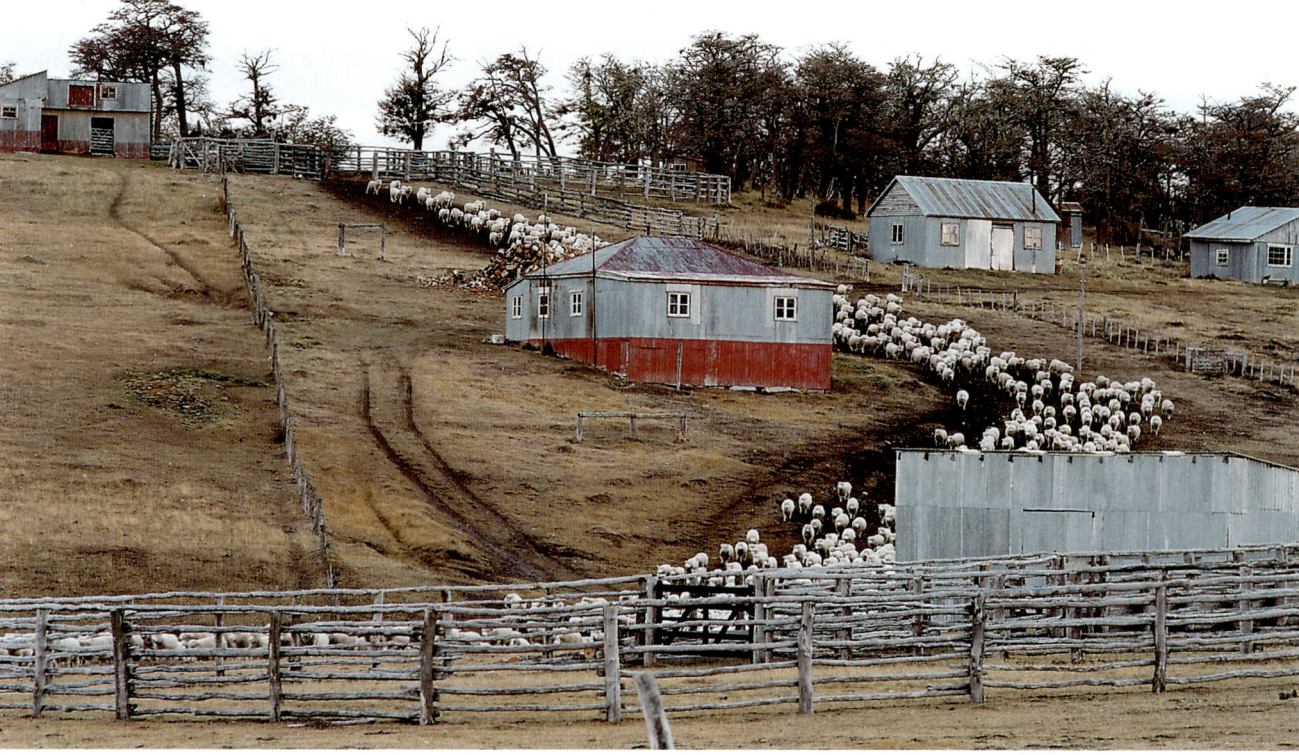

Ovejas al ingresar en los corrales. En la Estancia se lleva un estilo de vida único que se transmite al pasar unos días junto a Silvia y Demetrio en este maravilloso lugar.

Sheeps going into the yards. People at the Estancia, leads an amazing life, that can be enjoyed by spending a few days with Silvia and Demetrio in this wonderful place.

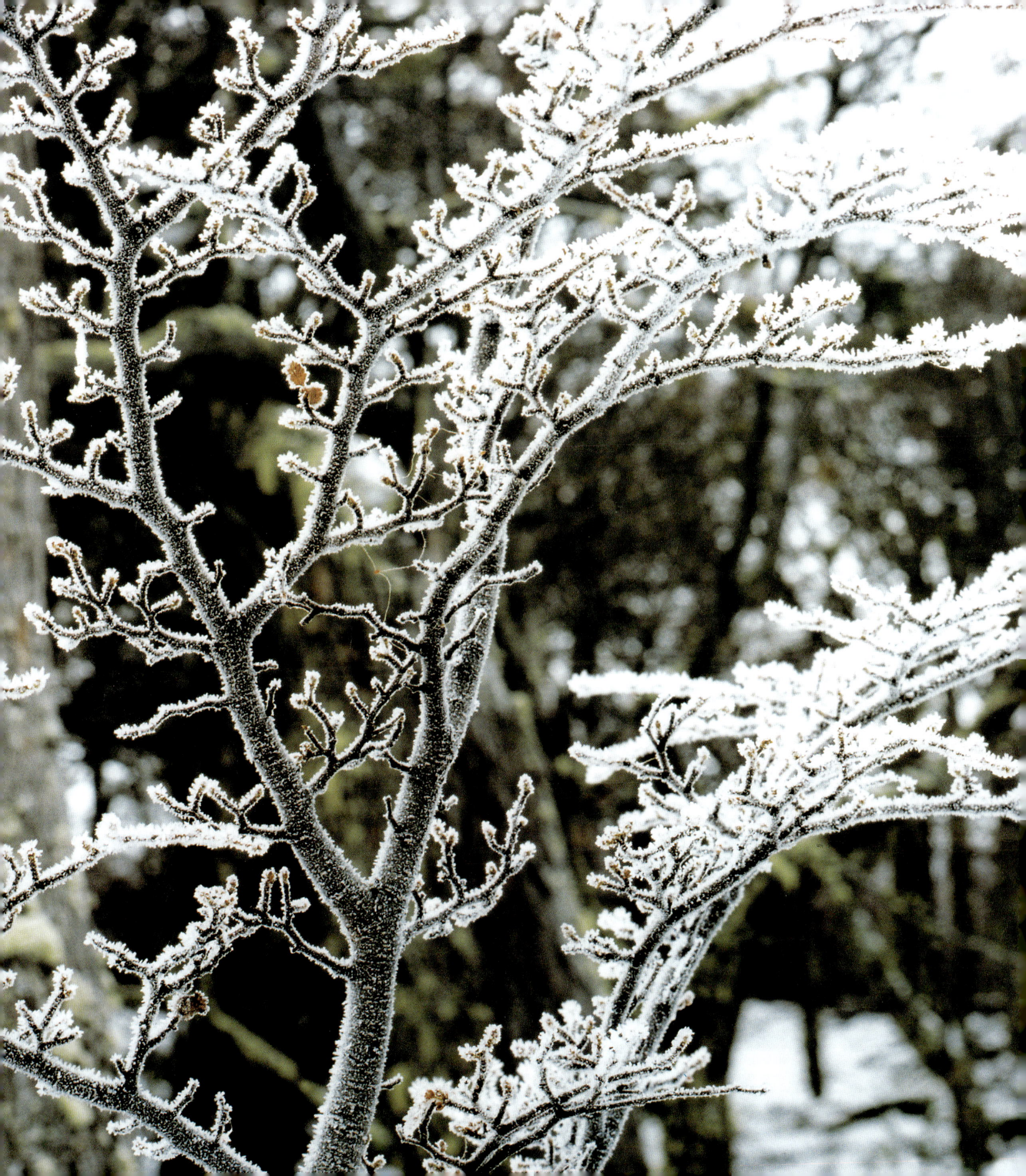

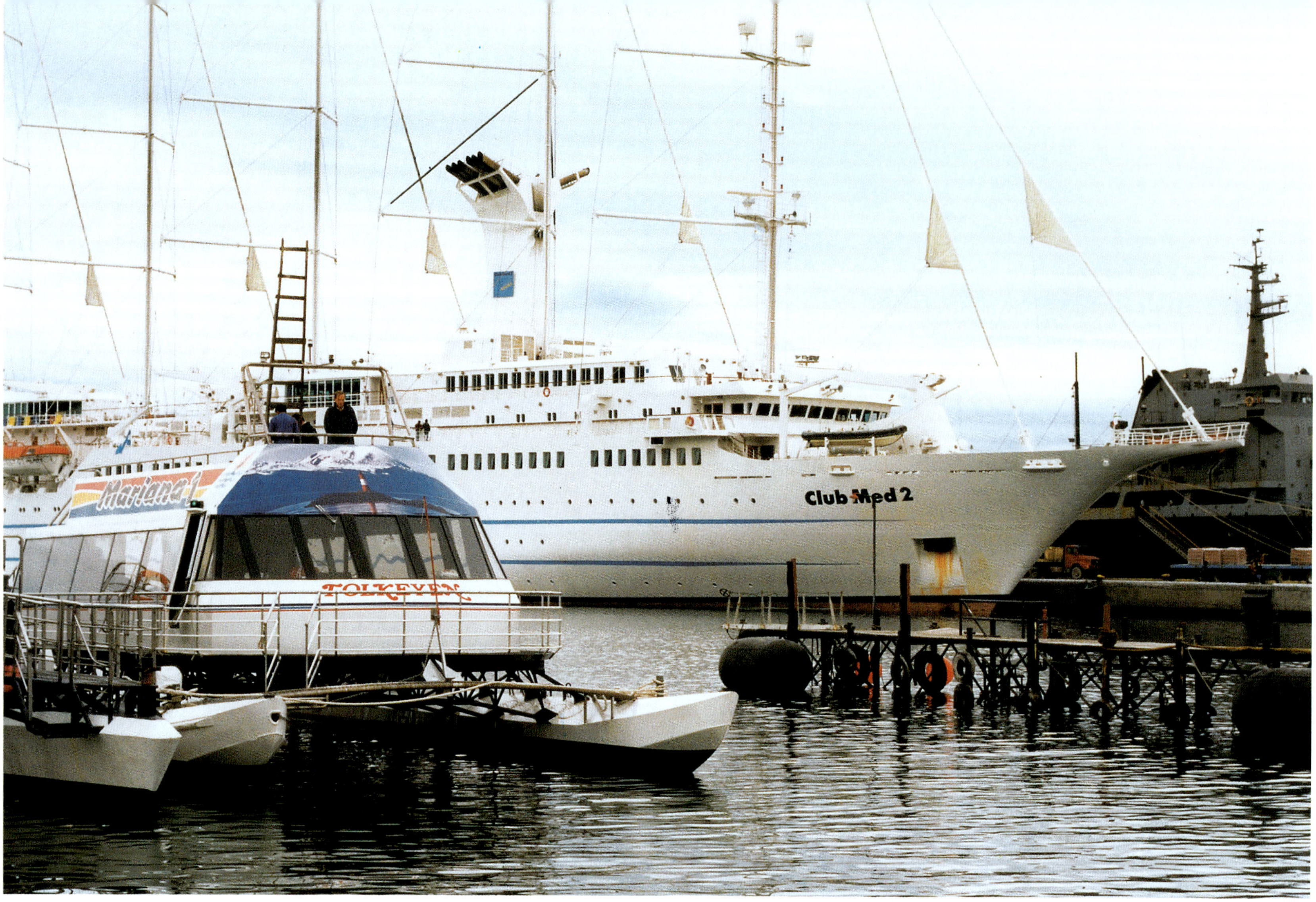

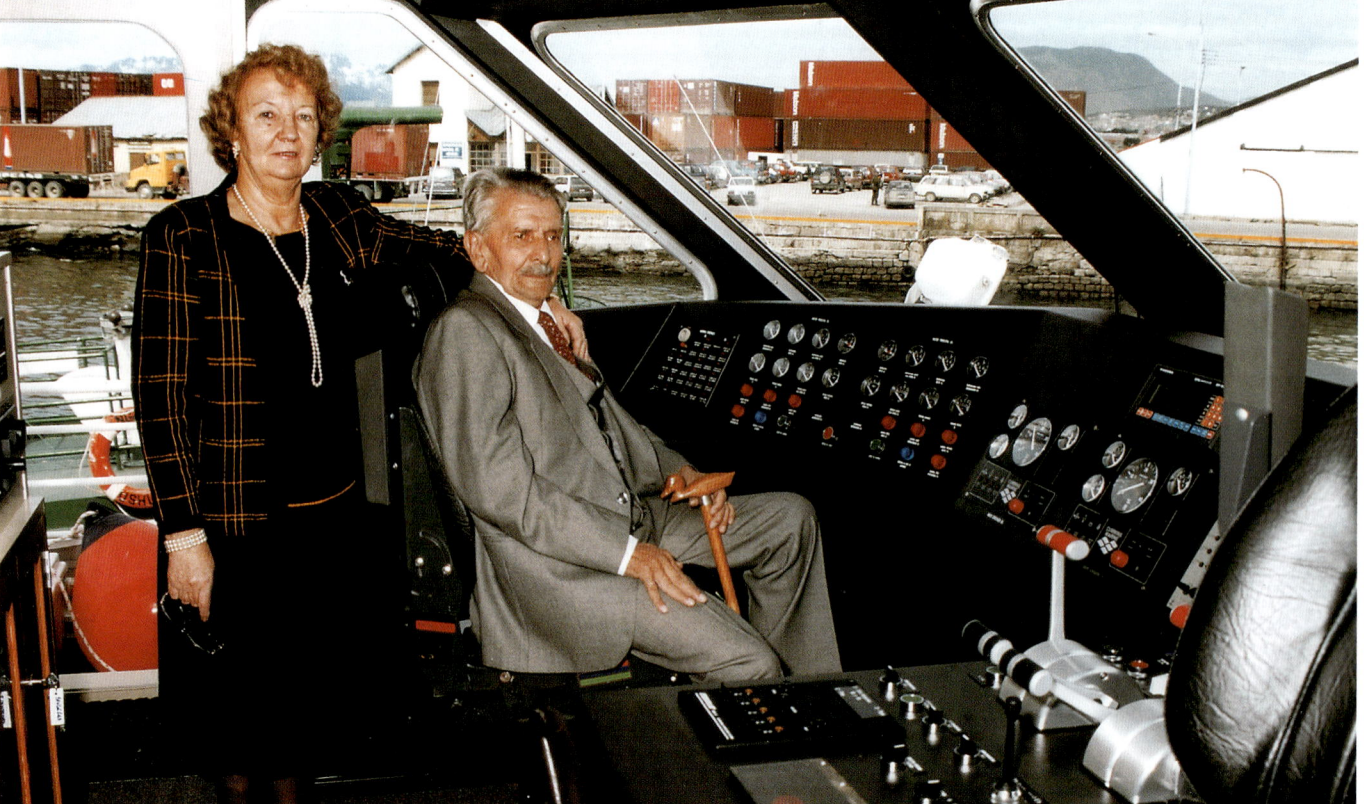

Arriba: los catamaranes de Tolkeyen están listos para recibir a los turistas a bordo y llevarlos a excursiones inolvidables.

Above: Tolkeyen's Catamarans ready to welcome tourists aboard and take them to an unforgettable excursion.

Abajo: Pioneros que hicieron patria lejos de la suya (Italia) Don Luciano y Doña Elisabetta Preto en el puente del catamarán más moderno de Argentina que fuera bautizado con el nombre Luciano Beta por sus hijos en honor a sus padres.

Below: Pioneers who worked for this country far from their fatherland, Luciano and Elisabetta Preto on the bridge of the most modern catamaran in Argentina, named Luciano Beta by their sons, as a tribute to them.

Arriba: Turistas de todo el mundo hacen escala en Ushuaia en su viaje de visita al Continente Blanco.

Above: Travelers from all the world call at Ushuaia on their way to the White Continent.

Abajo: Más allá de Ushuaia. Puerto Williams, en Chile, una excursión que realiza Tolkeyen.

Below: Puerto Williams, in Chile; a tour available at Tolkeyen.

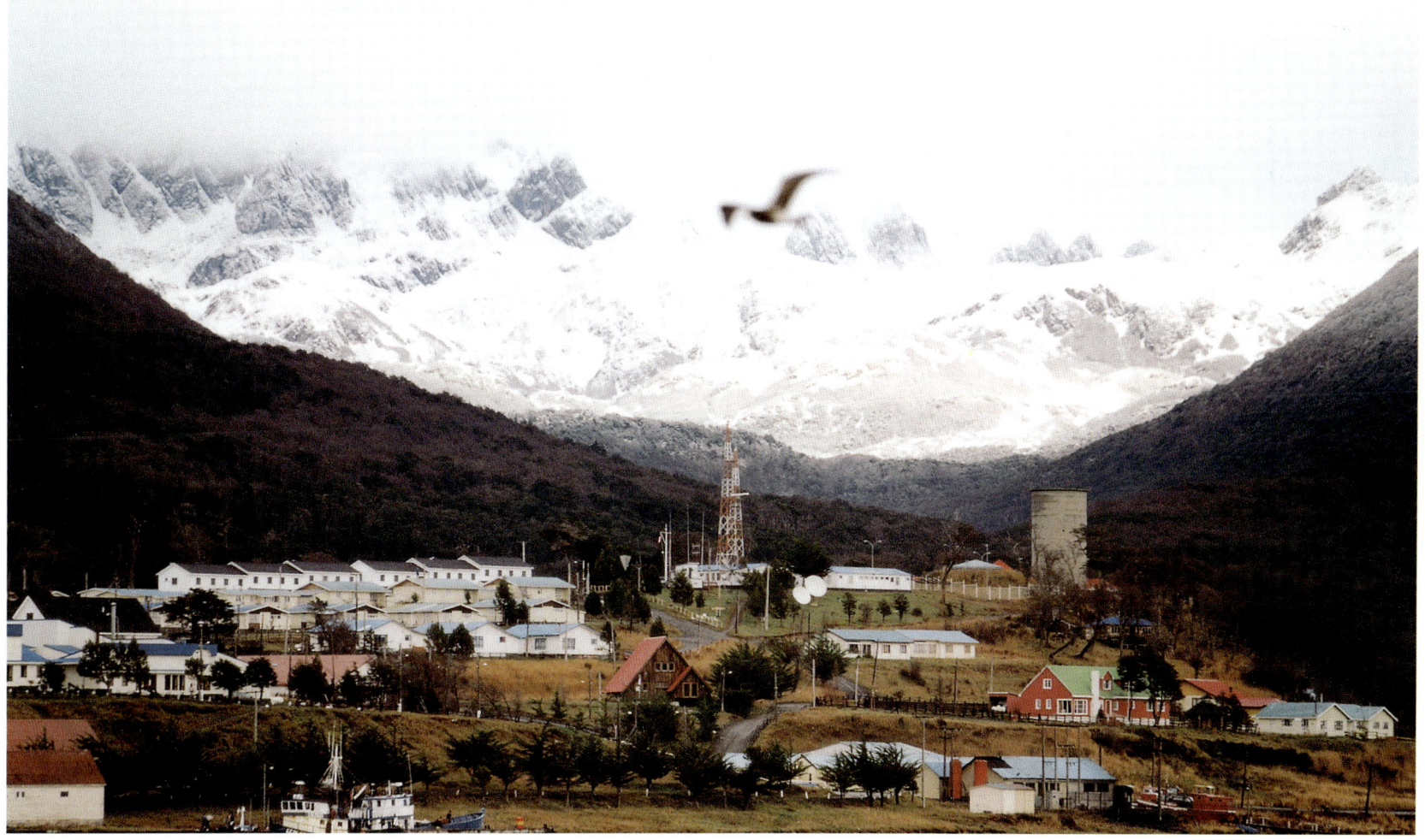

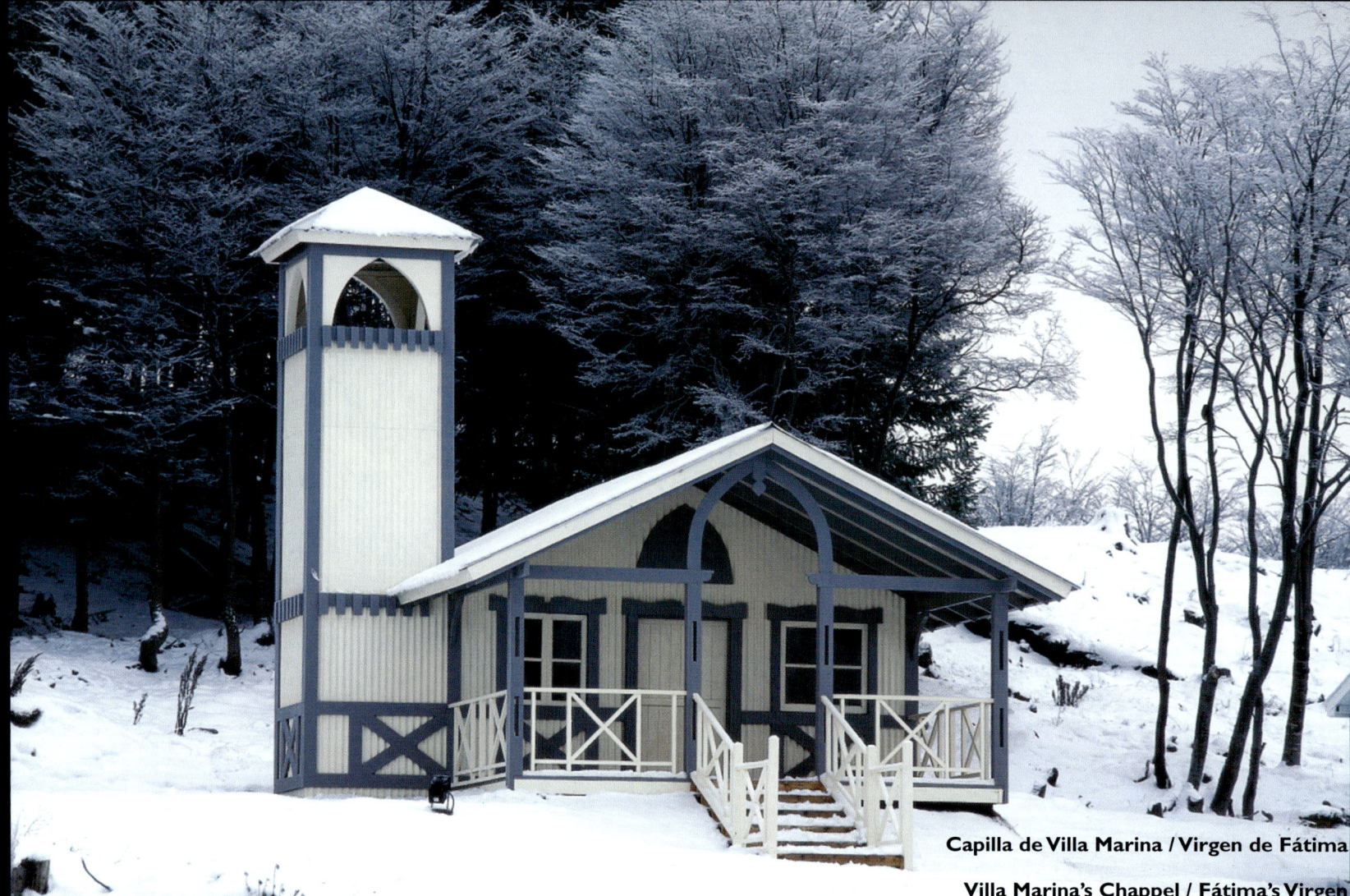

Capilla de Villa Marina / Virgen de Fátima

Villa Marina's Chappel / Fátima's Virgen

DAR DE CORAZÓN

Unas hectáreas de tierra, seguramente

para aquellos materialistas empedernidos, no

signifiquen gran cosa, sin embargo para nosotros

¡lo confesamos!

significan una vida en contacto con la naturaleza,

disfrutemos de la bondad

de Dios para con nosotros.

"Solo los propios Hombres podrían ser capaces de

cambiar totalmente o de suprimir

las condiciones de vida en su Planeta"

Constante Moreno Preto

TO GIVE
FROM THE HEART

A few acres of land, to lovers

of materialism may not mean much

But to us

-we must confess-

they mean life in contact with nature.

Let's enjoy God's bounty

"Only Man himself es capable of totally

changing or supressing

life conditions in his Planet"

Constante Moreno Preto

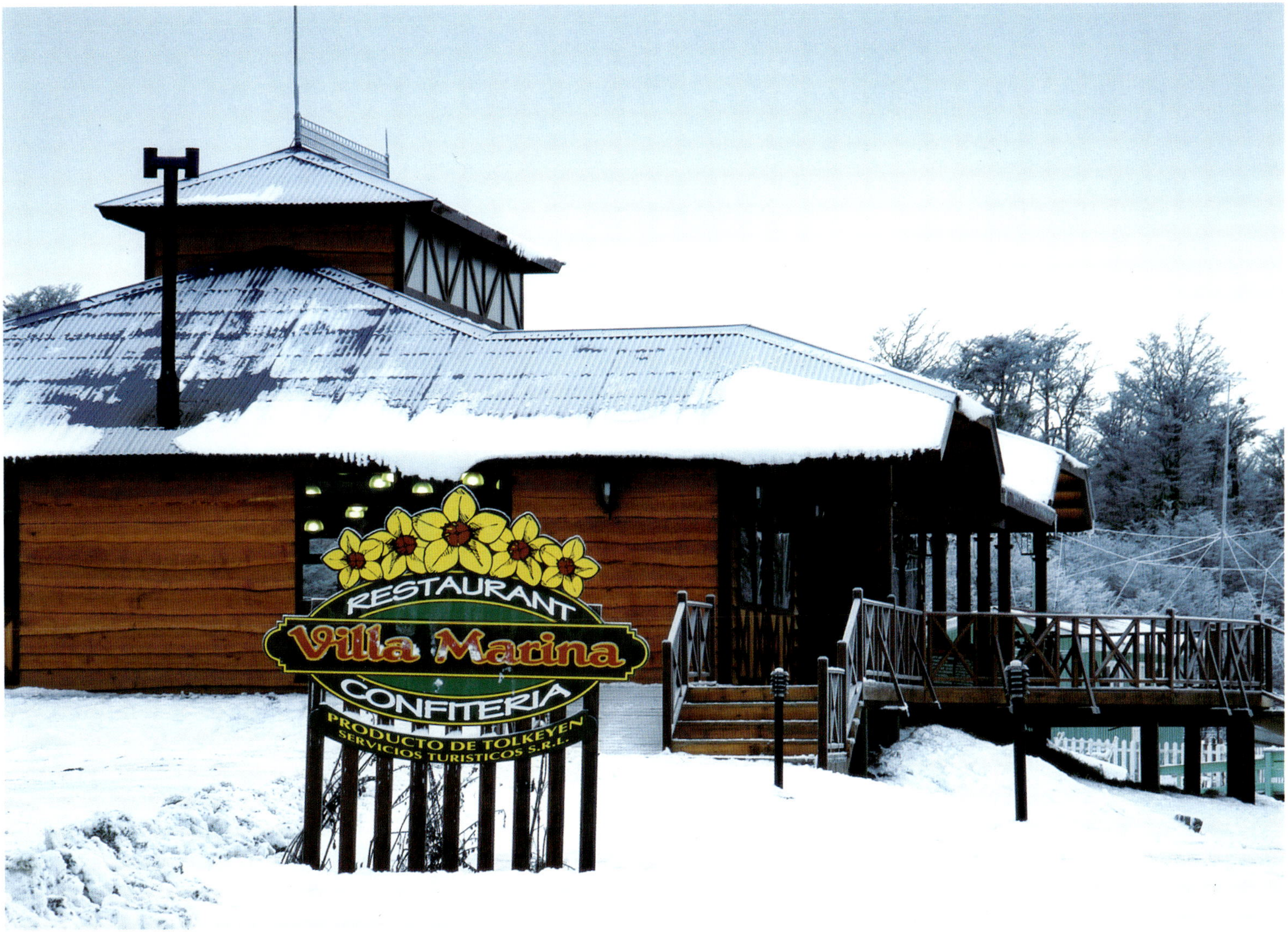

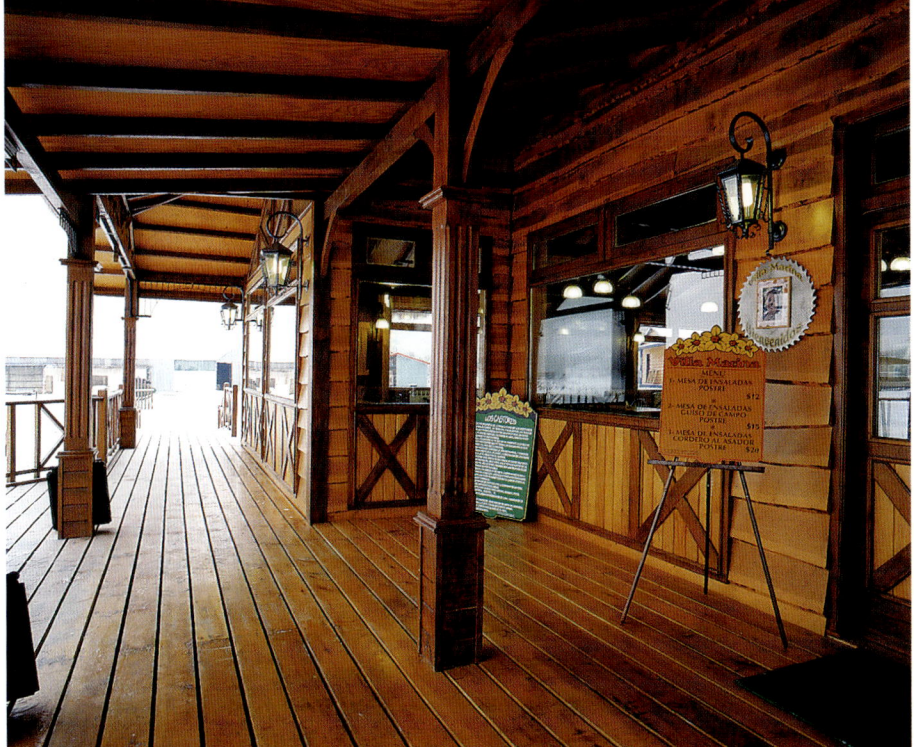

PARADOR VILLA MARINA

A pocos kilómetros del Lago Escondido y del Lago Fagnano, a la vera de la ruta nacional N° 3, sobre la Laguna Verde, se alza el Parador Villa Marina.
La premisa fundamental era que los visitantes pudieran pasar un día de actividades junto a la laguna, para esto situamos el parador-restaurant en sus orillas, bordeado por una amplia terraza que remata en un muelle y una romántica glorieta en medio de las verdes y cristalinas aguas, desde donde pueden realizarse todo tipo de actividades náuticas.
Una arquitectura rústica lograda con madera de lenga, típica de la zona, sumada a los grandes aventanamientos, luz cenital por medio de un majestuoso lucernario, acogedores hogares a leña, rústicas salamandras e imponentes paisajes son el marco ideal para las típicas comidas de campo que allí se sirven.

A few kilometres from Lago Escondido and Lago Fagnano, by the side of Route 3 and over Laguna Verde, stands Parador Villa Marina.
Designed so that visitors could spend a day of activities by the lagoon, it has a restaurant on the shore, surrounded by an ample deck that ends on a dock and a romantic gazebo from where it is possible to enjoy all kind of water activities.
A rustic architecture in typical lenga wood, together with huge windows, cenital light, charming fireplaces and the overwhelming landscape around make the perfect environment for the country cooking that is served here.

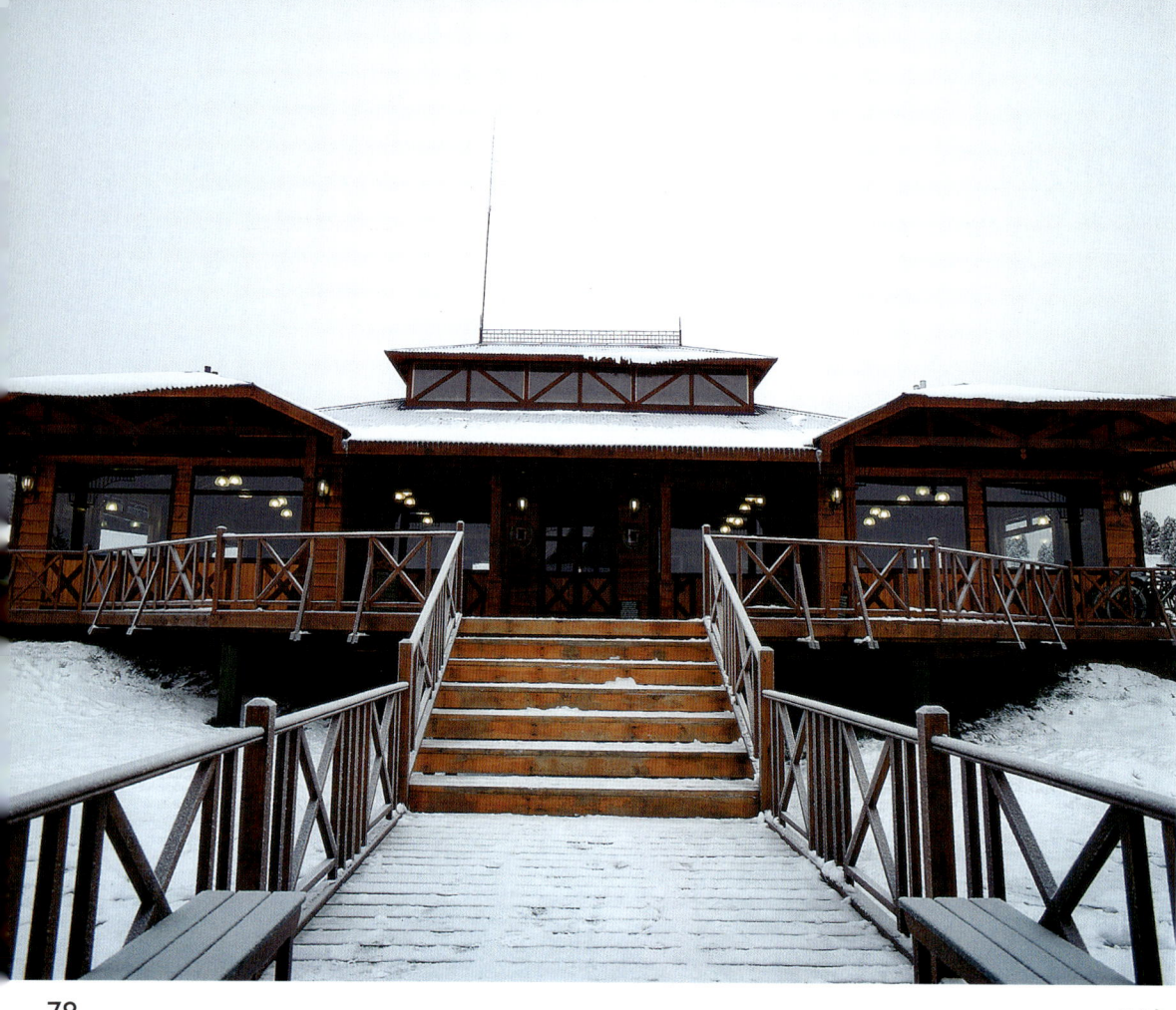

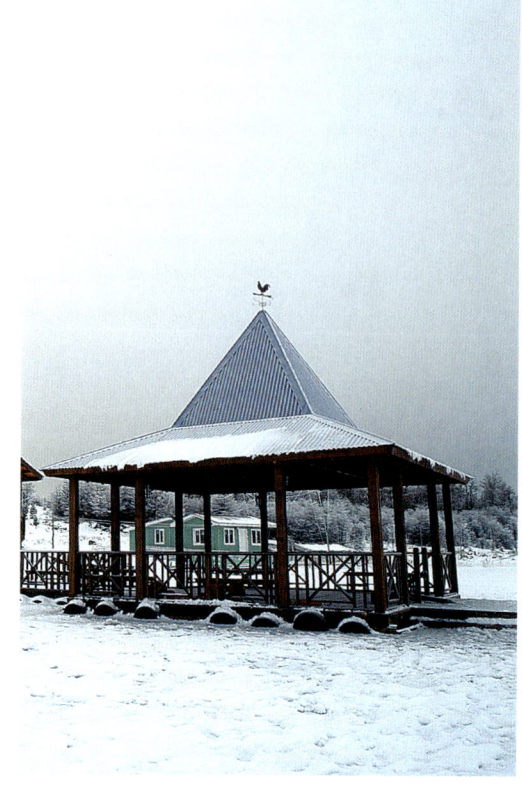

PROYECTO "HOTEL LOS ÑIRES"

Inmerso en un imponente bosque de lengas y ñires dentro de la Bahía Golondrina a orillas del misterioso Canal Beagle, se levanta el hotel Los Ñires que incorpora nuevos y modernos servicios para ser uno de los establecimientos líderes de la región. Categoría 4 estrellas, 104 habitaciones de una arquitectura rústica romántica apoyadas con salón restaurant, confitería y salón de usos múltiples, que exhiben desde todas sus ventanas el entorno mágico del canal, bosques y cerros, características unicas de nuestra ciudad, que nosotros como grupo de profesionales rescatamos y hacemos prevaler sumado a la premisa básica: obtener el confort de quienes nos visitan

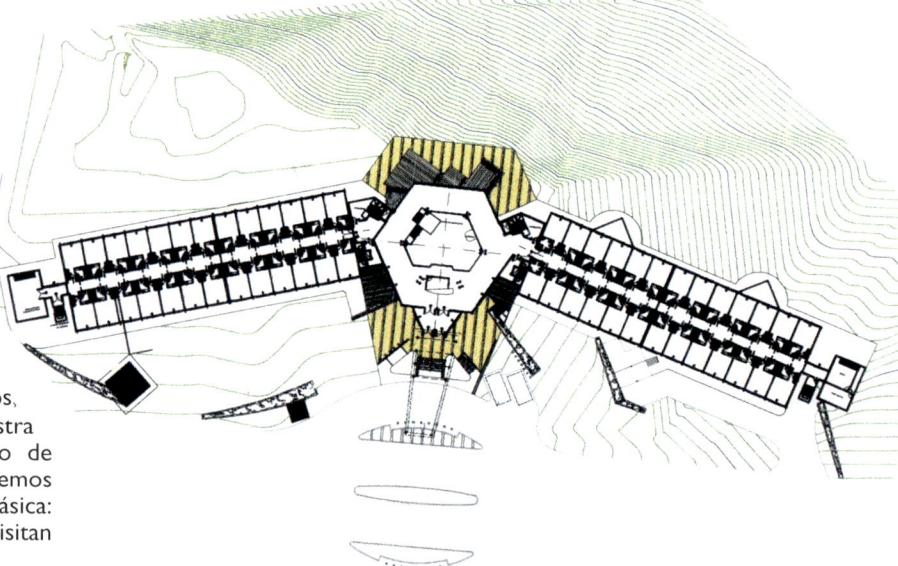

"Hotel Los Ñires"
Deep within a forest of lengas and ñires, by the mysterious Beagle Channel, rises Hotel Los ñires, with modern services that make it one of the leading hotels in the region. With a 4-star cathegory, 104 rooms of a rustic-romantic architecture, restaurant, bar and multi-purpose hall, all of them looking out on the Channel' s magical surroundings, its forests and hills, all distinctive features of our city that we aim to emphasize, together with the basic premise: our guests' comfort.

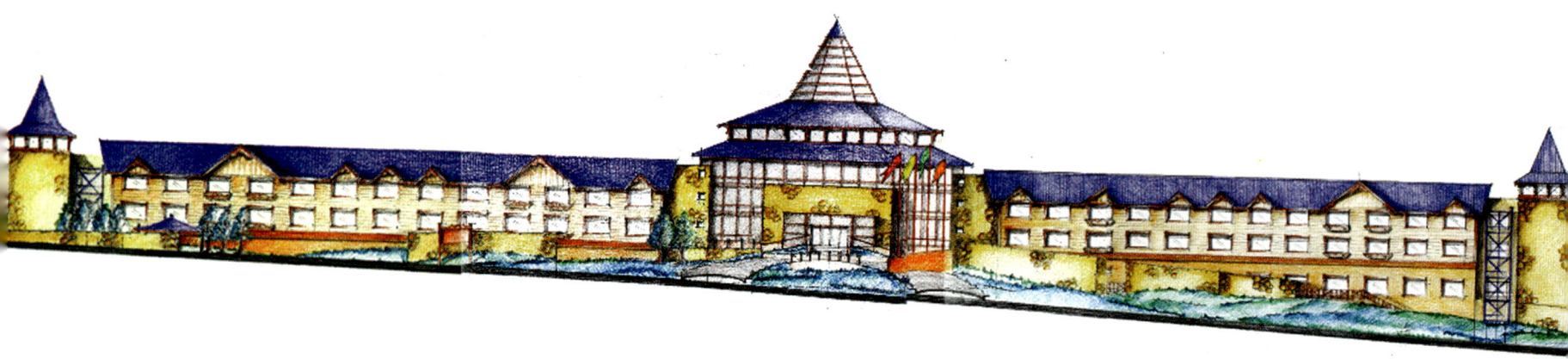

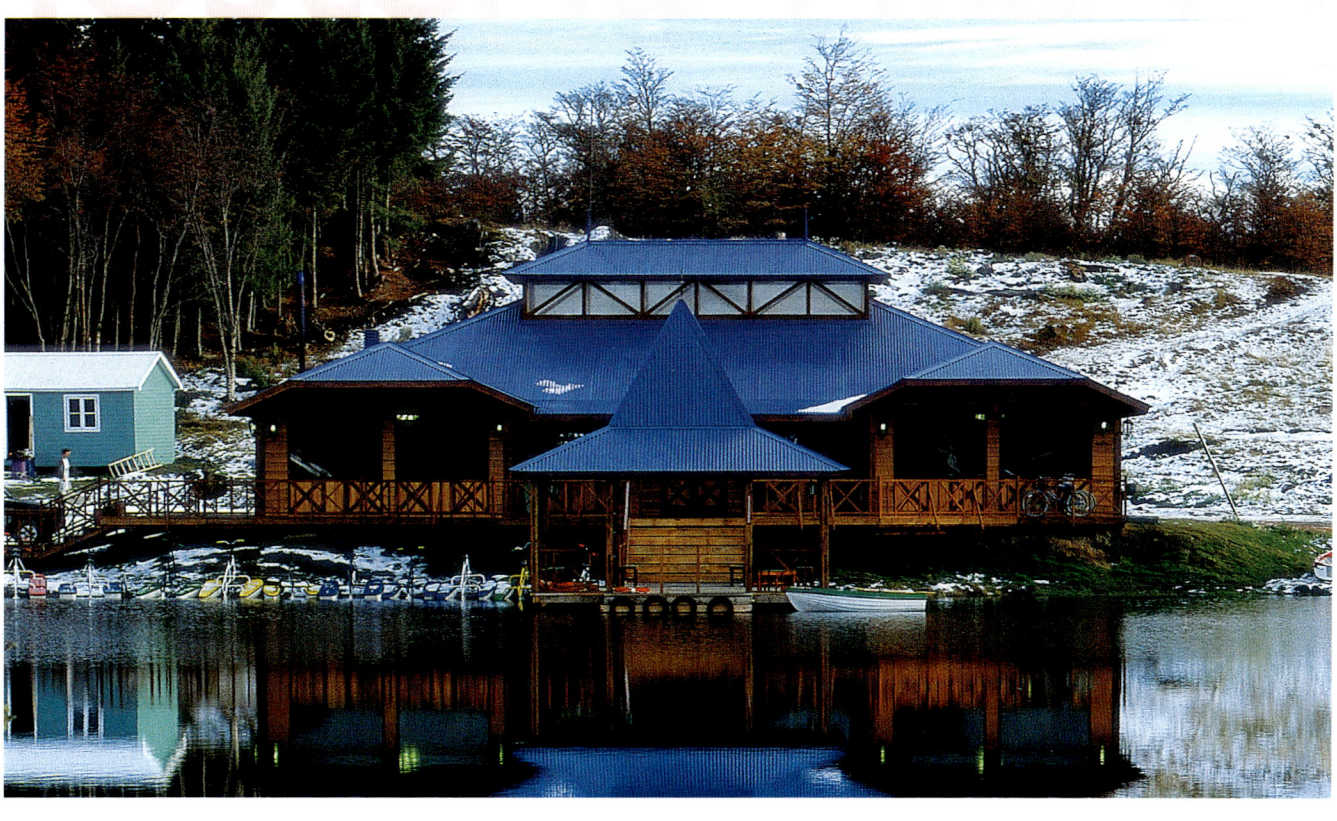

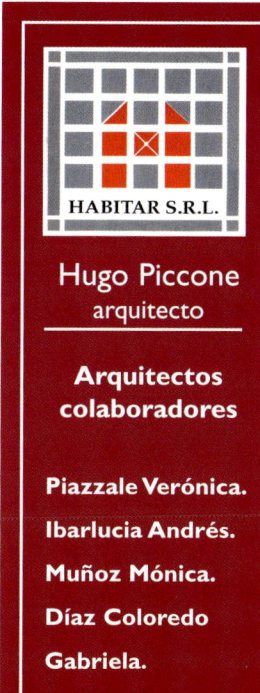

79

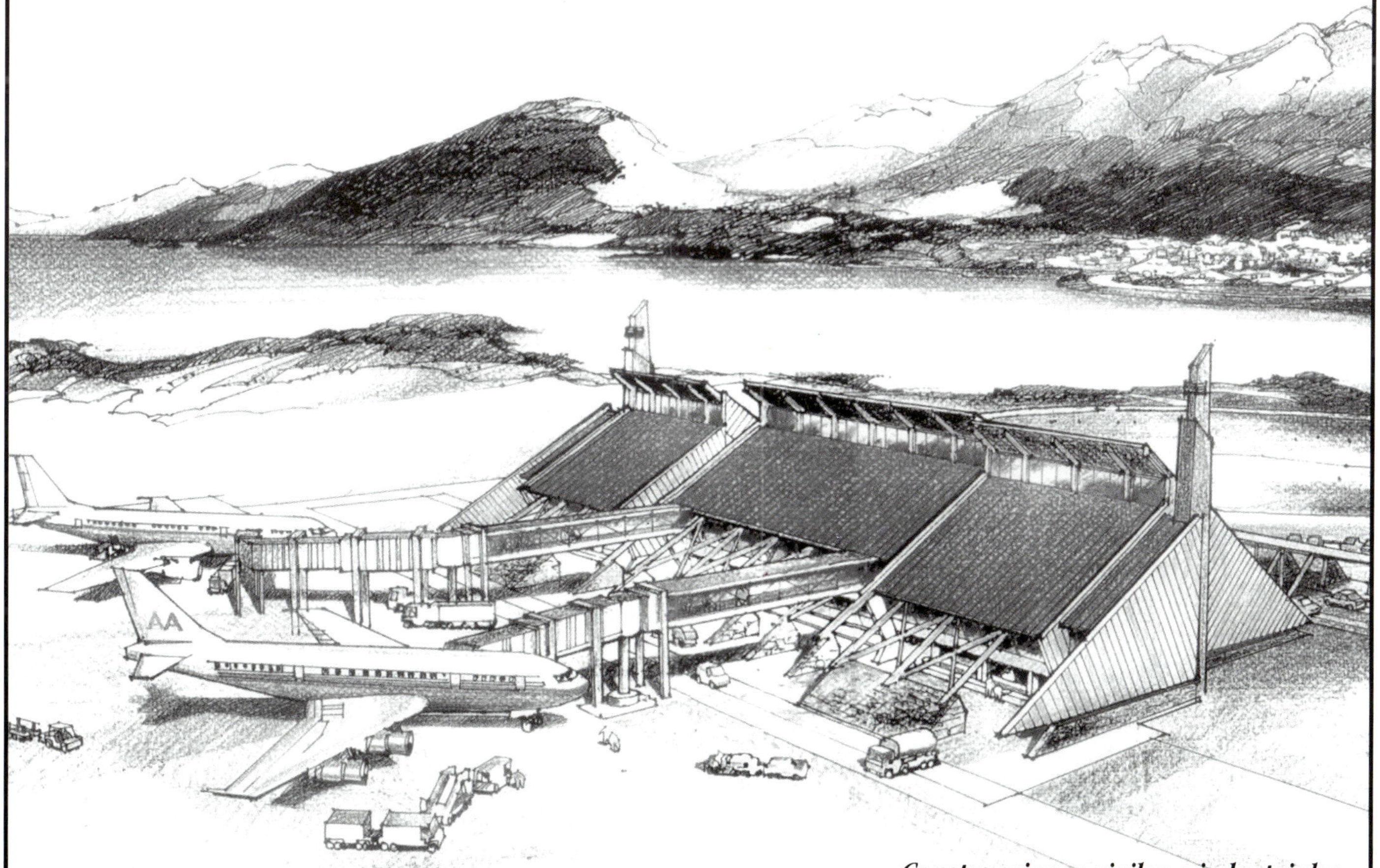

Aeroestación Ushuaia   **CONINSER**

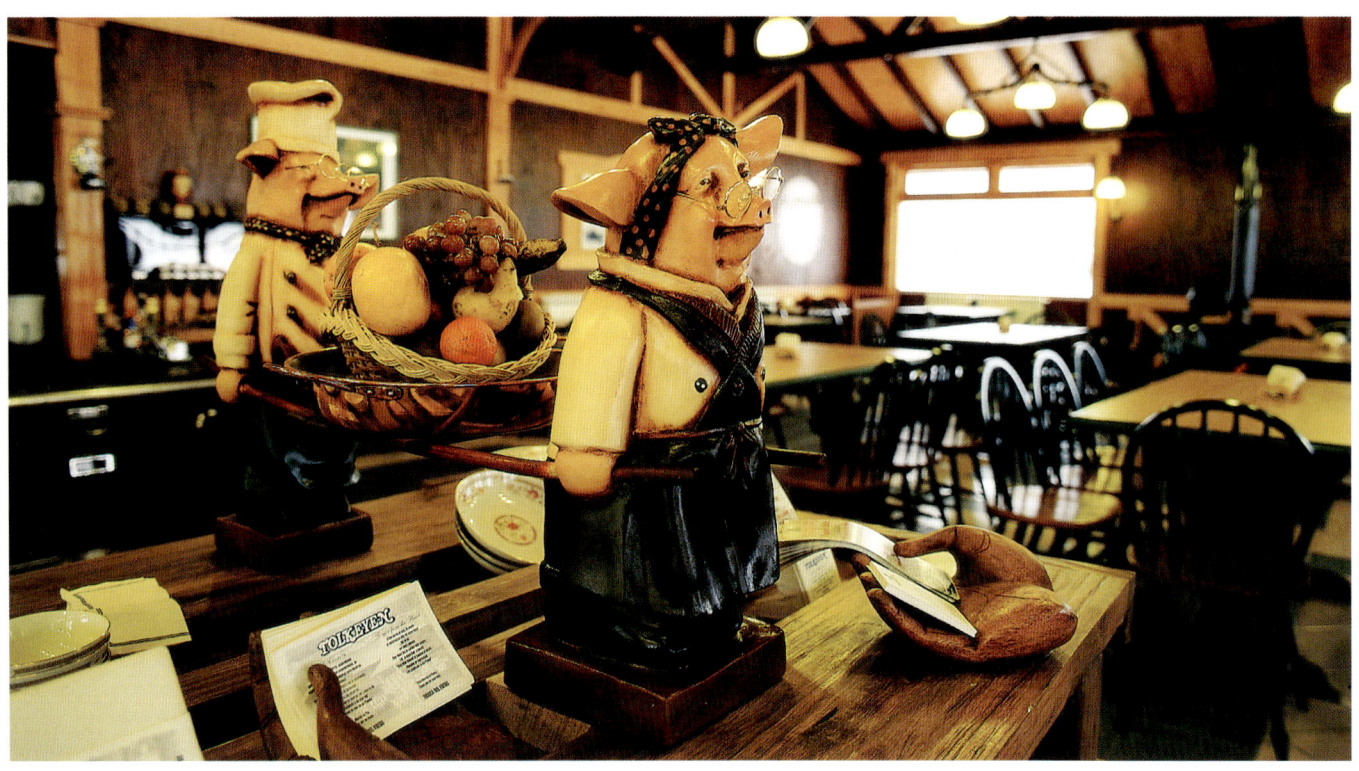

Un enorme salón colmado de detalles le dan a Villa Marina ese toque tan personal que lo caracteriza.

An enormous salon filled with details give Villa Marina its special touch.

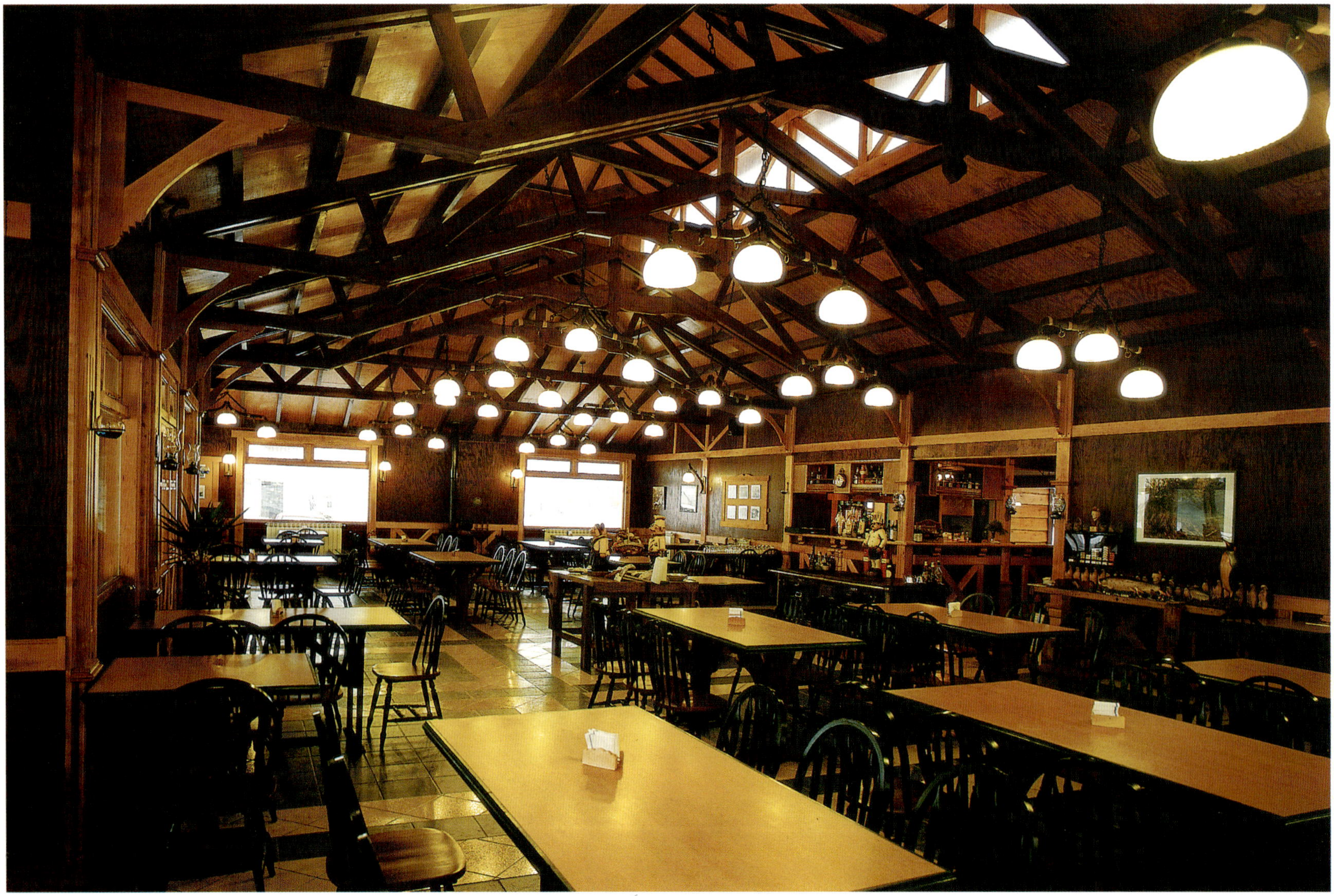

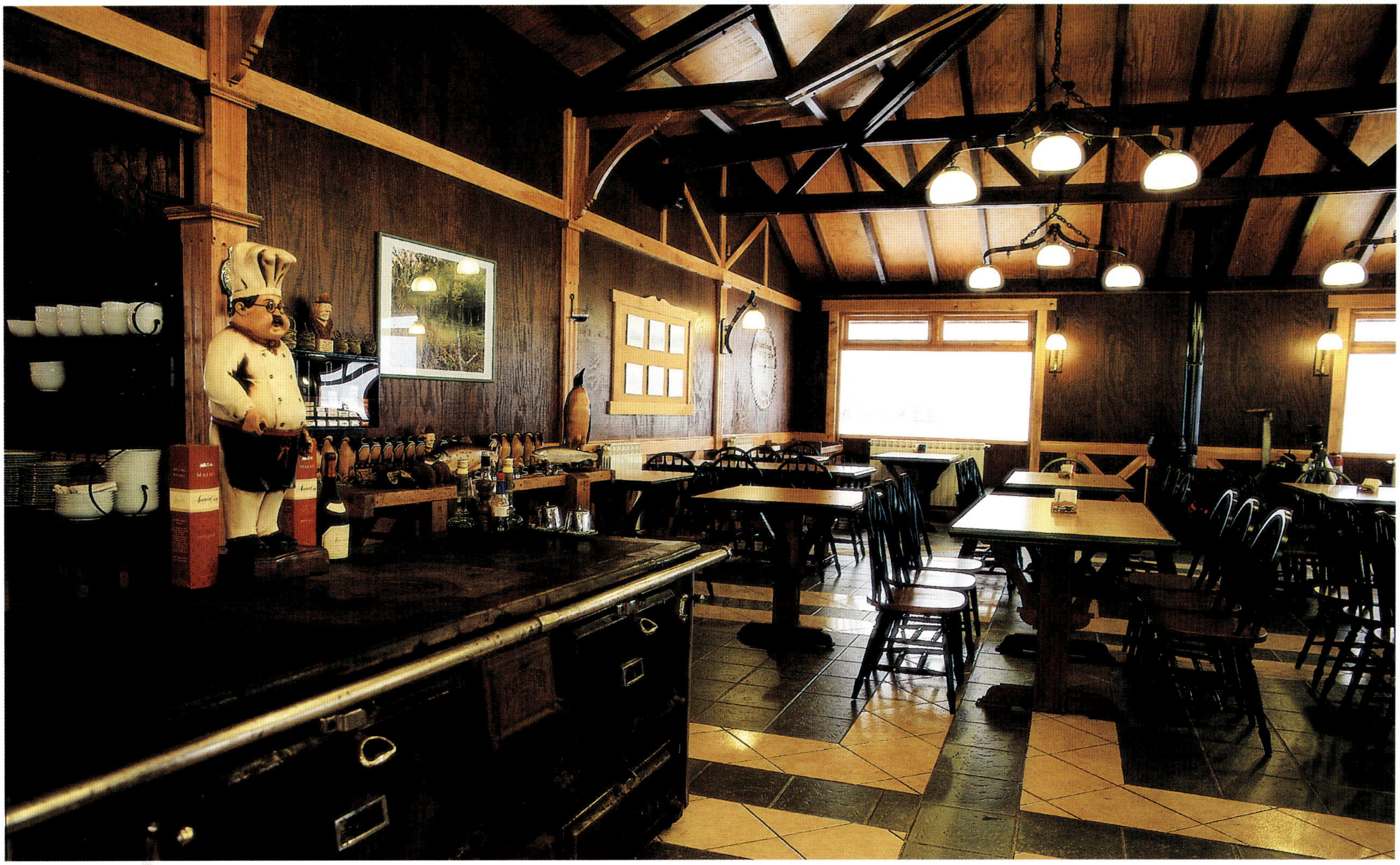

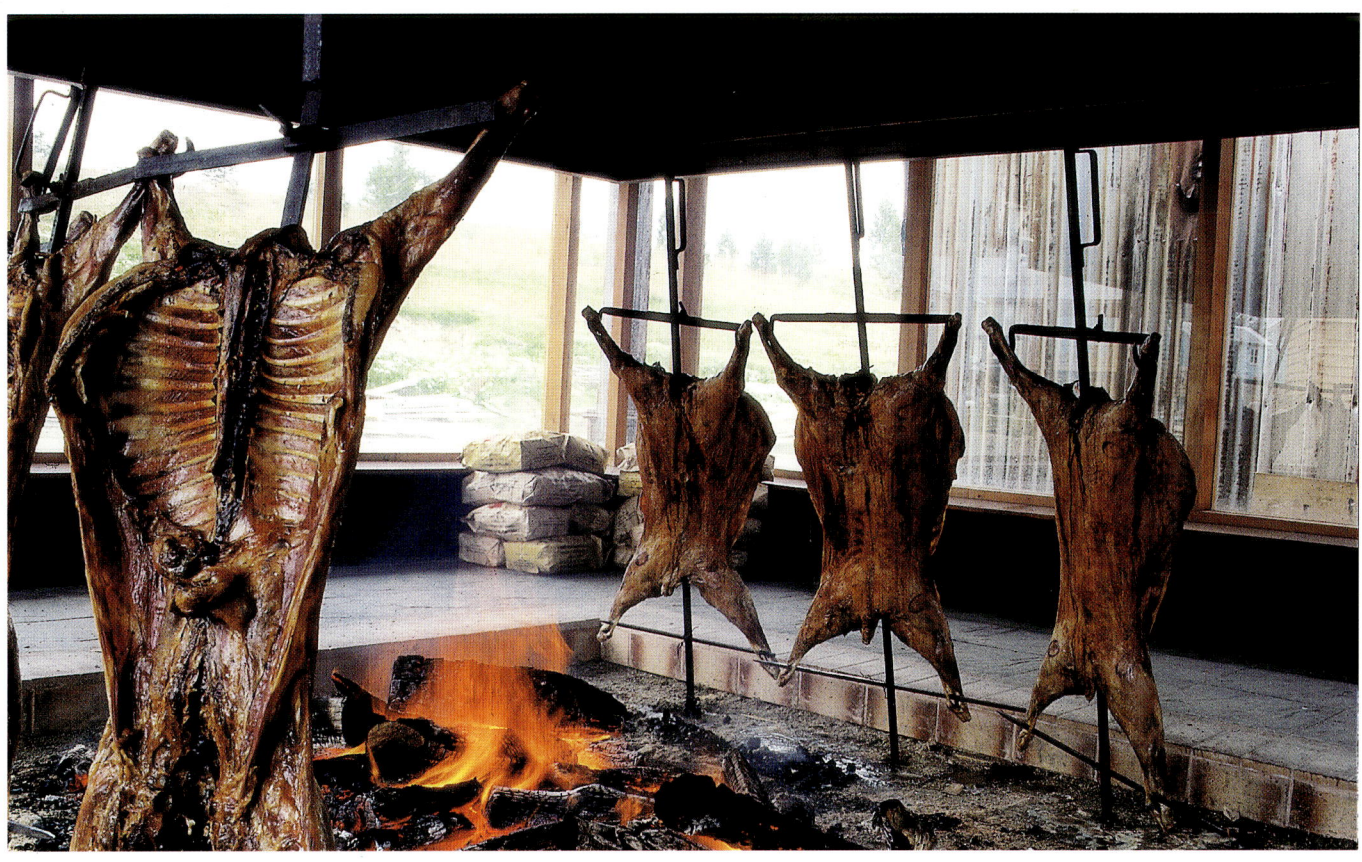

81

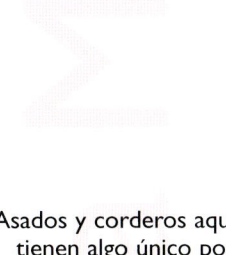

Asados y corderos aquí
tienen algo único por
el lugar y su gente, la
arquitectura y los
mejores productos.

*Asados and lambs are
special in this place,
because of the people and
landscape, the arquitecture
and the best products.*

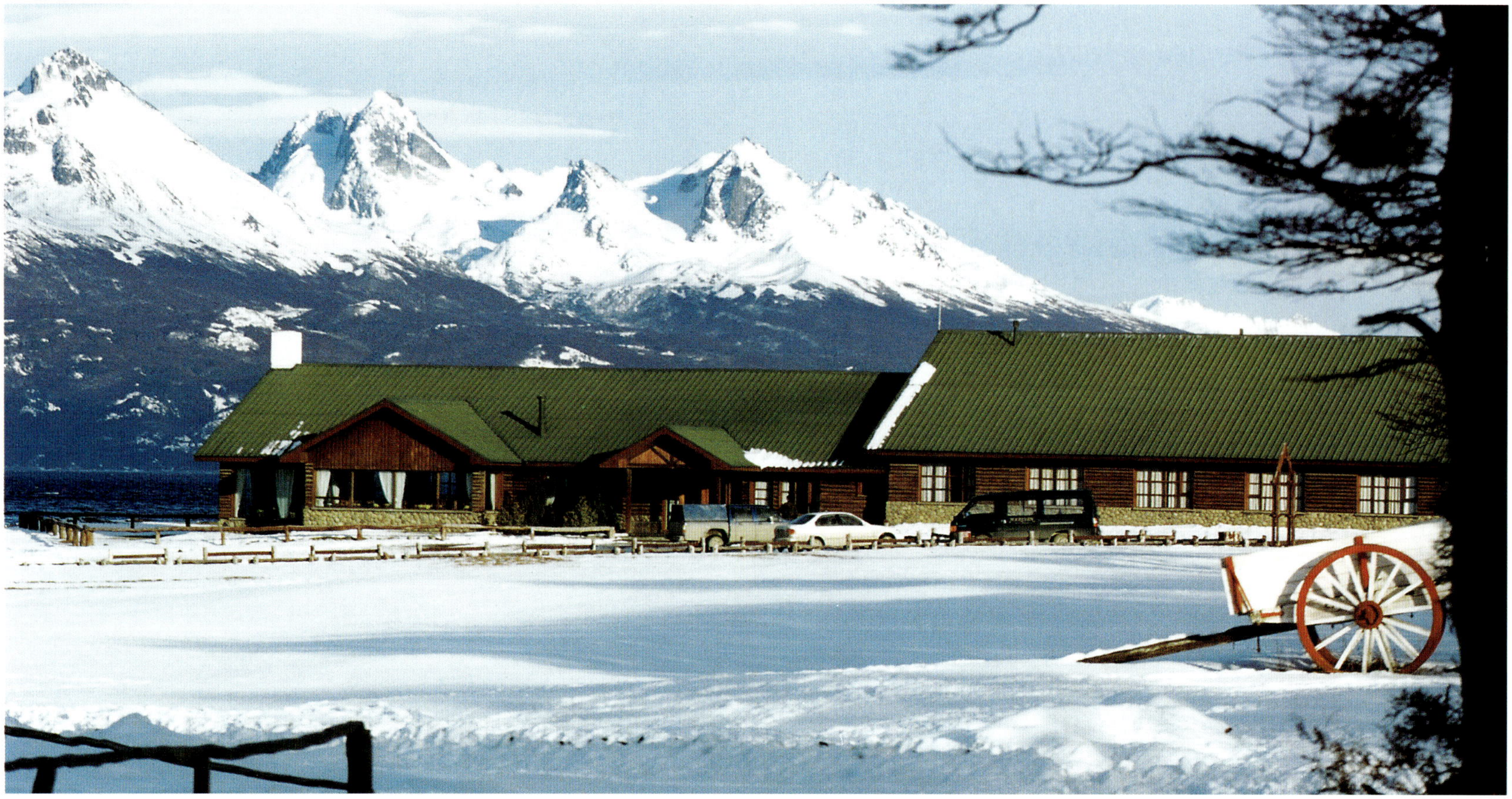

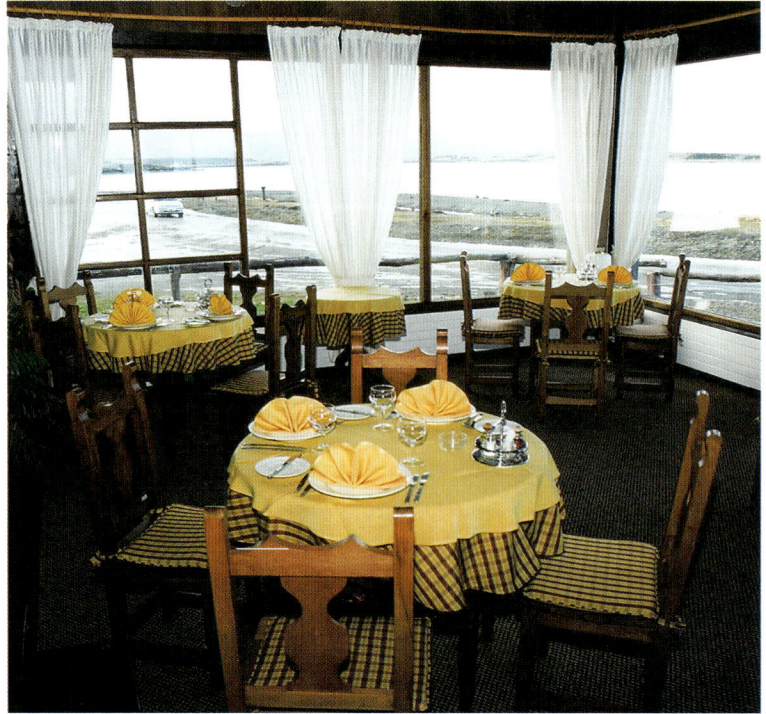

Excelencia y tranquilidad junto a los lagos. Todo el confort para hacer de su estadía en el hotel Tolkeyen una experiencia inolvidable.

Excellence and peace by the lakes. Confort makes your stay at the Tolkeyen Hotel an unforgettable experience.

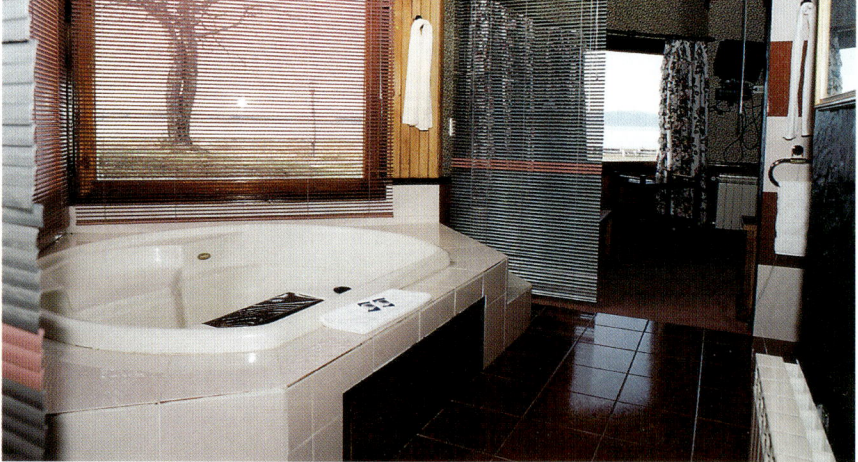

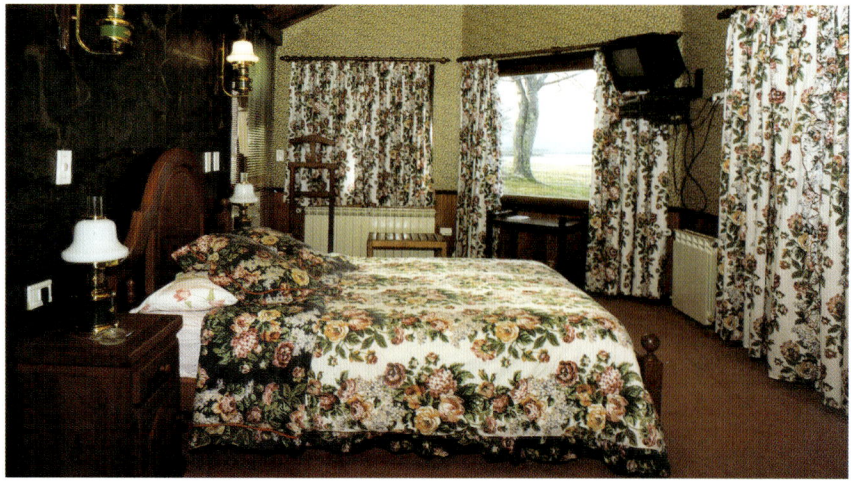

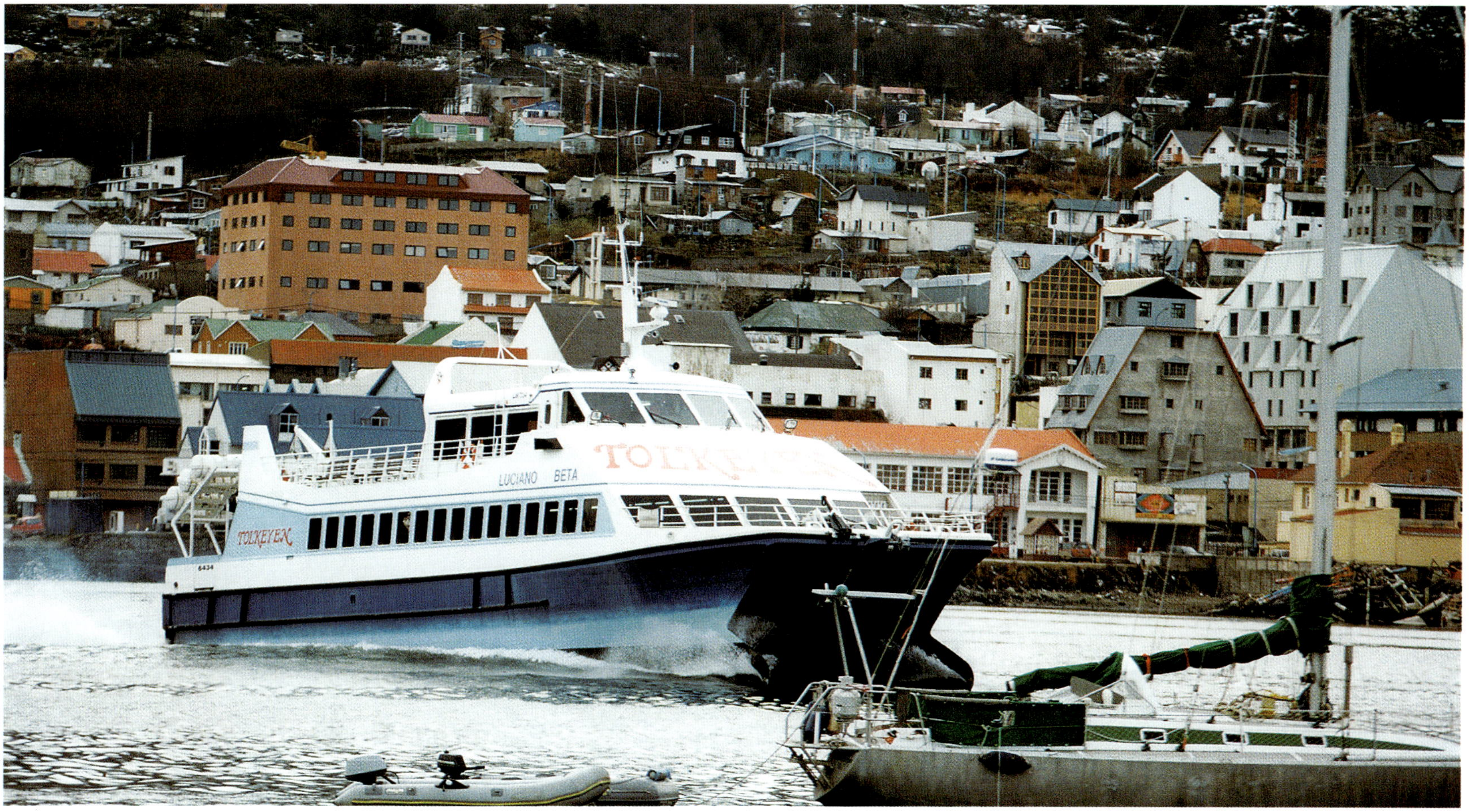

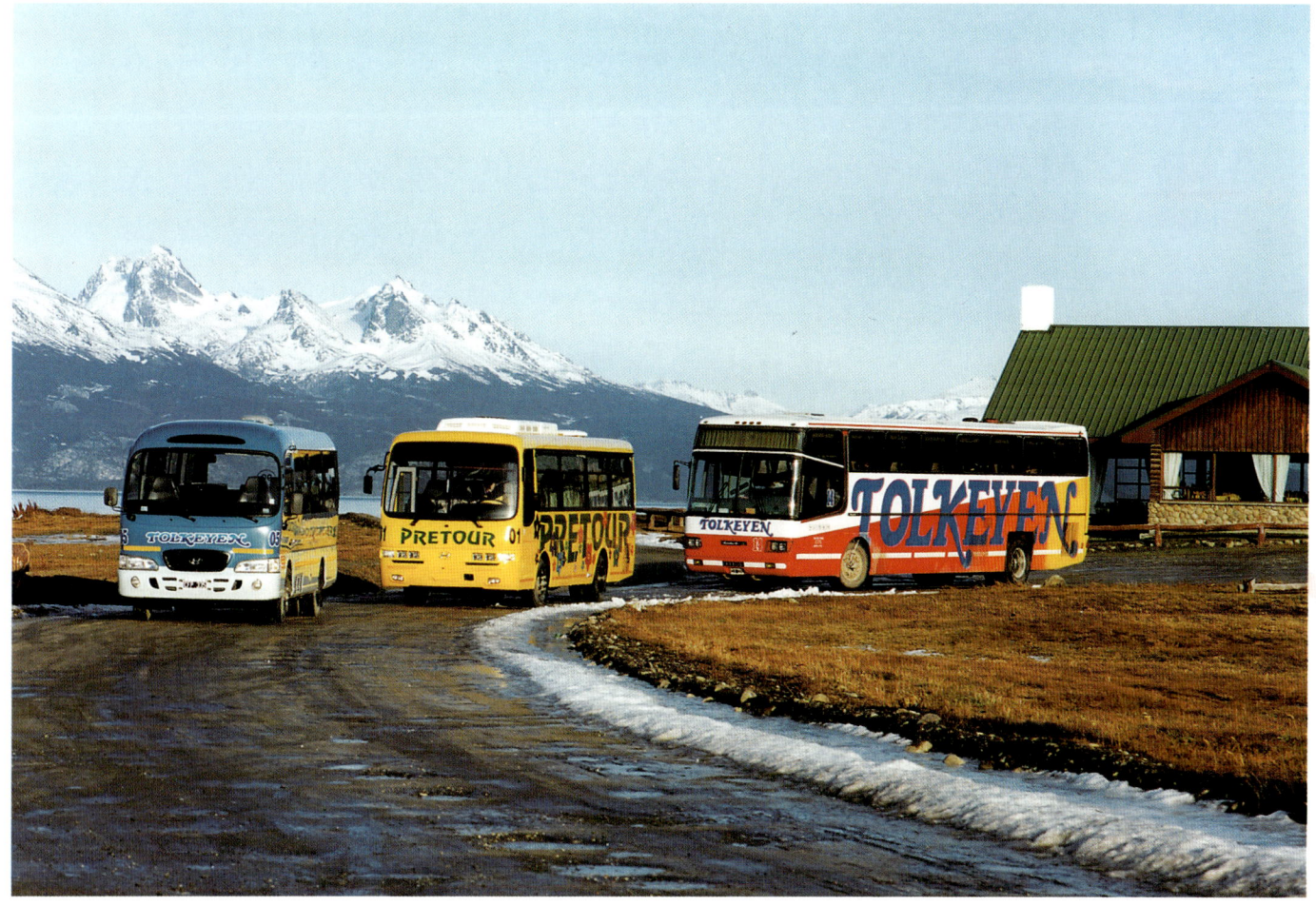

Tolkeyen ofrece a los visitantes un servicio integral, con modernos medios que satisfacen plenamente el cada vez más exigente mercado actual.

Tolkeyen offers visitors an integral service, with modern means that fully satisfy today's increasingly demanding market.

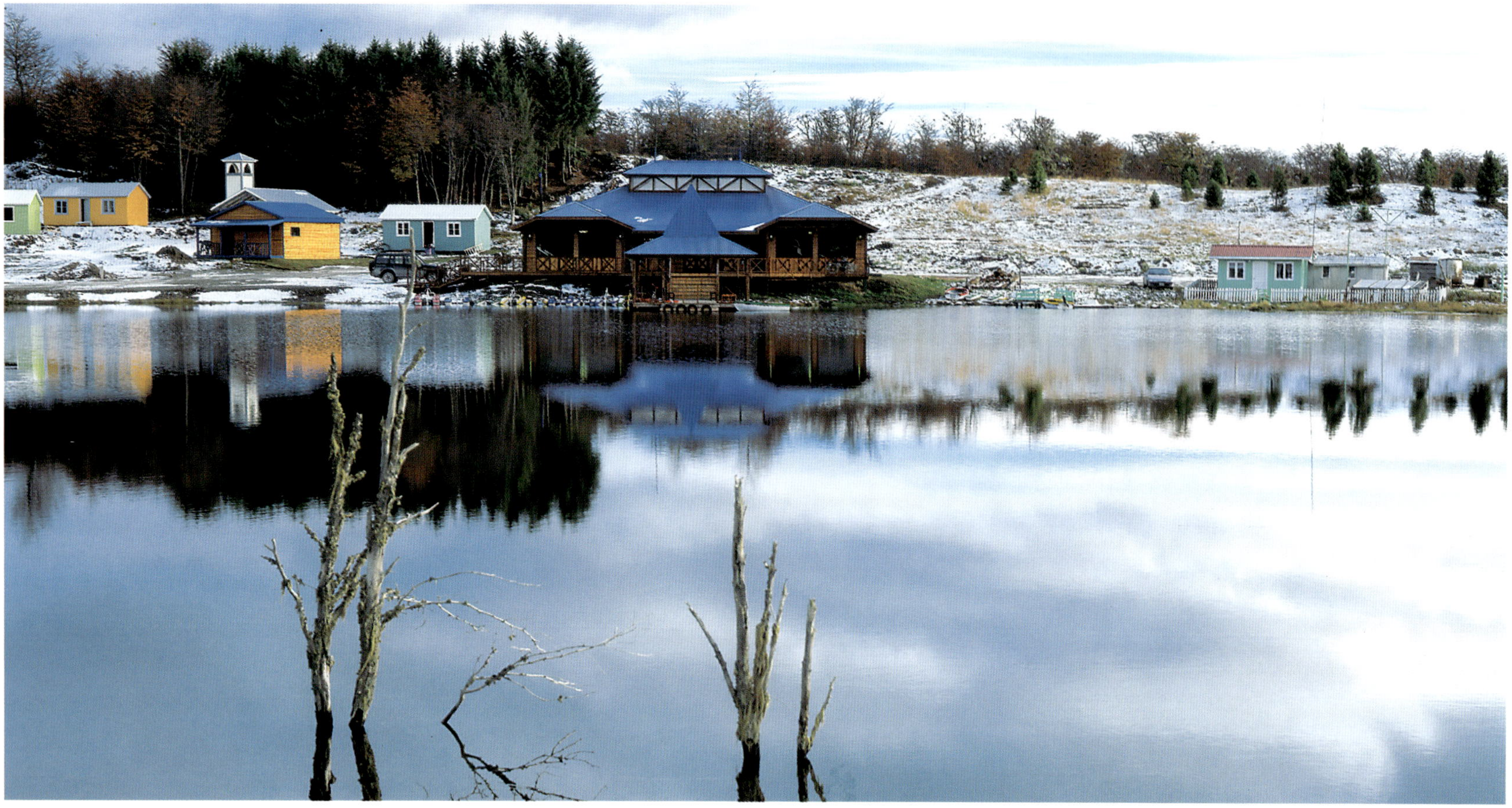

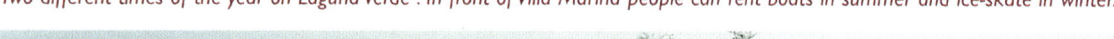

Dos vistas en distintos momentos del año en al Laguna Verde. Frente al complejo Villa Marina el visitate puede andar en botes en verano o patinar sobre hielo en invierno.

Two different times of the year on Laguna Verde . In front of Villa Marina people can rent boats in summer and ice-skate in winter.

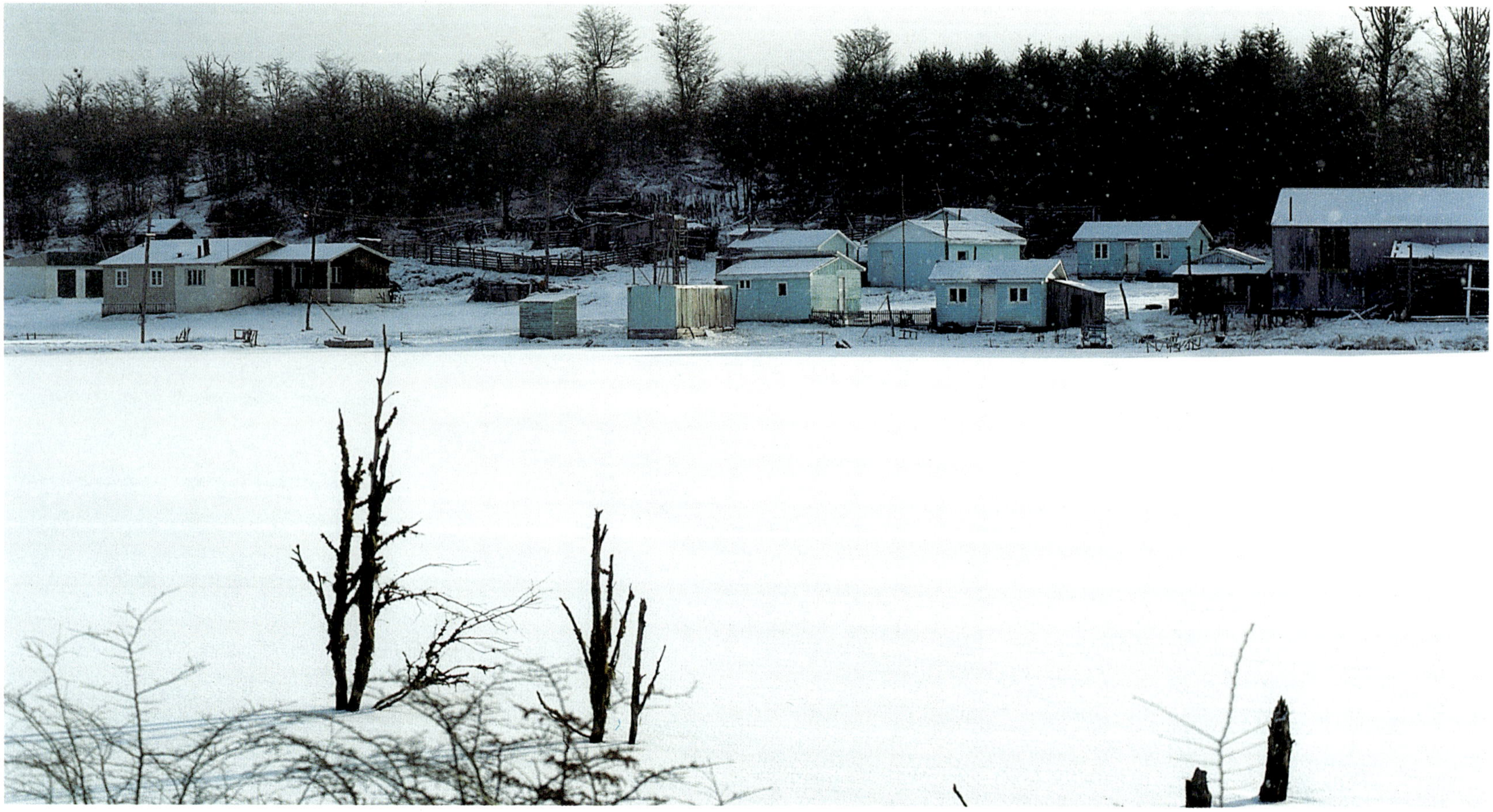

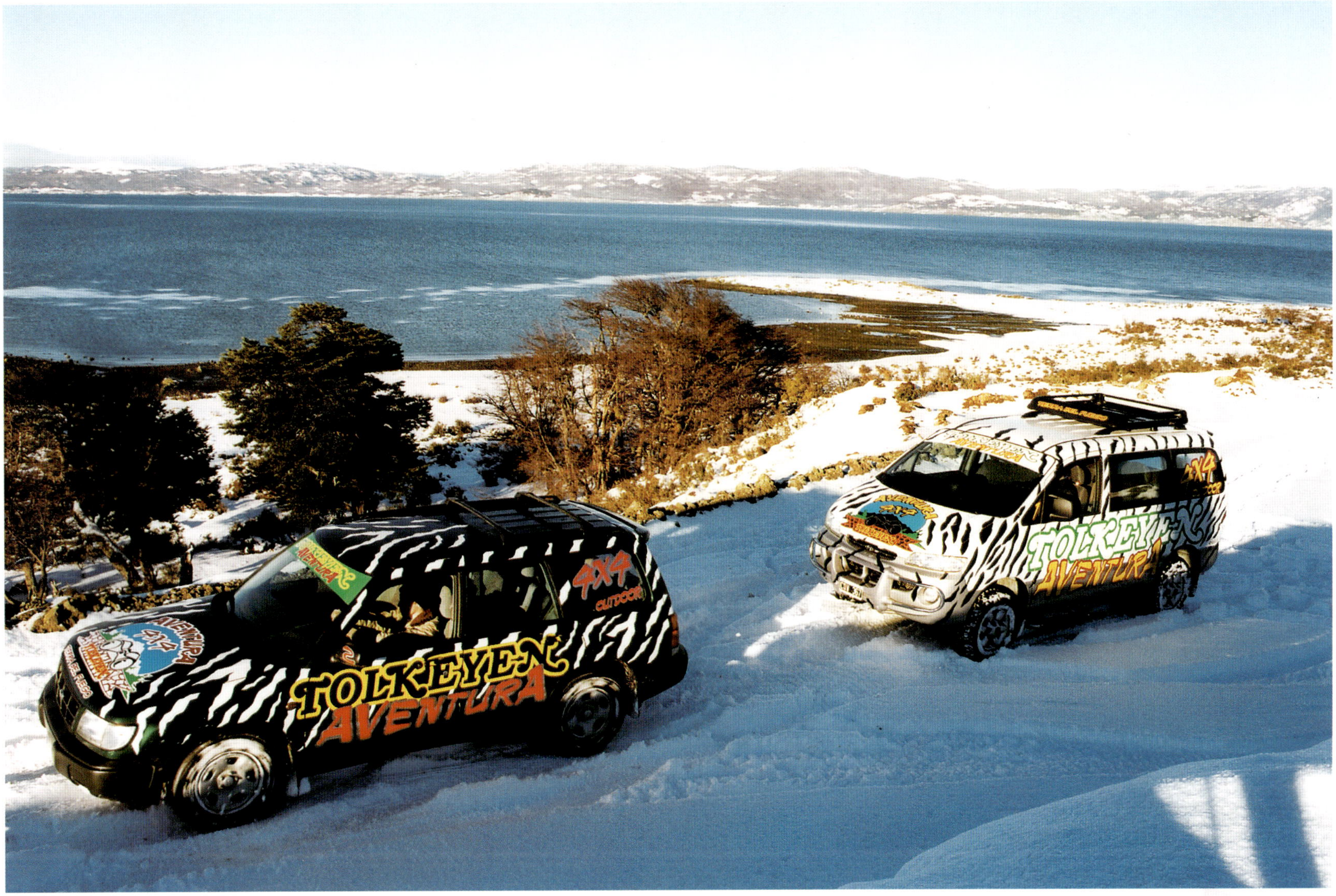

85

Avesados
conductores guías
de turismo lo llevan
a lugares increíbles.

*Skilful drivers/guides
take people to incredible
places.*

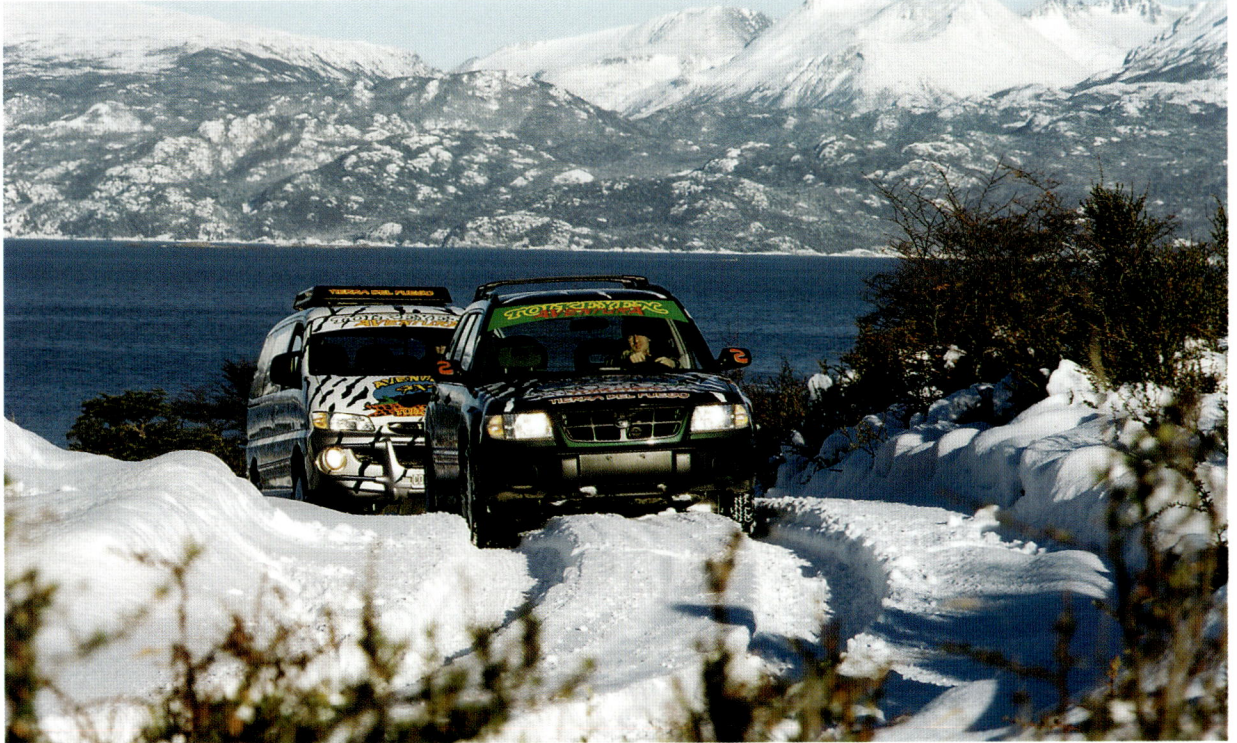

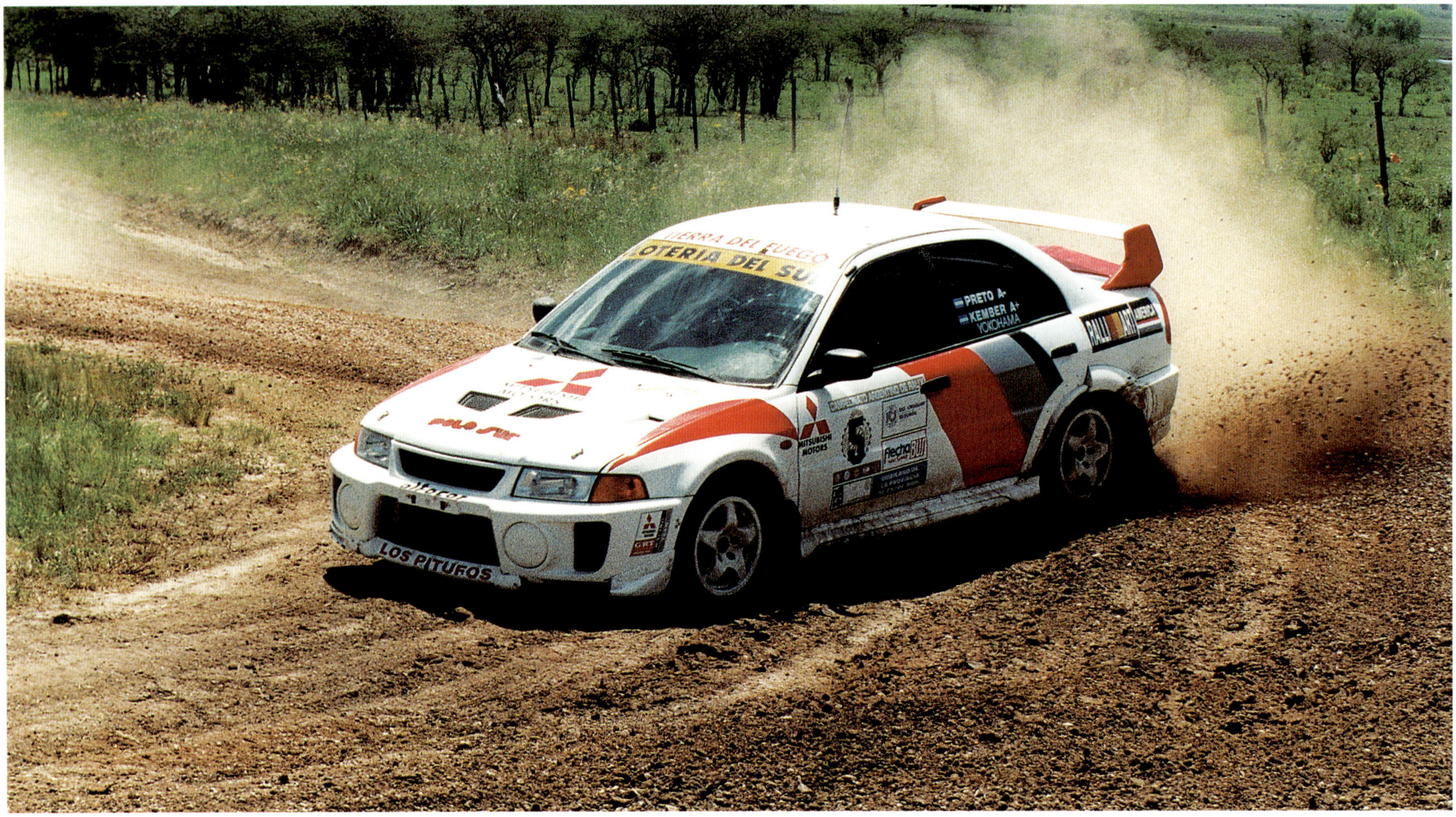

Arriba: el rally del Fin del Mundo y uno de sus corredores, Daniel Preto en plena acción.

Above: The World's End Rally and one of its pilots, Daniel Preto, at full speed.

Abajo: la visita del Concord a Ushuaia.

Below: The Concorde visiting Ushuaia.

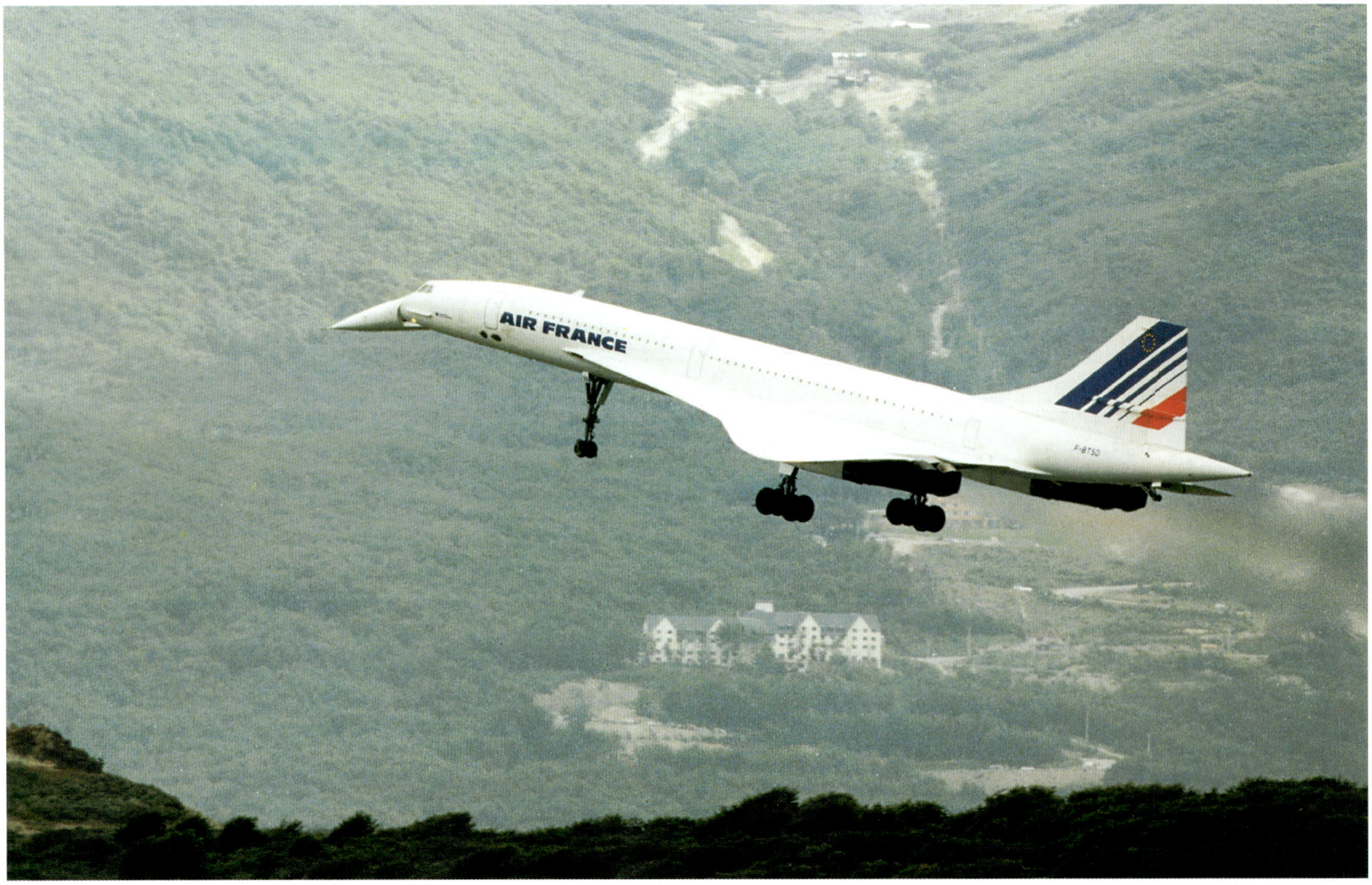

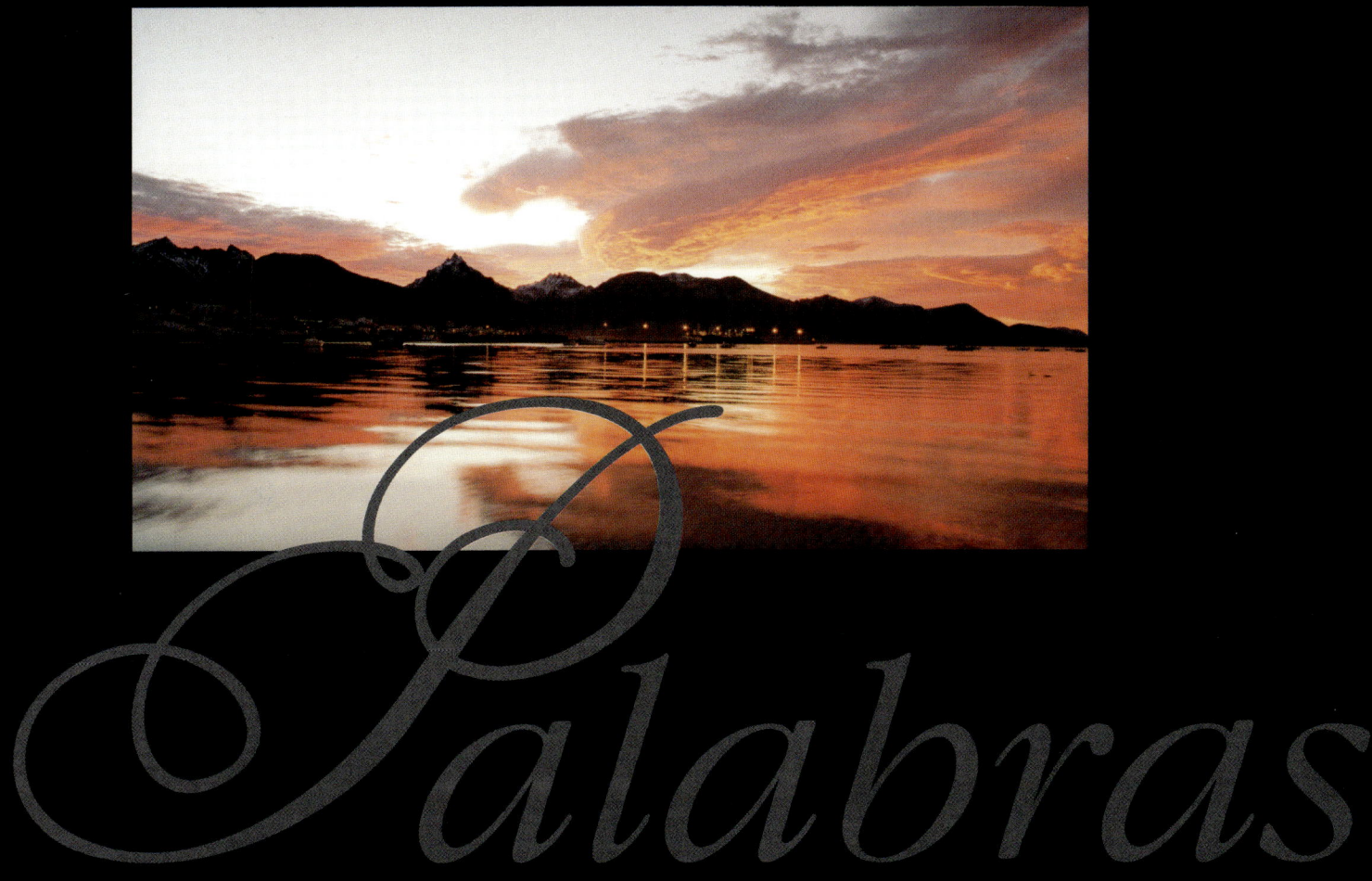

Palabras

Ushuaia, el lugar mas austral del planeta
tierra originalmente habitada por nativos
Selk'nam (onas), Haush, yamana y alakaluf y hoy
por hombres de distintos lugares del mundo. Su
nombre significa "Bahía que penetra hacia el oeste".
Fantástica y apasionante, con atractivos turísticos
y naturales únicos, con tierras casi nunca pisadas
por el hombre blanco. Lugares que aún no tienen
nombre, con la magia y el encanto de lo
desconocido. Aventuras, caminatas, amaneceres y
andanzas vividas con pasión junto a la cámara de
Eduardo Pocai.

Es mi deseo que este libro les demuestre lo
vivido por nosotros.

Hoy Ushuaia es otro pequeño sitio que forma
parte de la vida de este viajero, ojalá algún día lo
sea de la vuestra. Mi agradecimiento a todos
aquellos que forman parte de este libro y
ayudaron de corazón.

A mis padres, Jorge y Celia Marina. Gracias por la vida.

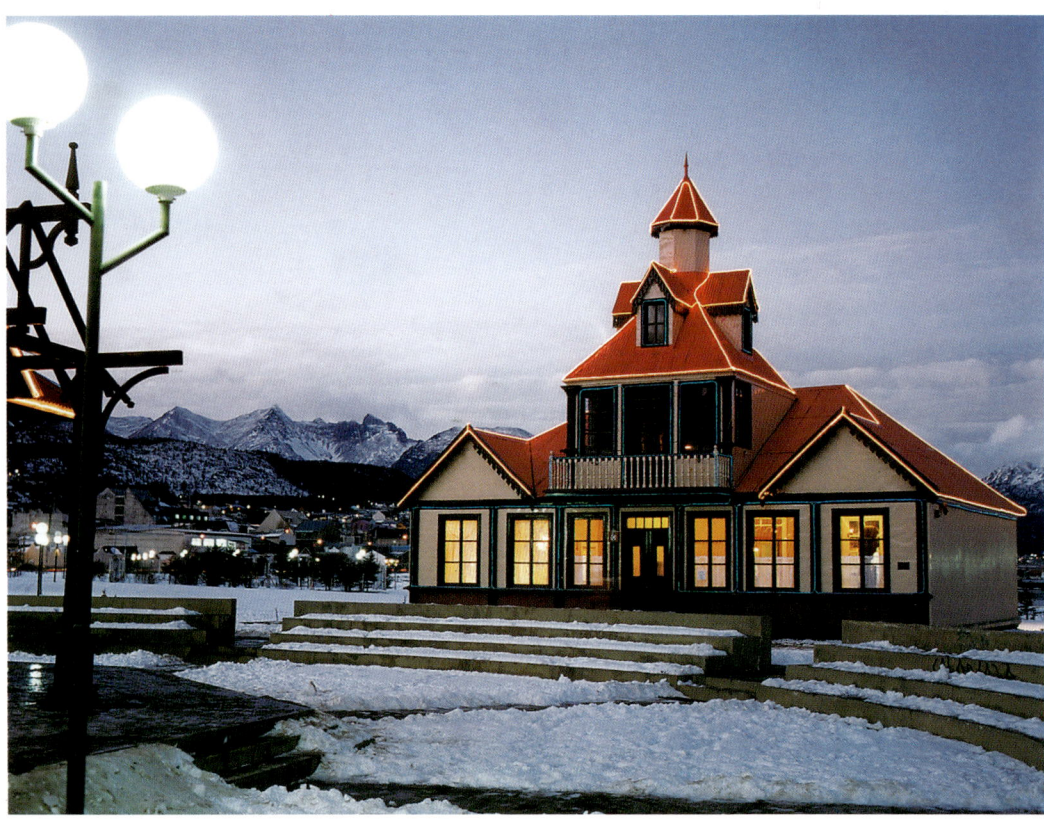

Casa Beban. Lugar de exposiciones permanentes que fuera el primer hotel de la ciudad.

Beban House, an art gallery that was once the first hotel in the city.

Cuadro de nativos por Nancy Pardo.

Natives' paintings by Nancy Pardo.

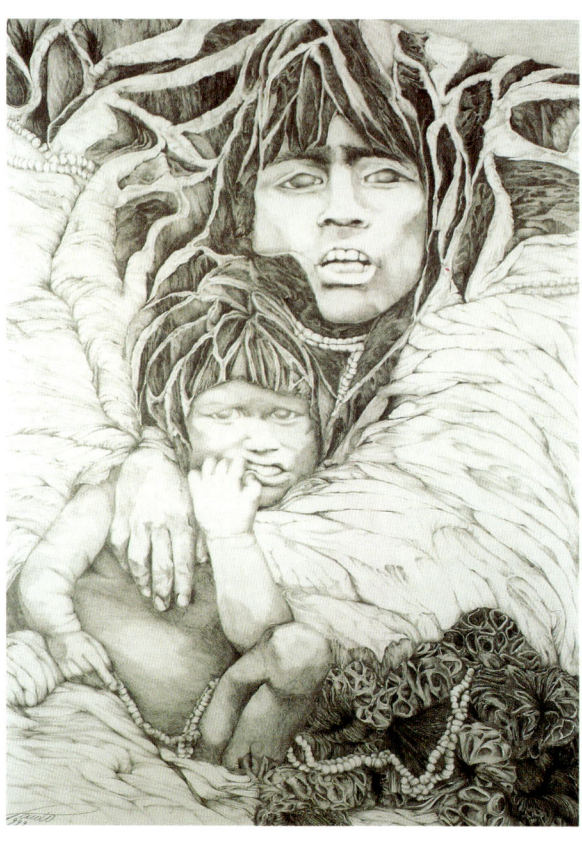

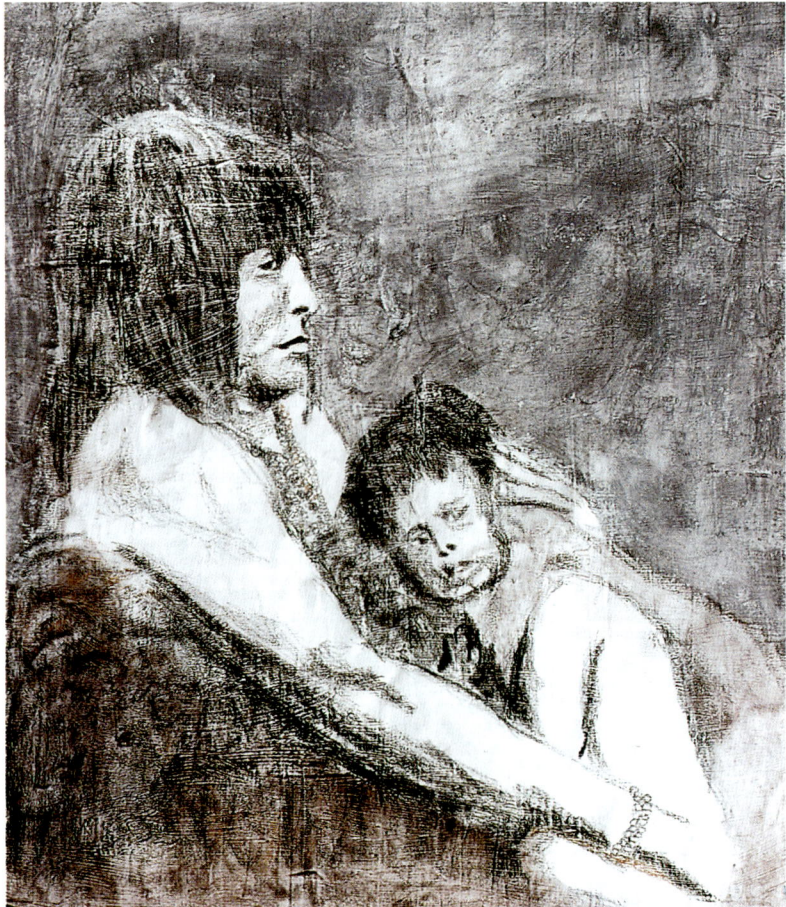

Miguela Torres Pintos

Miguela Torres Pintos

Otra maravillosa artista local: Rosa Pintos

Another wonderful local artist: Rosa Pintos

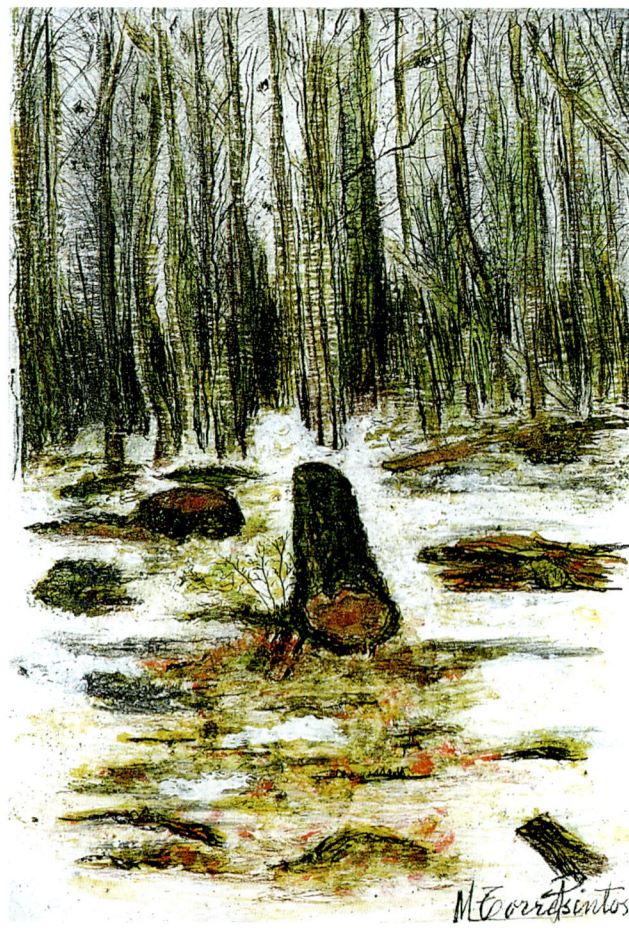

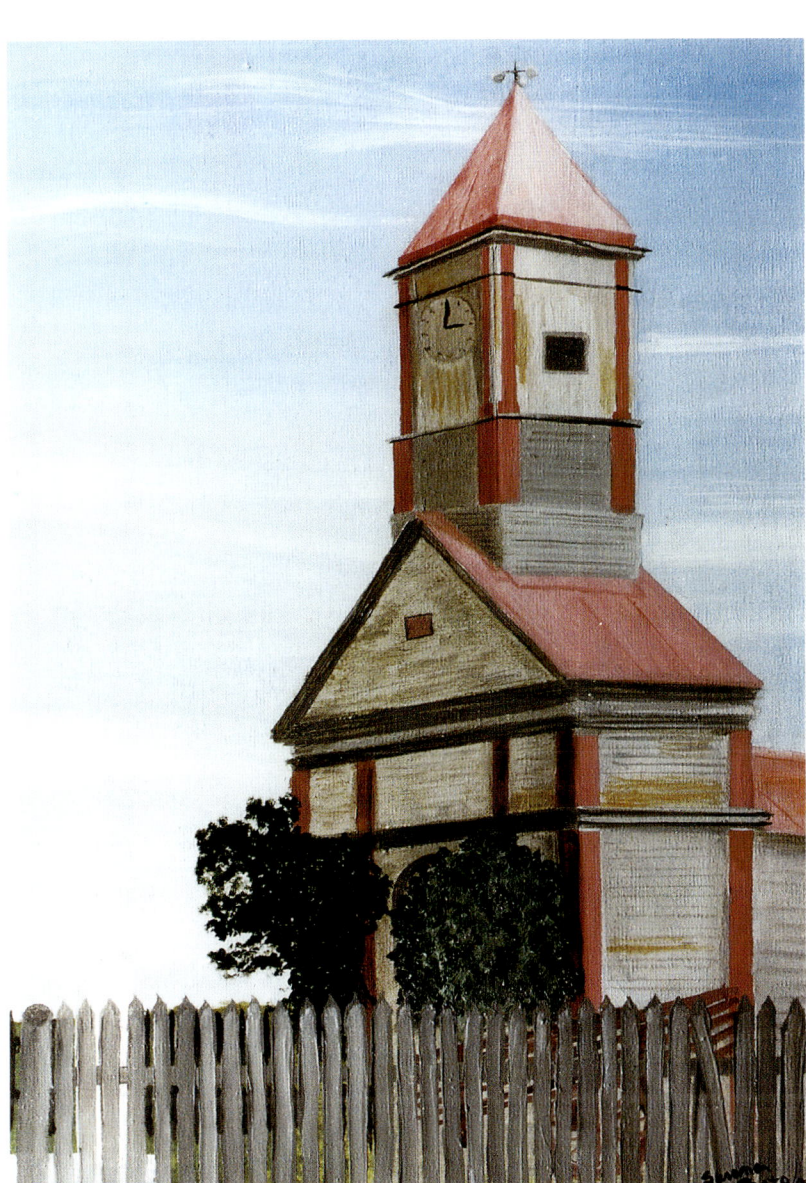

Susana Dawson quien ha realizado muchas obras inspirada por la atmósfera del Hotel Tolkeyen.

Susana Dawson, an artist that has been inspired in many opportunities by the atmosphere of Tolkeyen Hotel.

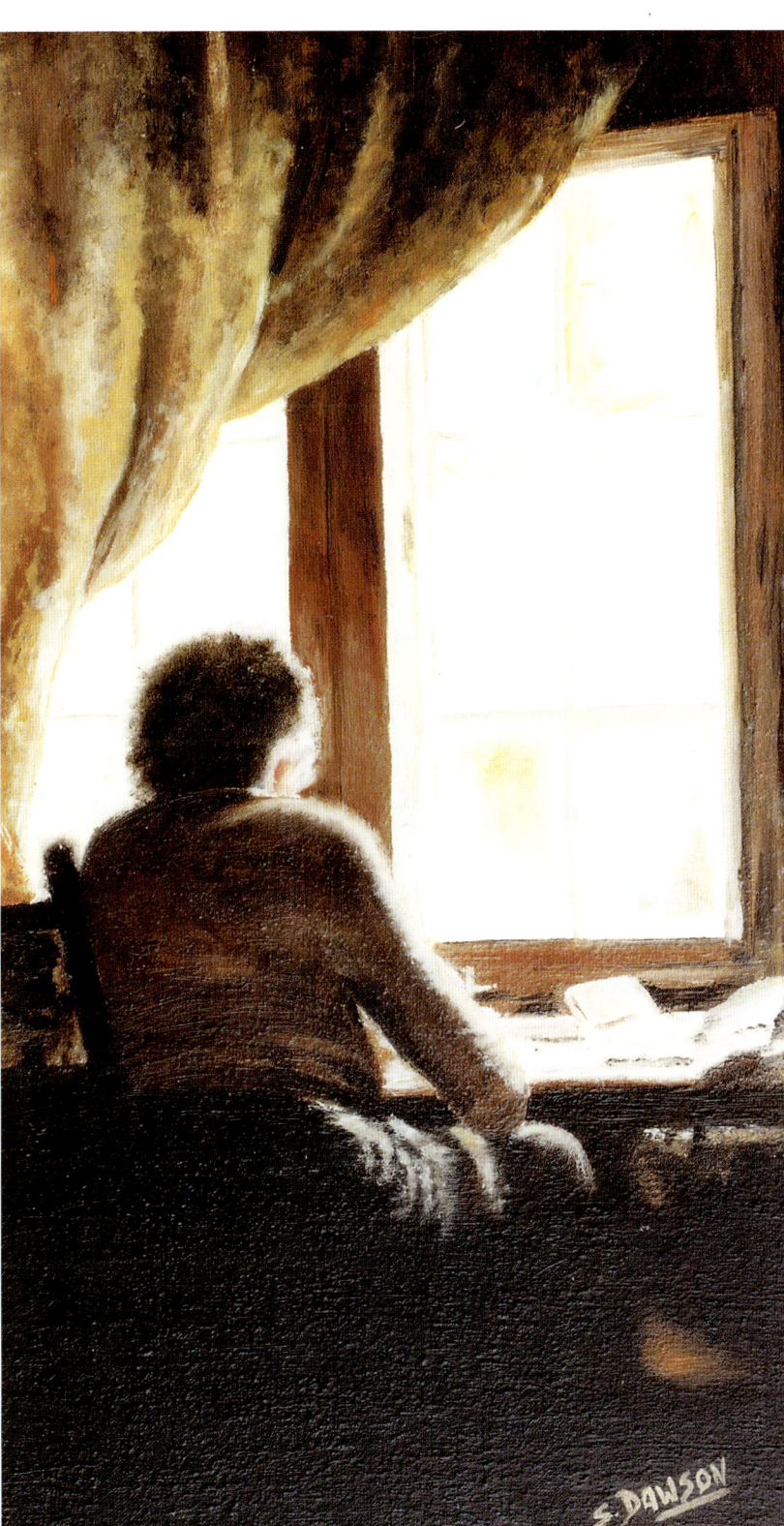

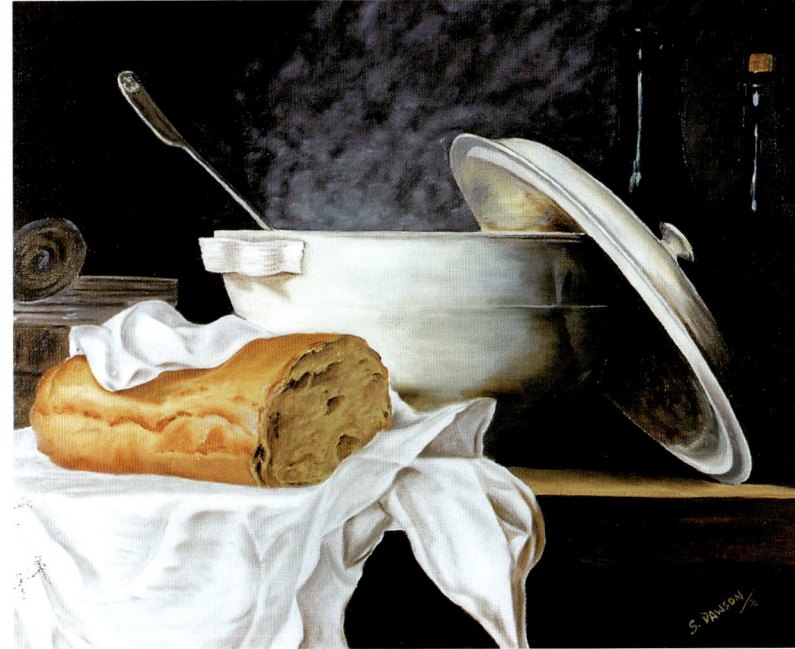

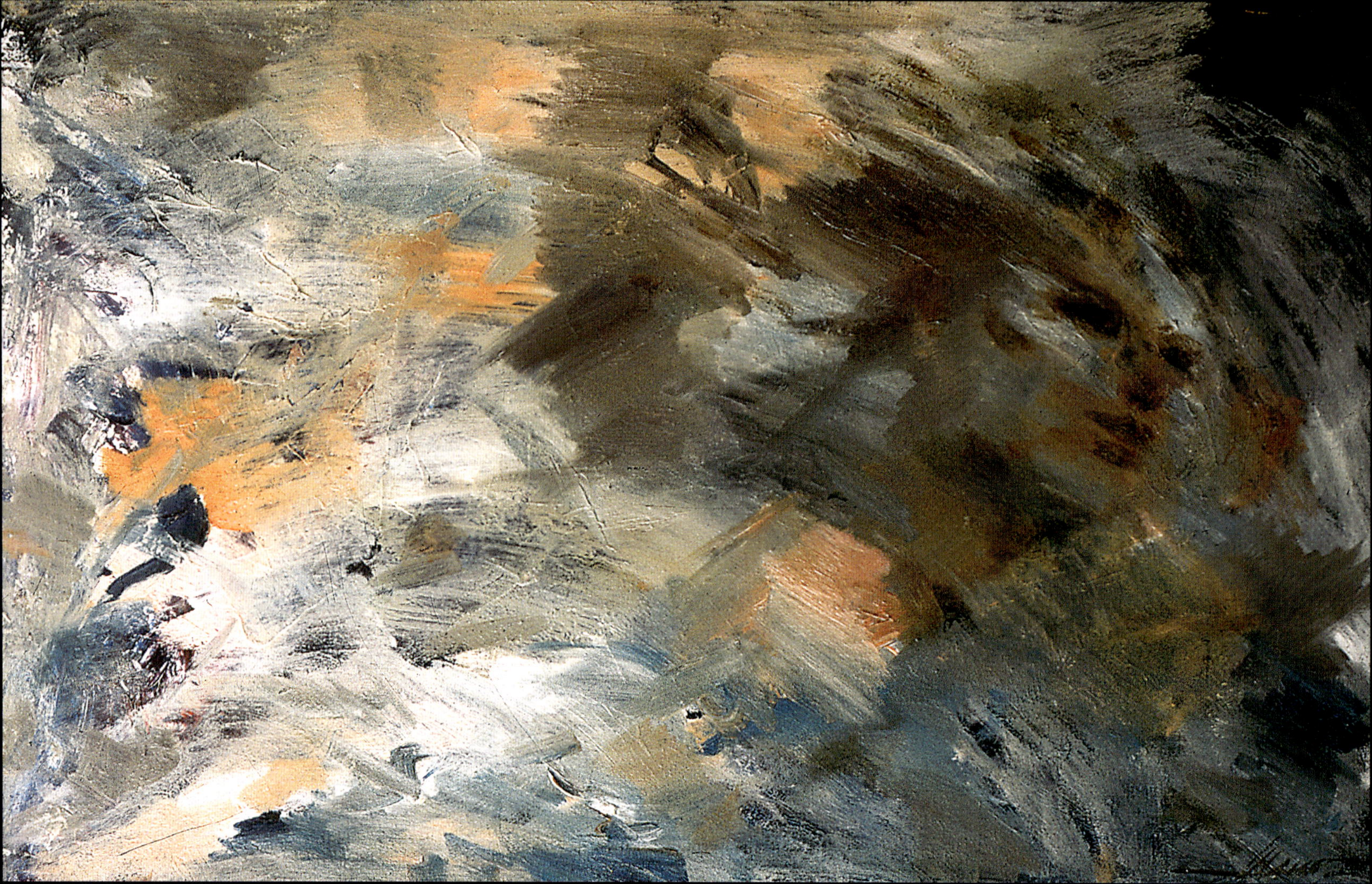

"Dama de Ushuaia", Rafael Manero

"Lady of Ushuaia", Rafael Manero

Tu, que para irte vienes,
ten los ojos bien abiertos
y lleva en tu retina
este concierto
que natura te brinda
aquí... en Ushuaia.

Y deja que penetre en tí
la hermosura de este panorama
que, sin paralelo,
se abre ante tu vista;
deja que tu espíritu
se colme de belleza,
color, magnificencia,
aquí en Ushuaia.

Siente como te invade
hasta el placer,
hasta saciar tu sed,

la naturaleza,
y ve como esas aves te ven
sin inmutarse
sintiéndote integrante,
un igual,
aquí en Ushuaia.

Y cuando regreses
y cuentes lo que viste,
no les mientas
diciendo que hay milagro,
diles más bien que Dios
armando el mundo,
dejó para el final de su gran obra
lo mejor, el summum, lo más
bello,
y lo depositó....
aquí ... en Ushuaia

Pocho Pocai

*You, who's come to leave,
keep your eyes wide open
and carry in your retina
this concert that nature
offres you here...
in Ushuaia.*

*Let yourself be penetrated
by the beauty of this
panorama which,
unparalelled, spreads before
your sight; let your spirit be
filled with beauty, colour,
magnificence, here, in
Ushuaia.*

*Feel nature invade you
to pleasure, until it satiates*

*your thirst,
and see those birds
immutably see you,
feeling you an equal,
here in Ushuaia.*

*And when you return,
and tell what you saw,
do not lie to them,
saying that there's miracle,
better tell them that God,
on making the world,
saved, for the last moment of
of his great work, the best,
the most beautiful,
and he put it...
here...in Ushuaia.*

Pocho Pocai

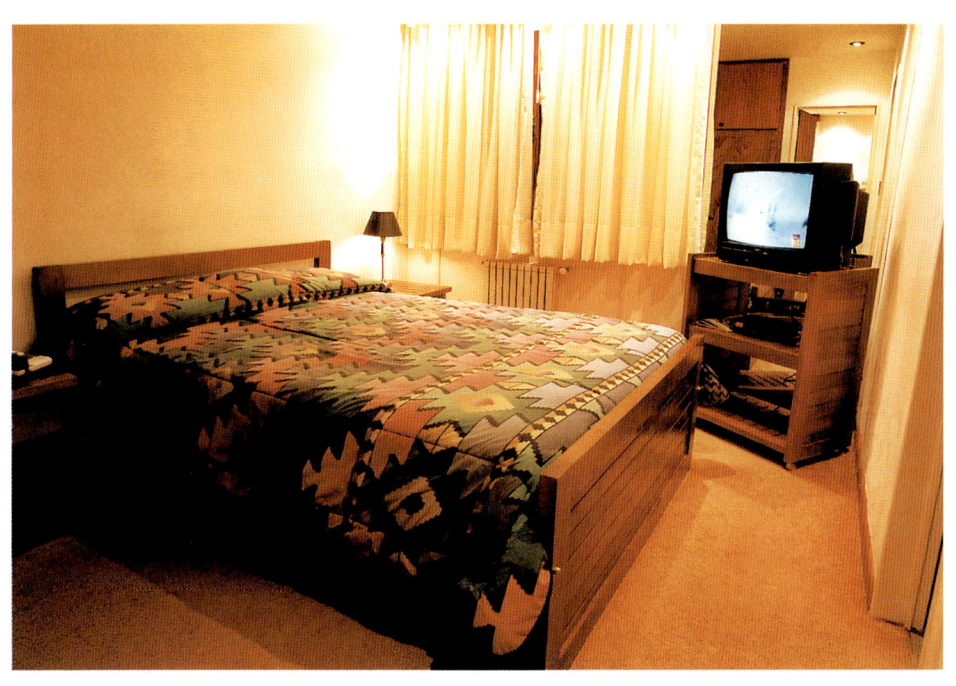

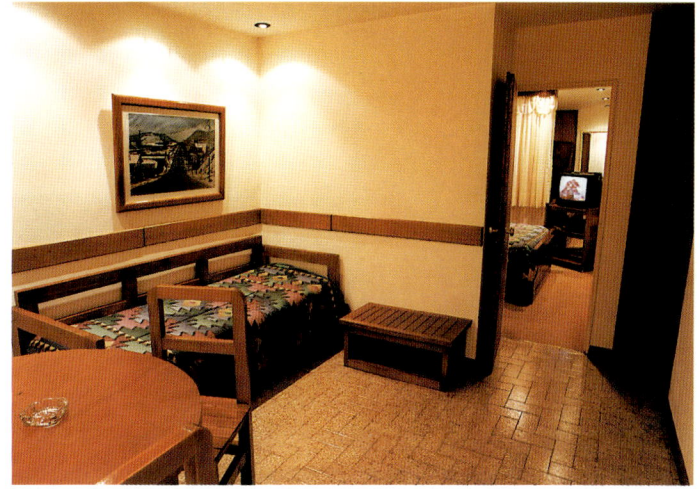

Hostal del Bosque: Su estadía en este apart hotel, será realmente inolvidable, gracias a la hospitalidad de Oscar Libossart y el staff a su cargo.

Hostal del Bosque: Your staying will be unforgettable in this apart-hotel, with its hospitable staff directed by Oscar Libossart.

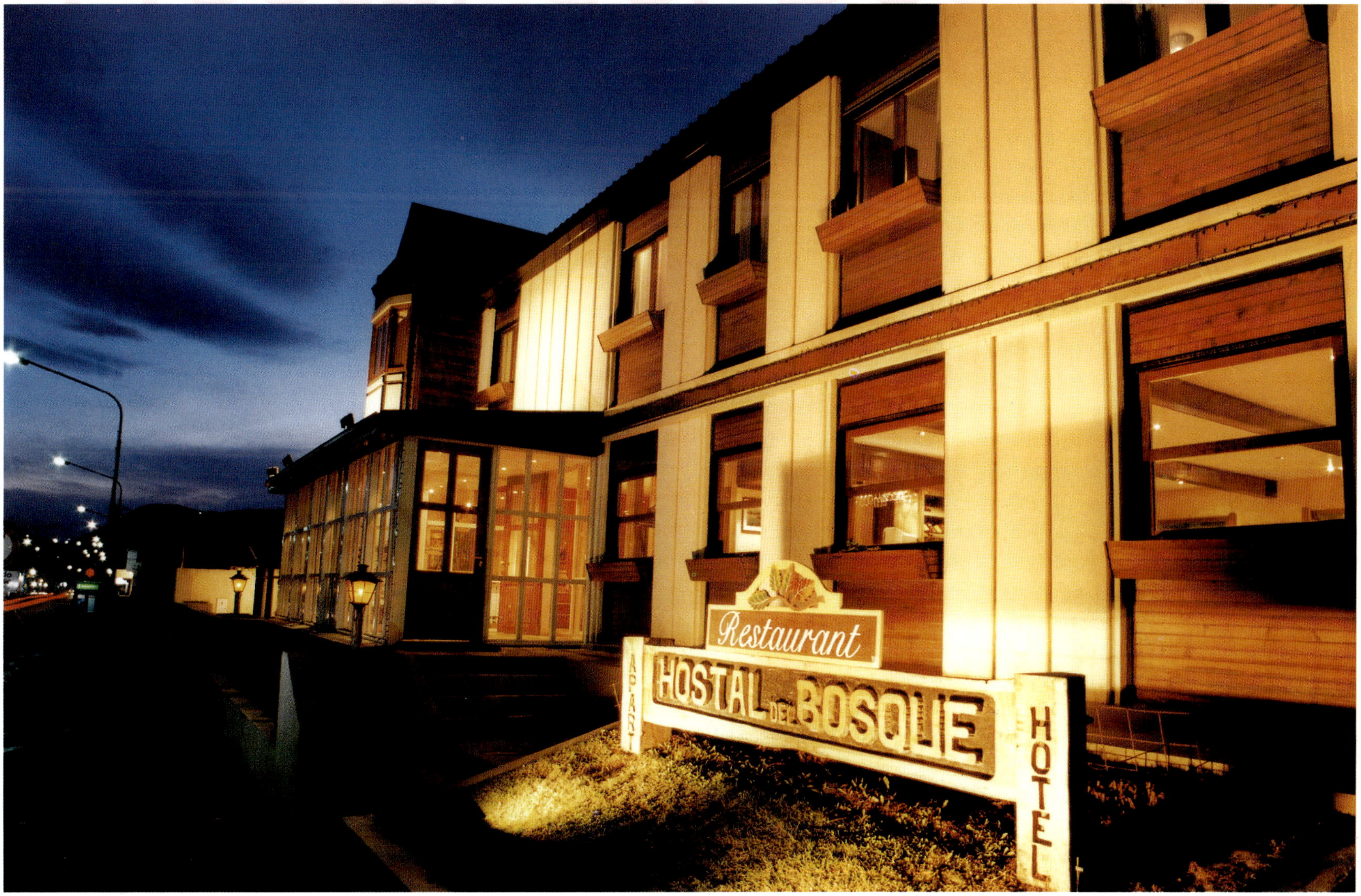

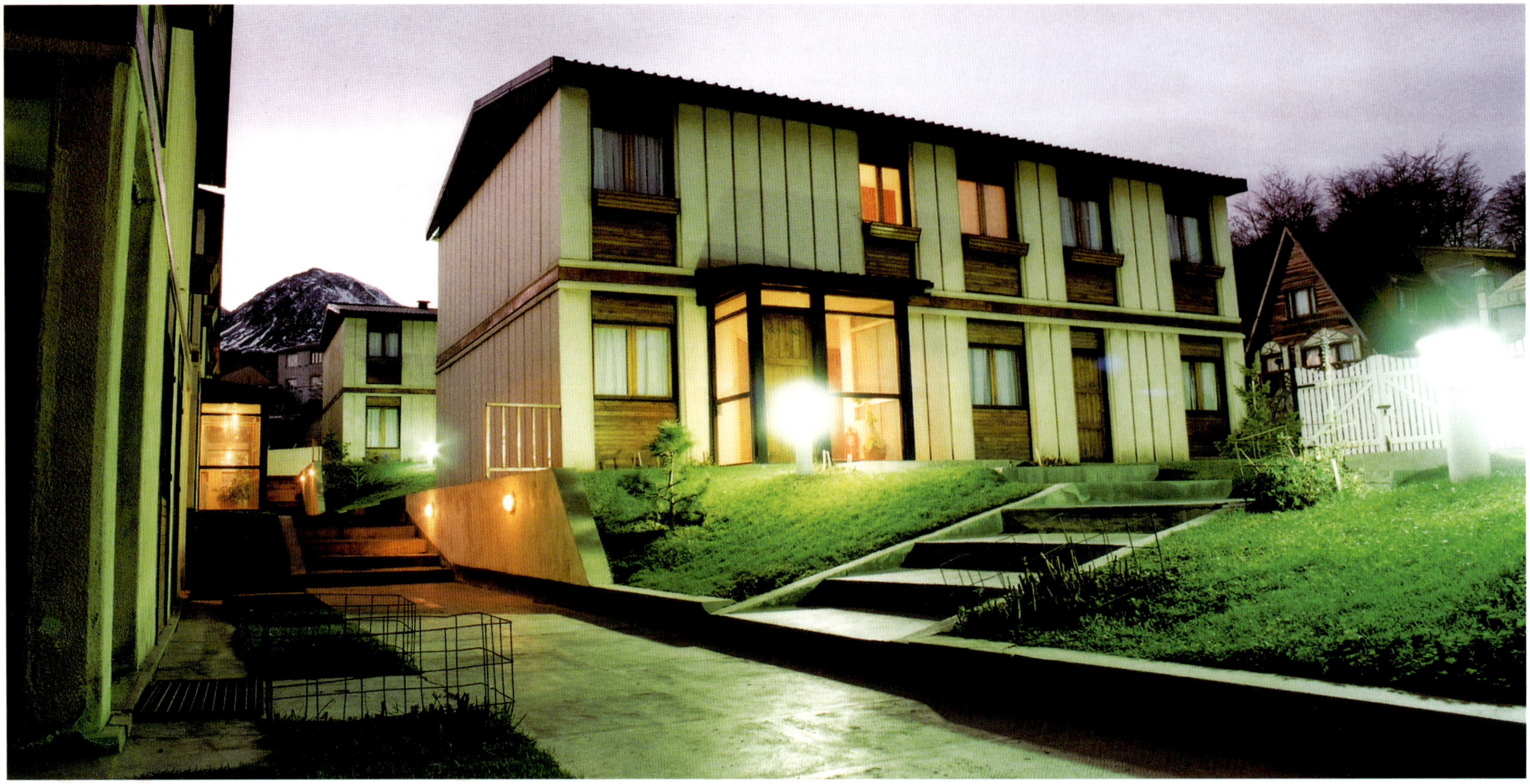

Abajo: Vista de la bahía.

Below: View over the bay.

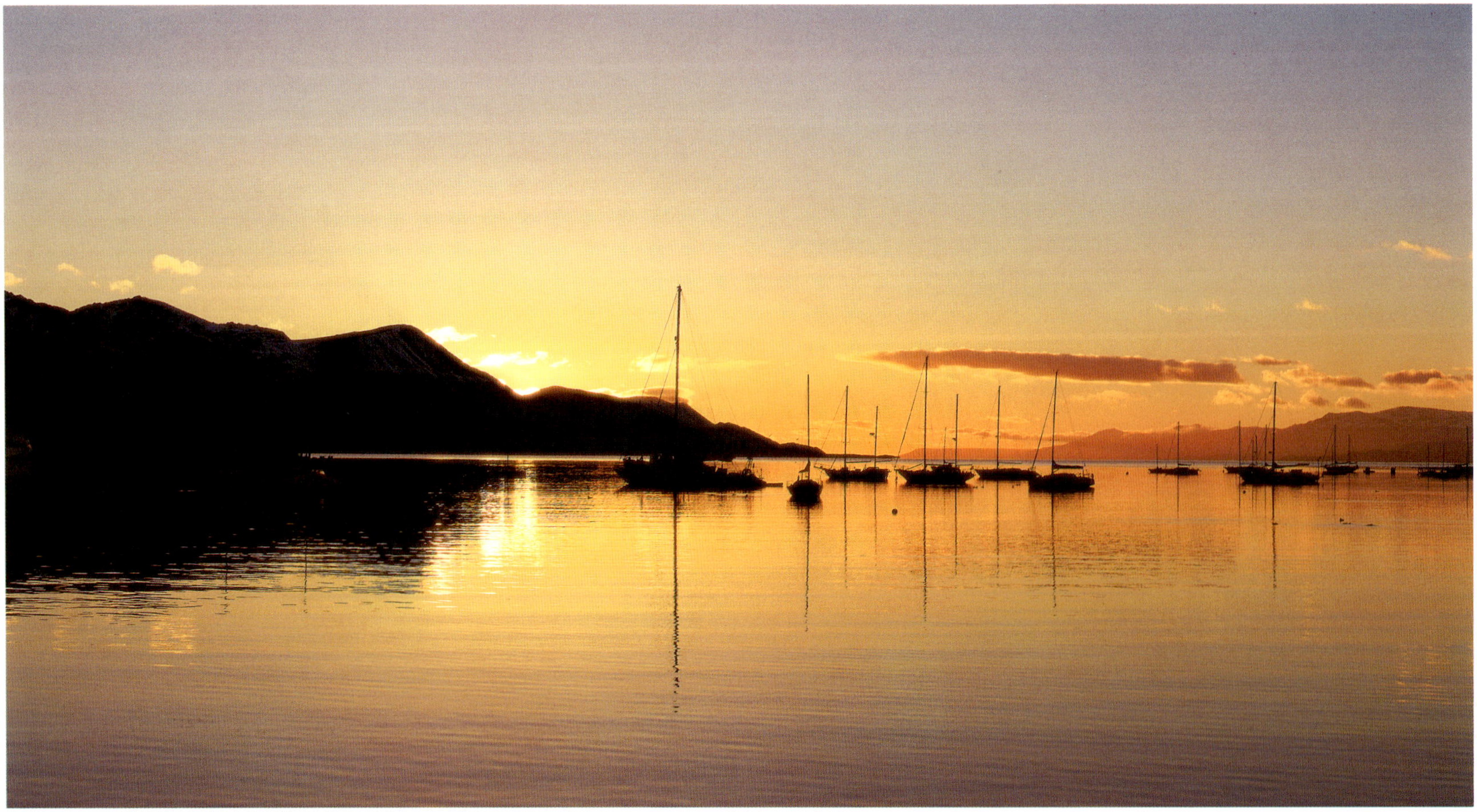

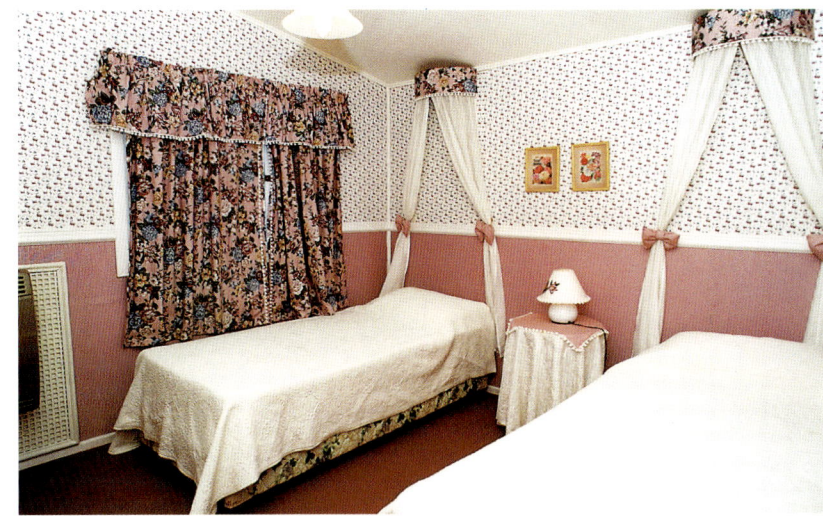

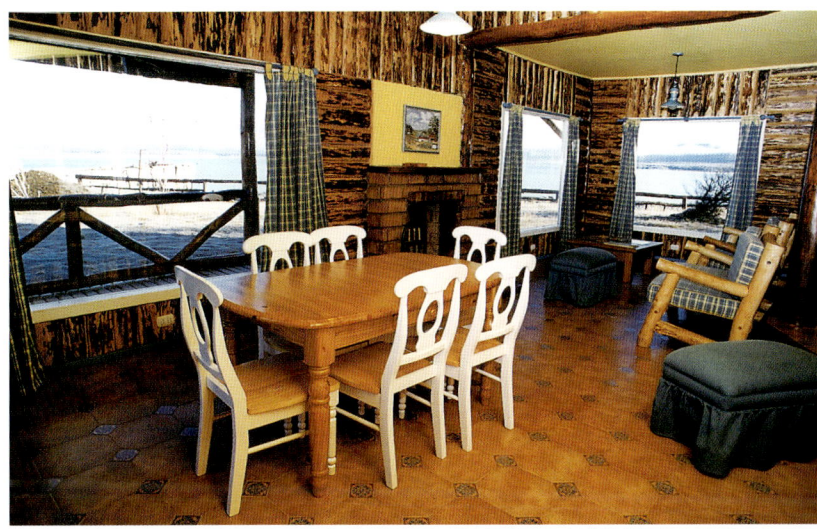

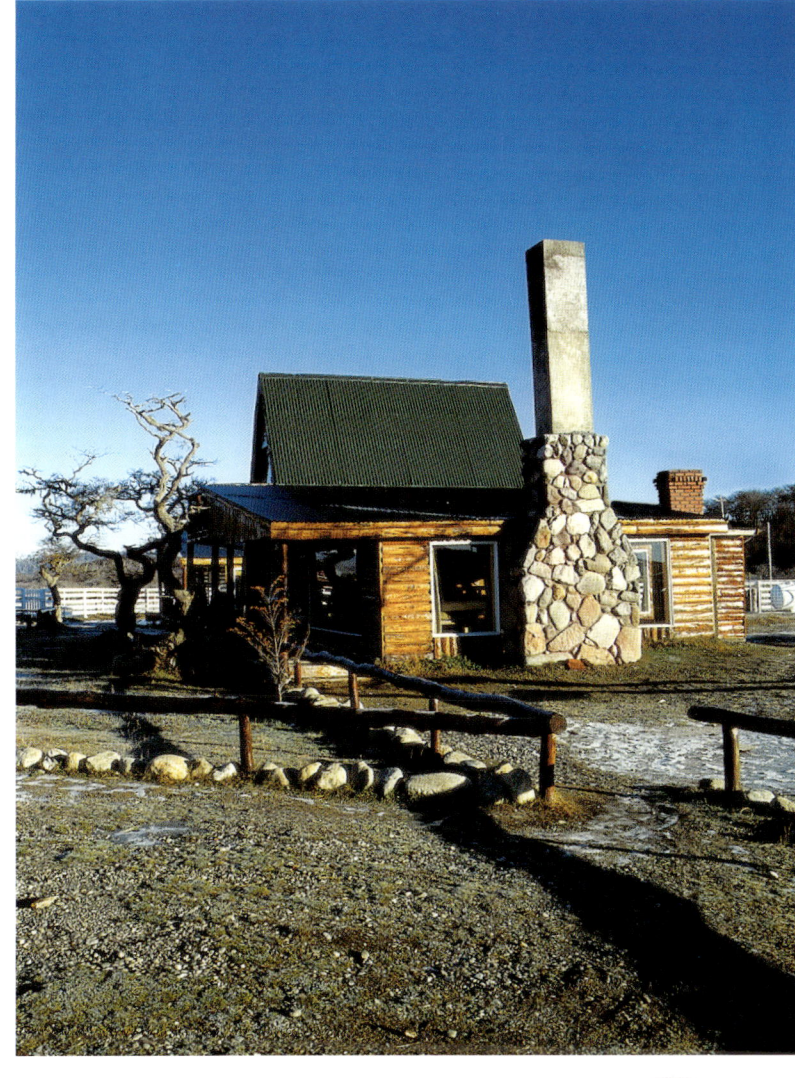

En el corazón de la isla, Oscar Mingorance ofrece en Khami, la posibilidad de pesca, turismo de aventura, four trax y mucho más para disfrutar.

In the heart of the island, Oscar Mingorance offers adventure tourism, fishing excursions, four-trax riding and other recreational activities.

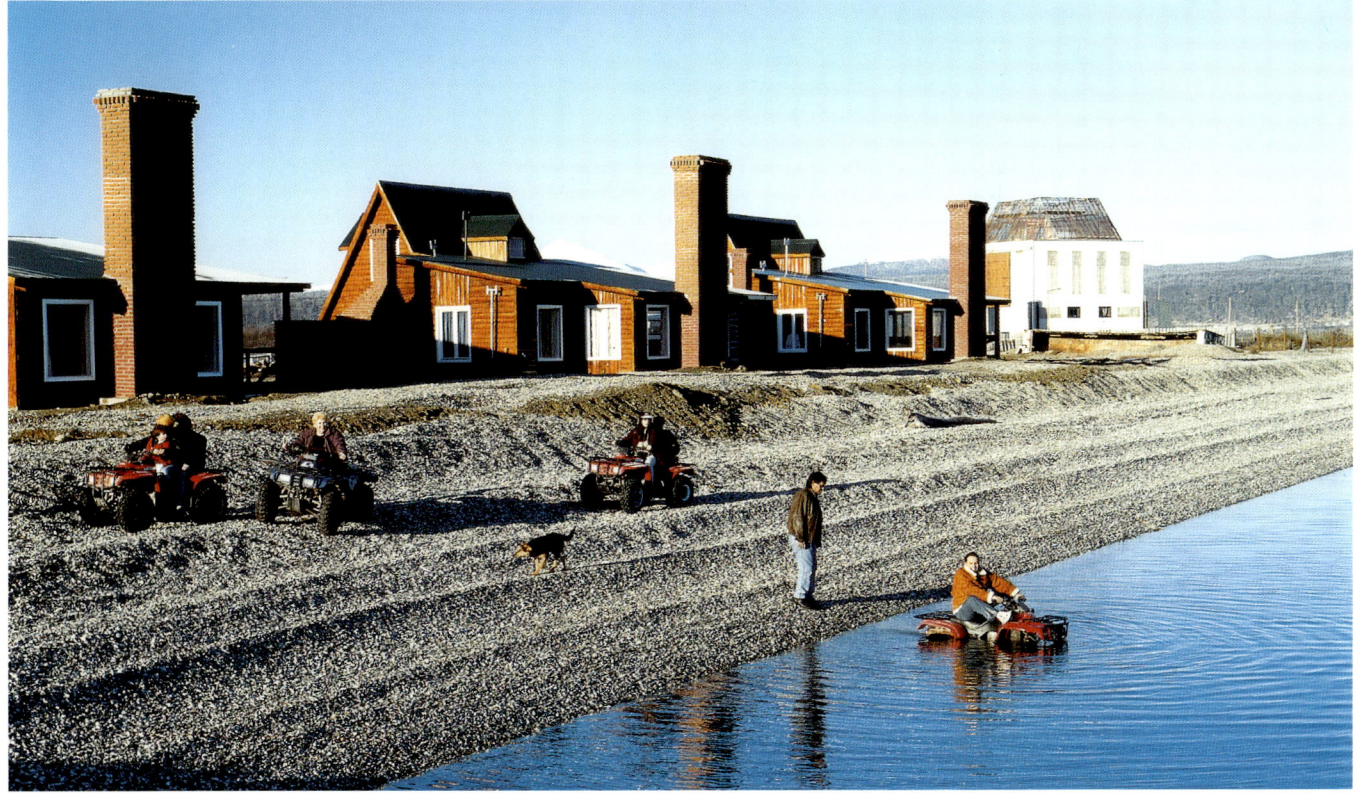

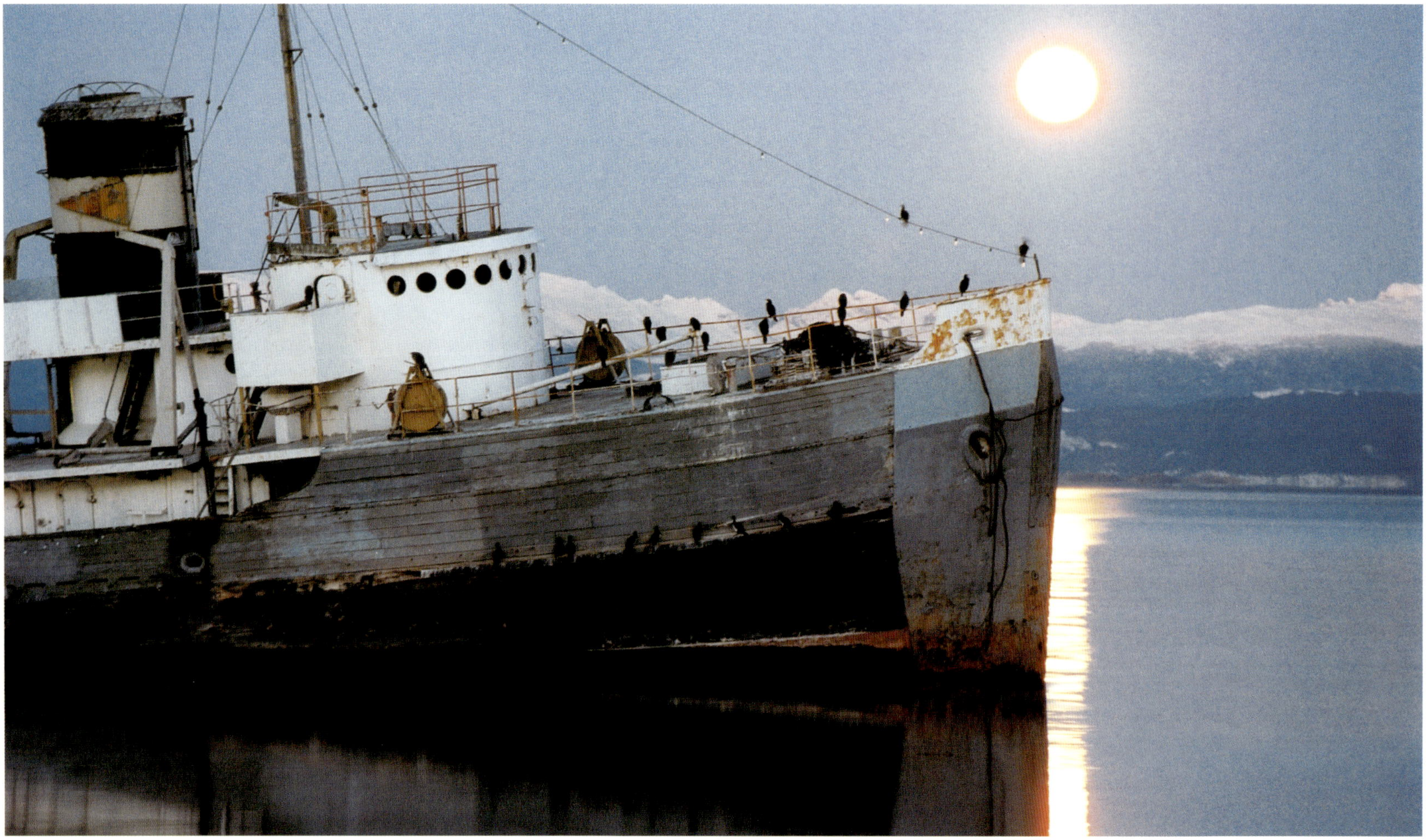

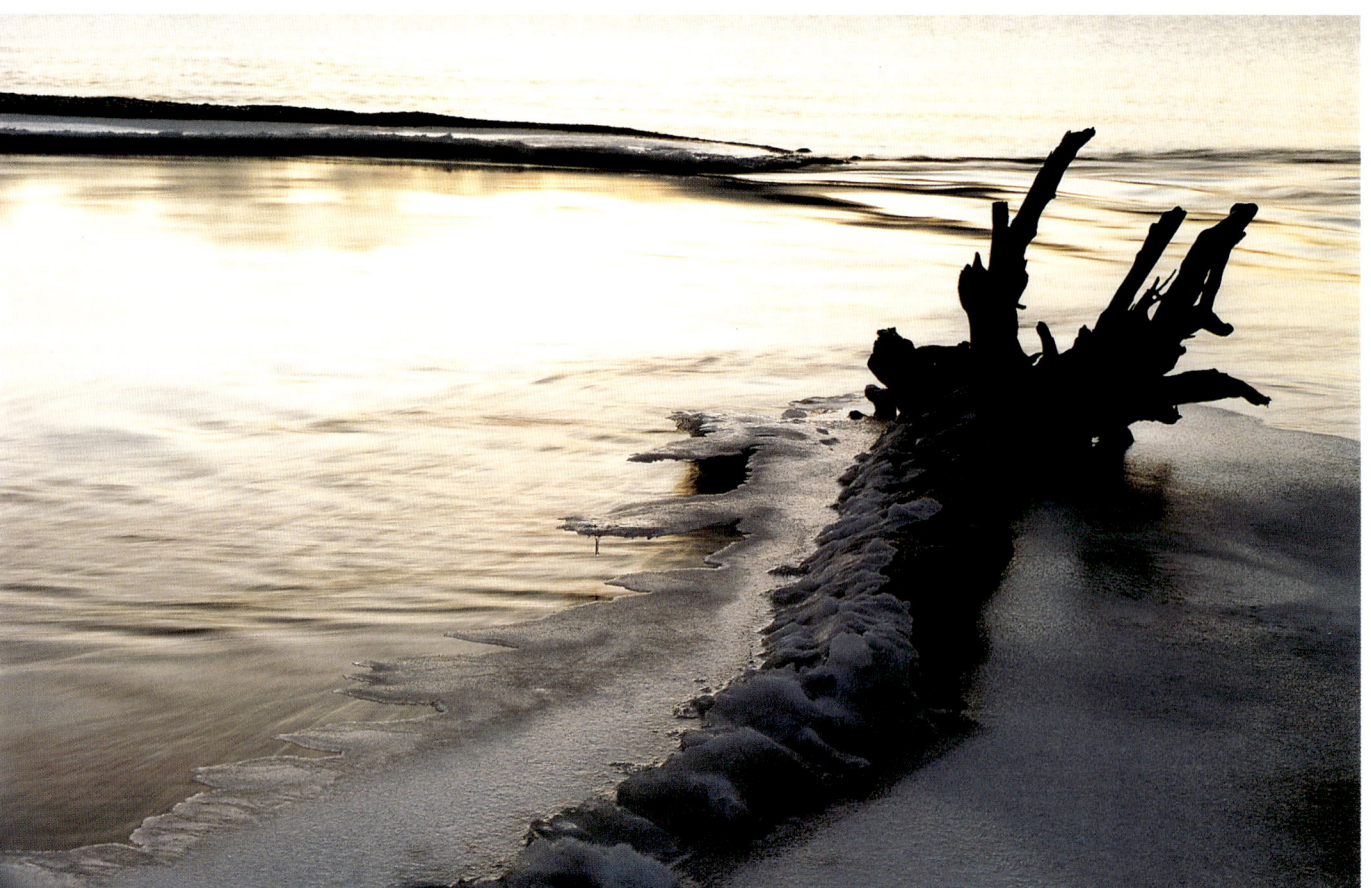

Eduardo Pocai y sus
sueños y pasión por la
fotografía.

*Eduardo Pocai
his dreams and his passion
for photography.*

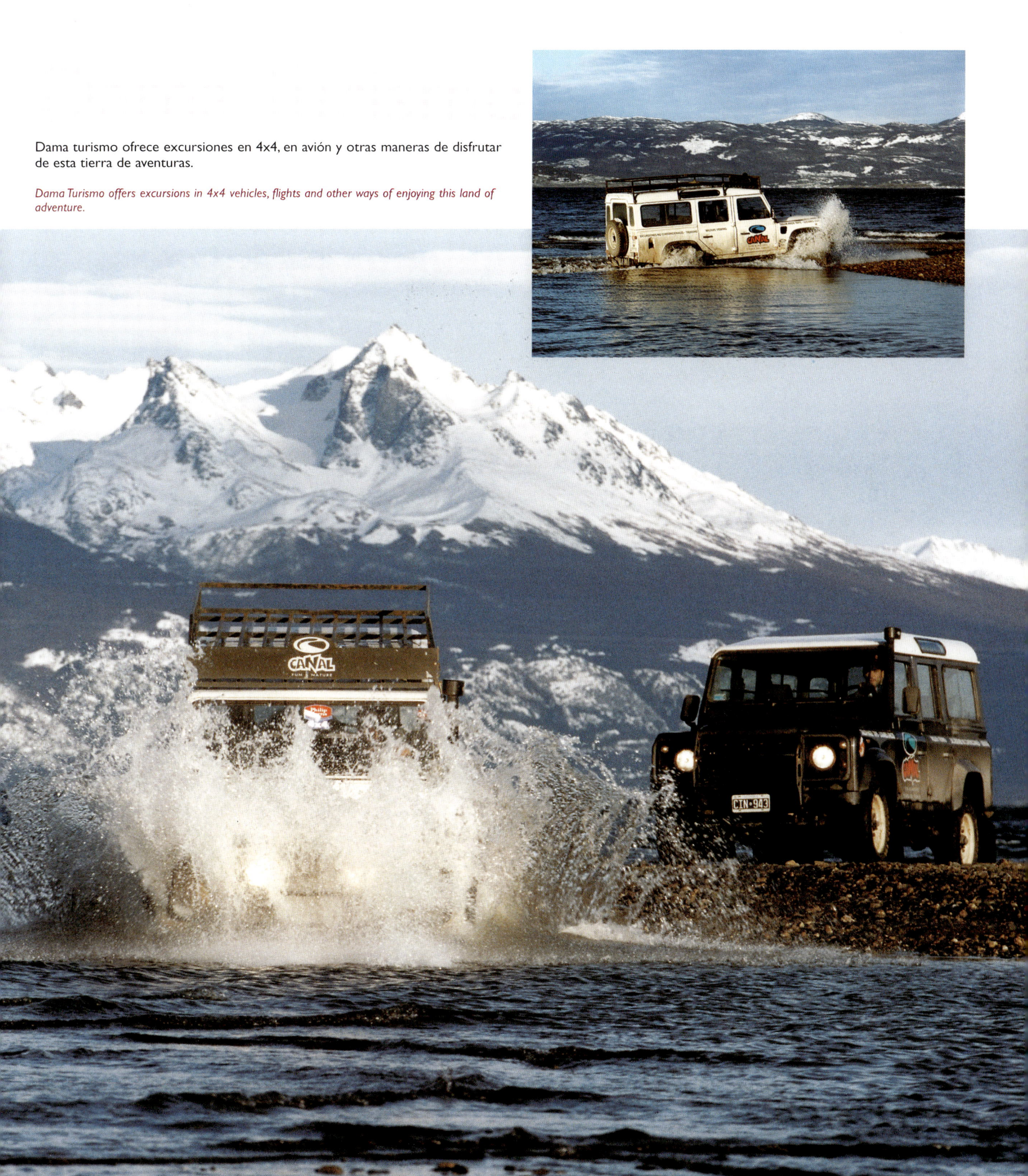

Dama turismo ofrece excursiones en 4x4, en avión y otras maneras de disfrutar de esta tierra de aventuras.

Dama Turismo offers excursions in 4x4 vehicles, flights and other ways of enjoying this land of adventure.

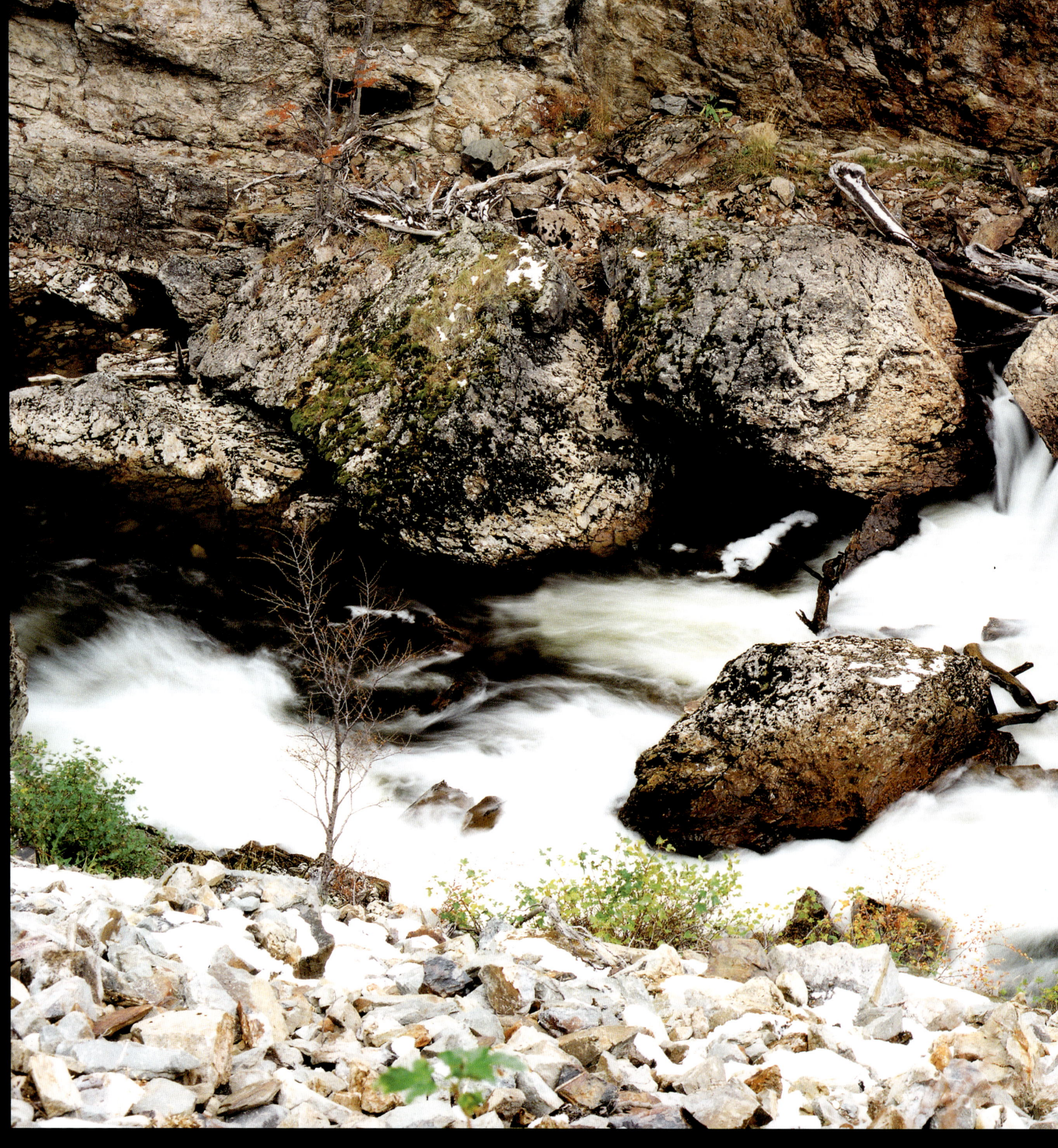

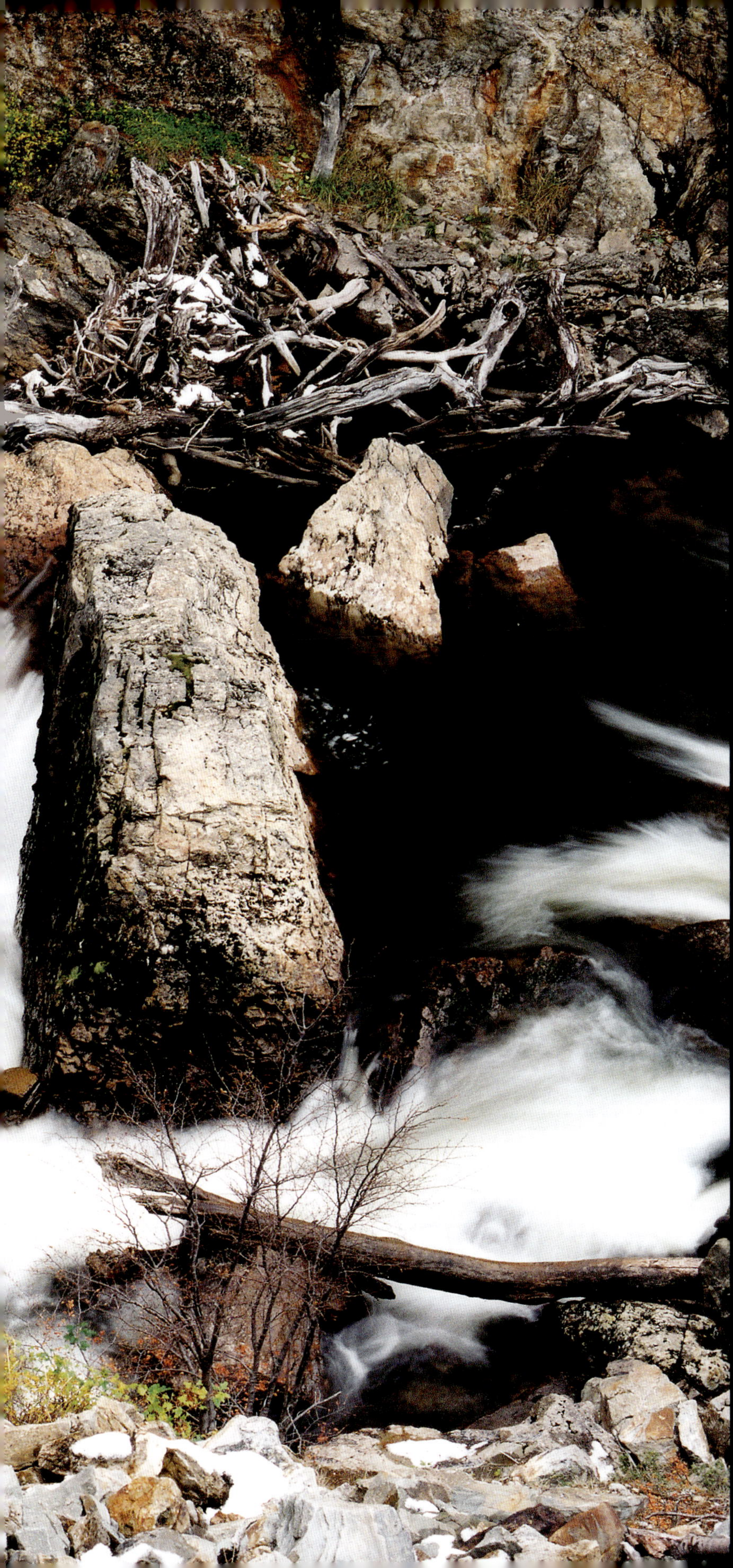

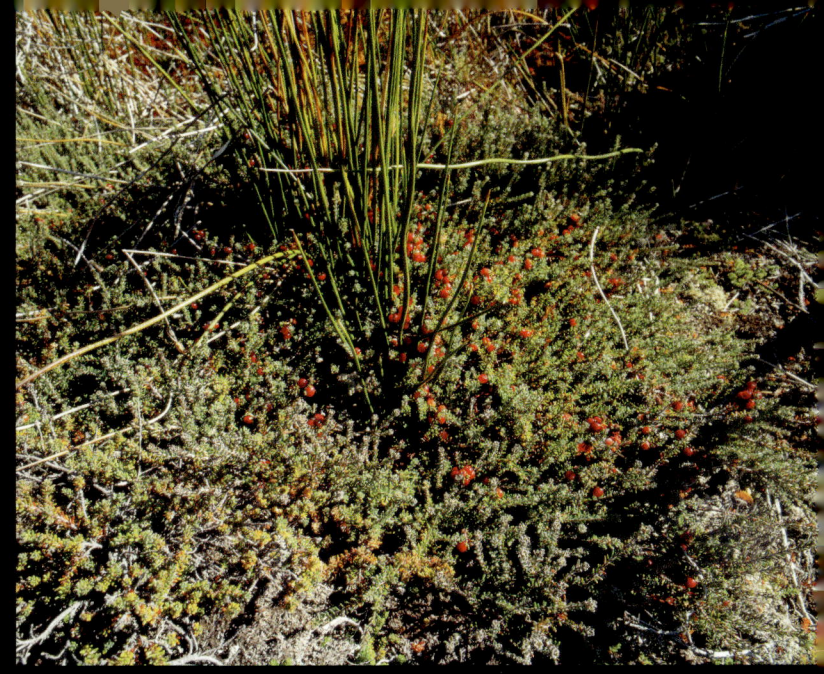
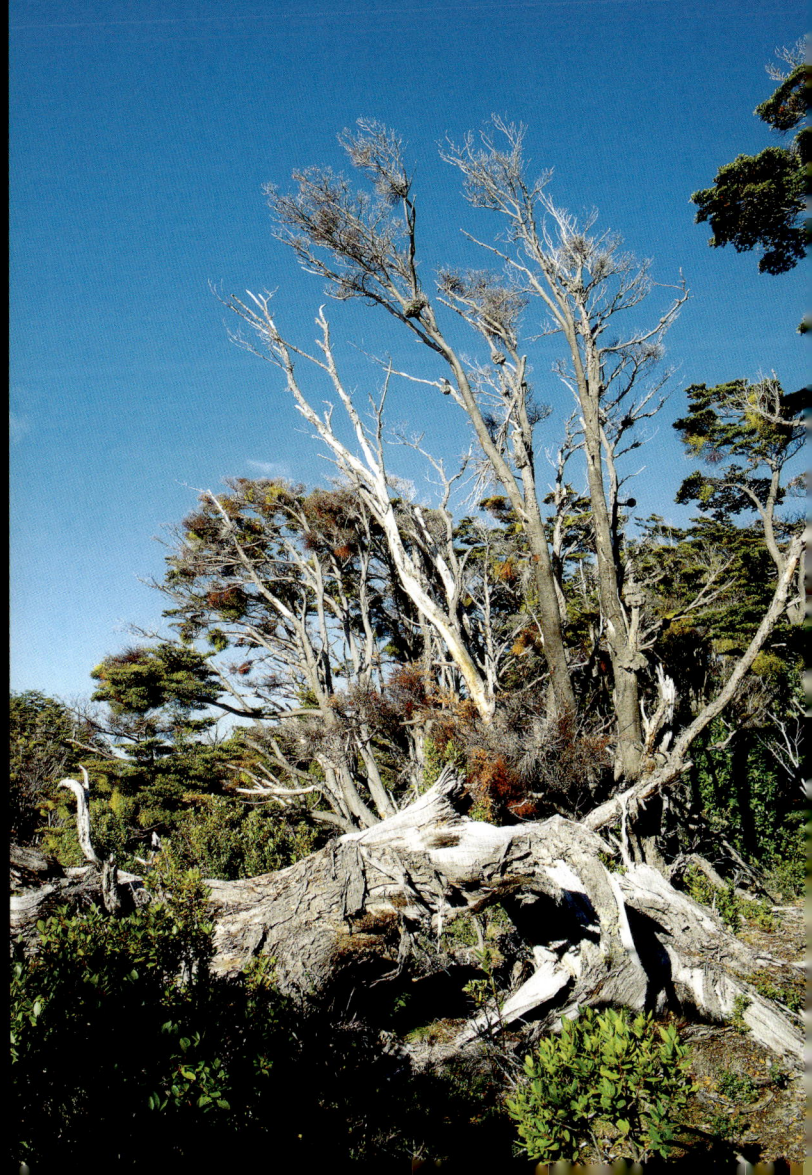

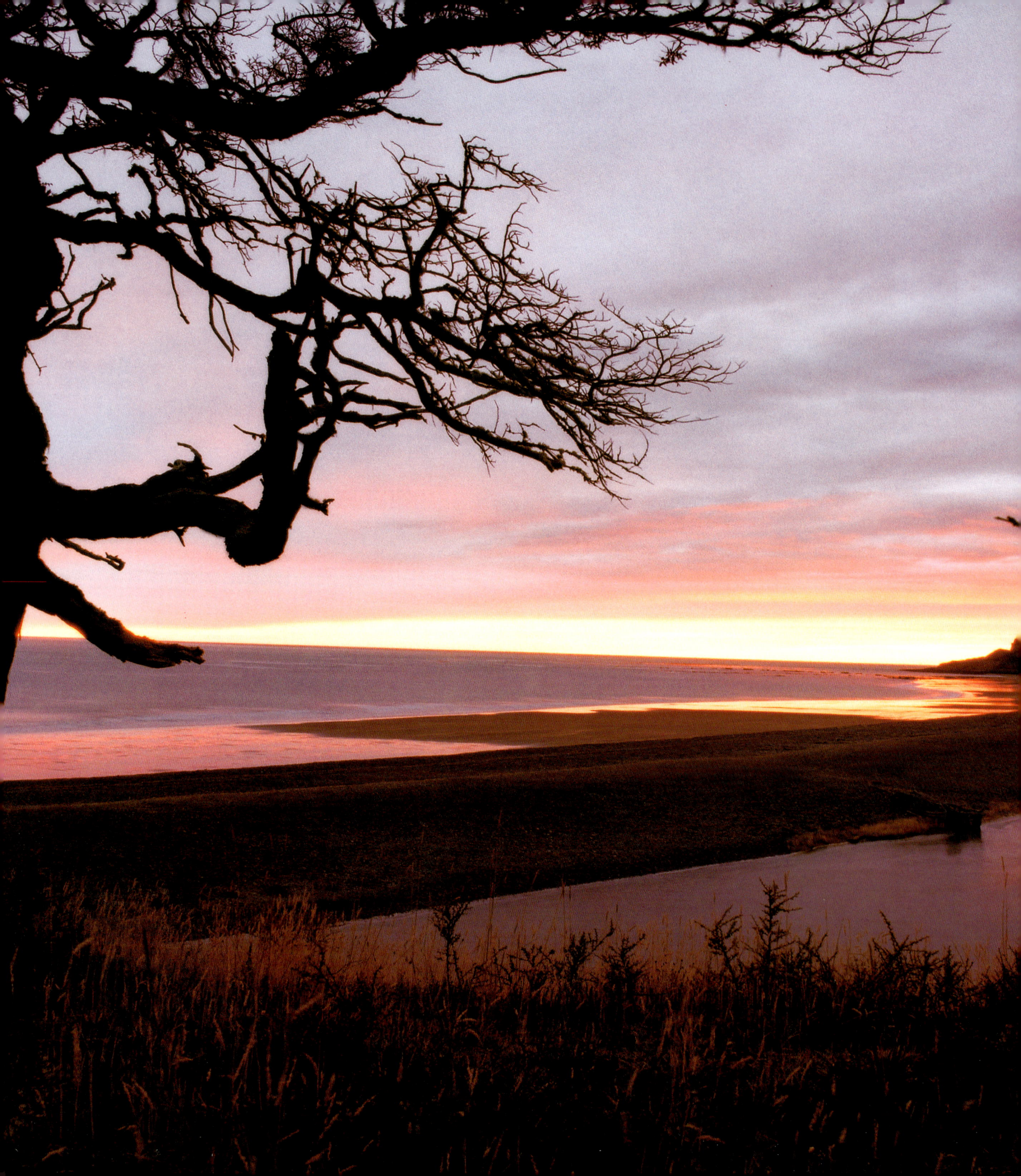

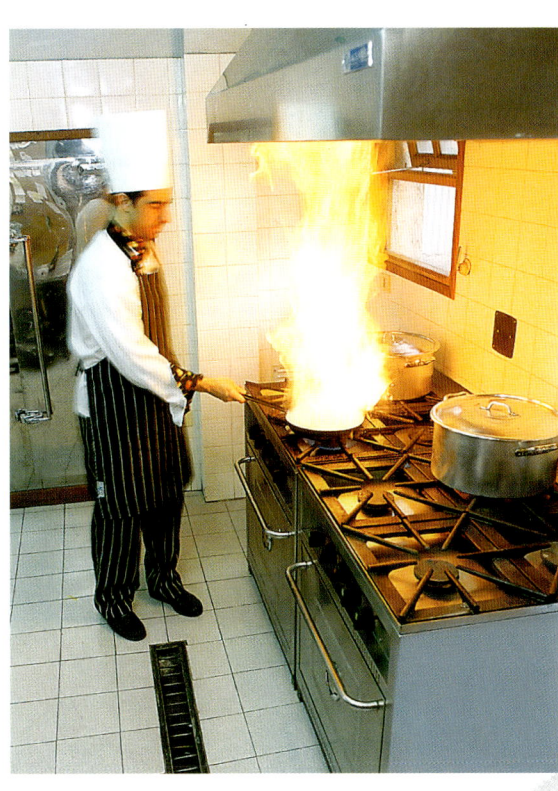

A fines de 1902, un motín sin precedentes en el país inmortalizaba a Puerto Cook, en el presidio de la isla de los estados. Casi un siglo después, este lugar renace en Ushuaia.

Puerto Cook became famous by the end of 1902, because of riot at Isla de los Estados prison. Almost a century later, this place is born again

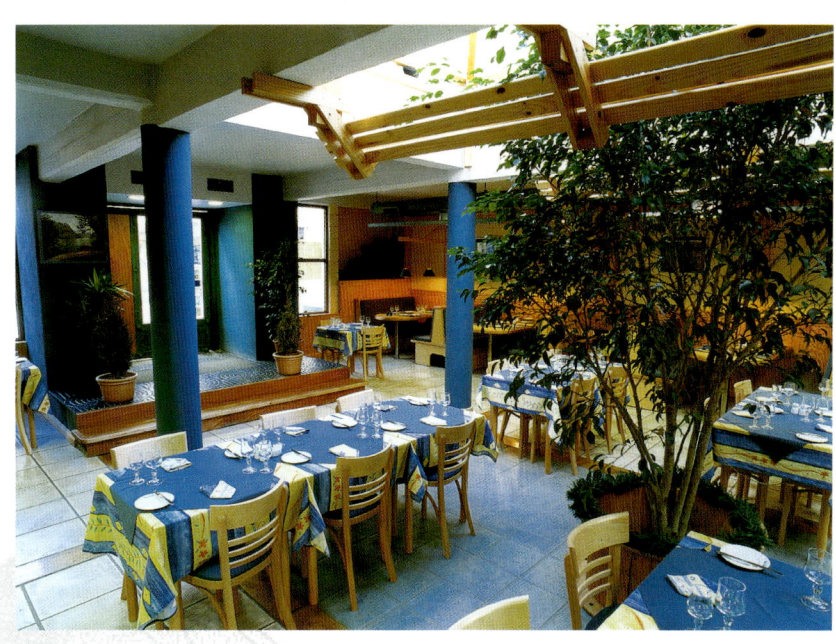

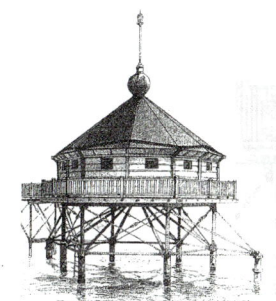

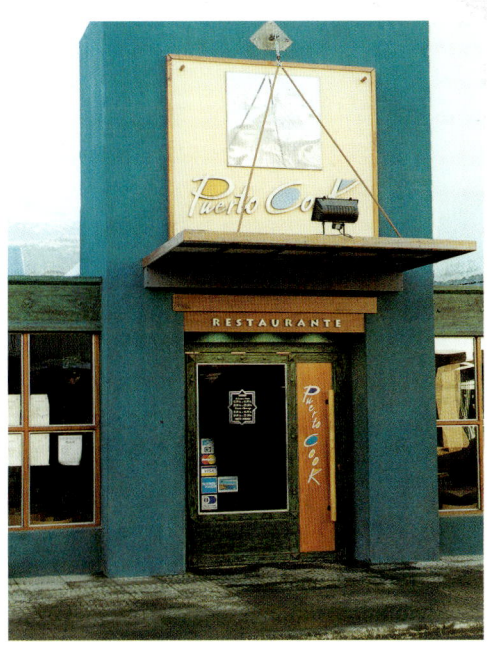

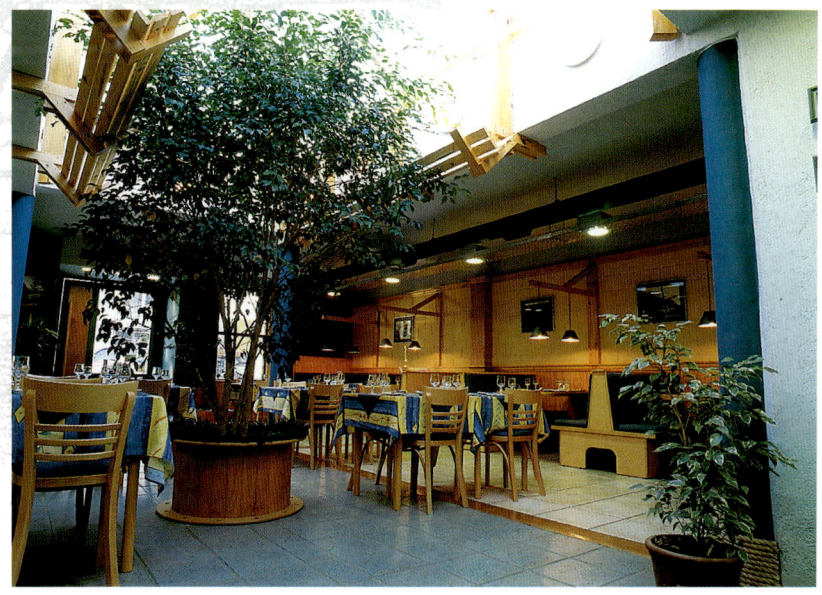

En pleno centro de nuestra ciudad se emplaza Puerto Cook Restaurante. Un lugar único en Ushuaia, donde usted podrá degustar nuestros platos en un ambiente cálido y acogedor.
Invitamos a ustedes a acompañarnos en esta, vuestra casa.

Puerto Cook Restaurant, right in the down side of town.
A unique place in Ushuaia, where you can savour our dishes in a warm and cozy ambience.
We kindly invite you to join us and make yourselves at home.

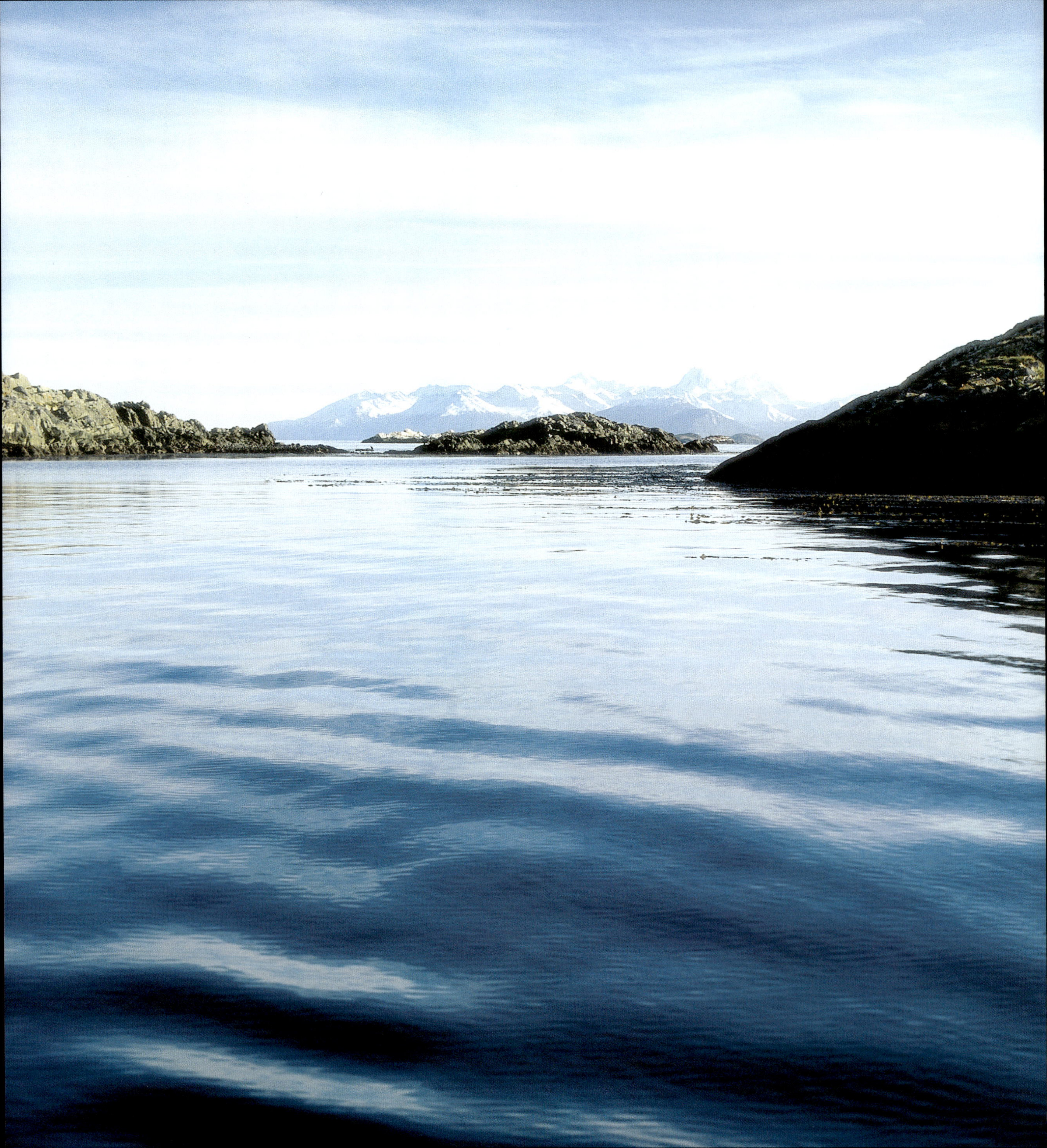

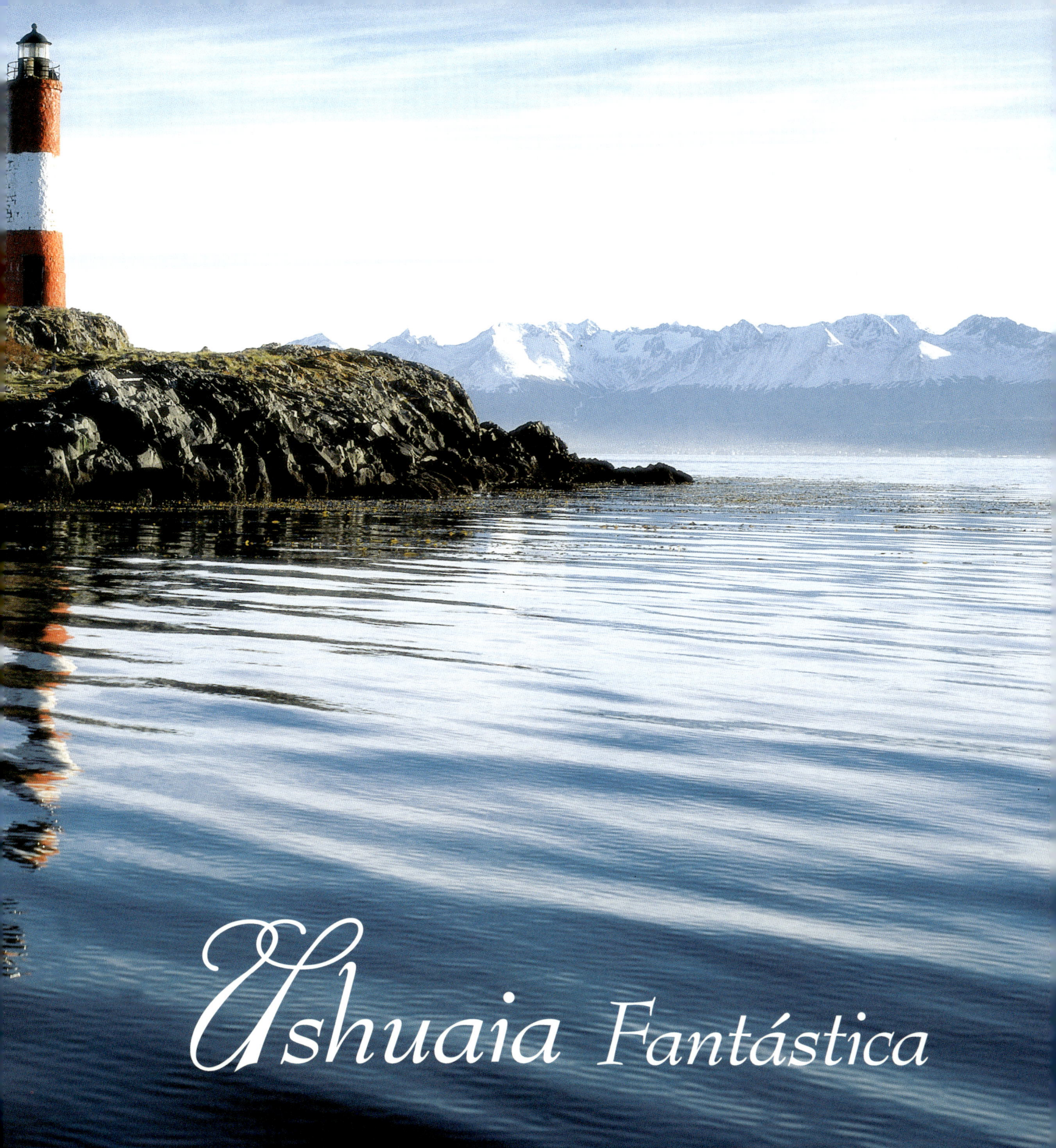

Ushuaia Fantástica

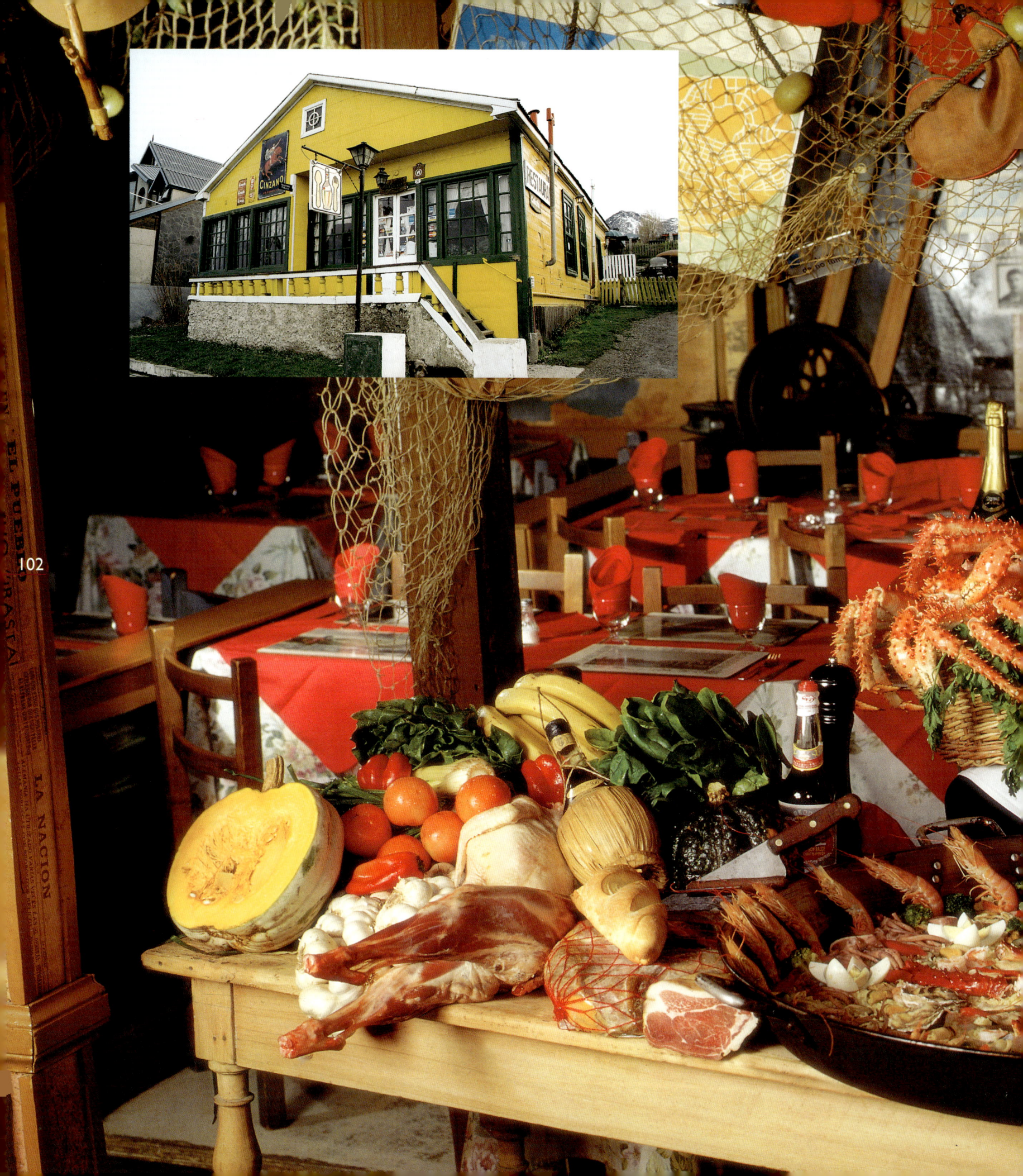

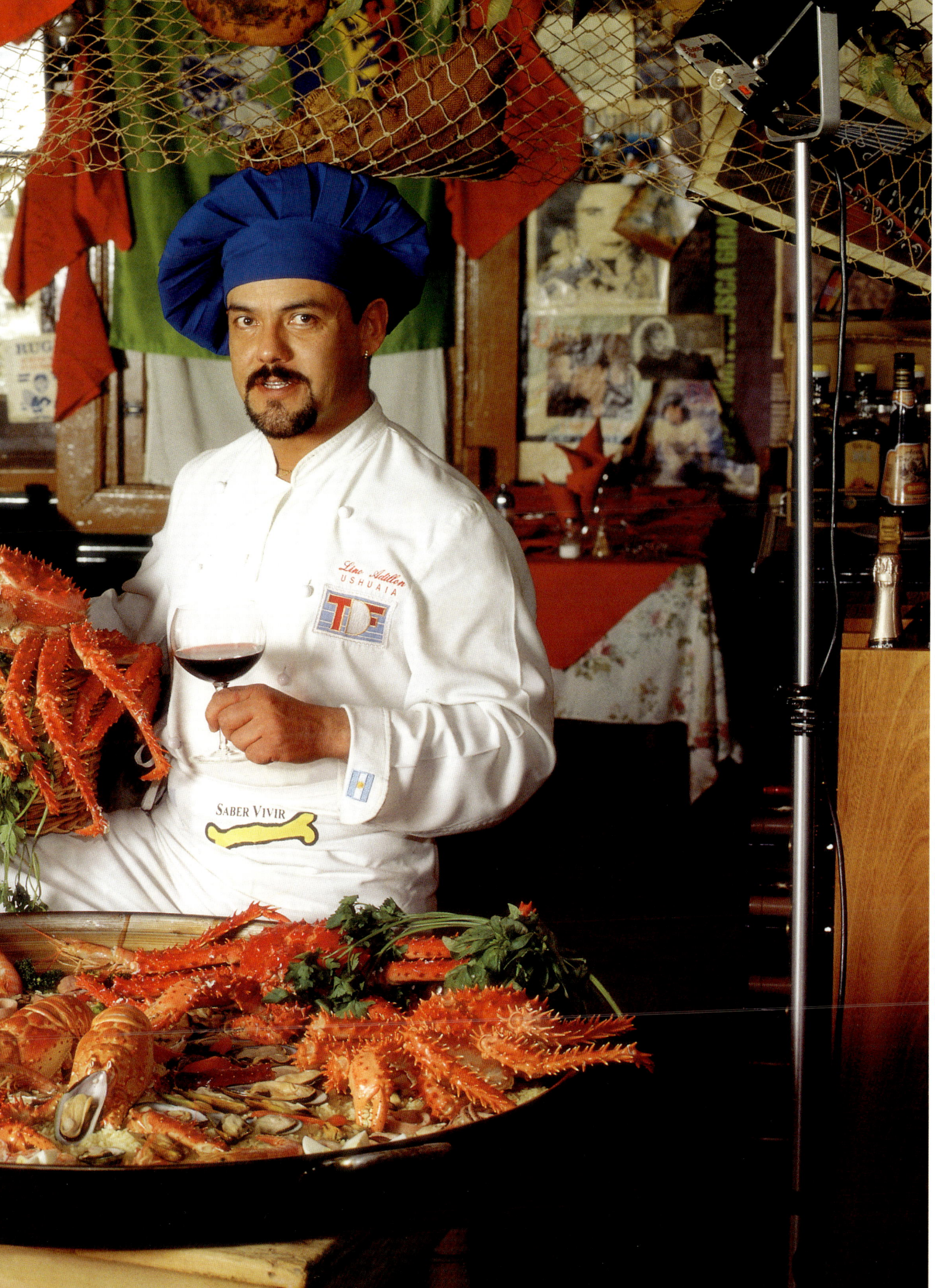

Casa construída en 1896, donde la calidez y la historia que pende de las paredes se unen para convertir a Volver en un lugar único. La decoración y la mejor comida, gracias a las recetas de nuestros abuelos, hacen que uno definitivamente quiera volver...

The warmth of this house, built in 1896, and the history that pends on its walls make Volver ("to come back") a unique place. Decoration and the best food, based on our grandparents recipes, will definitely make you want to come back.

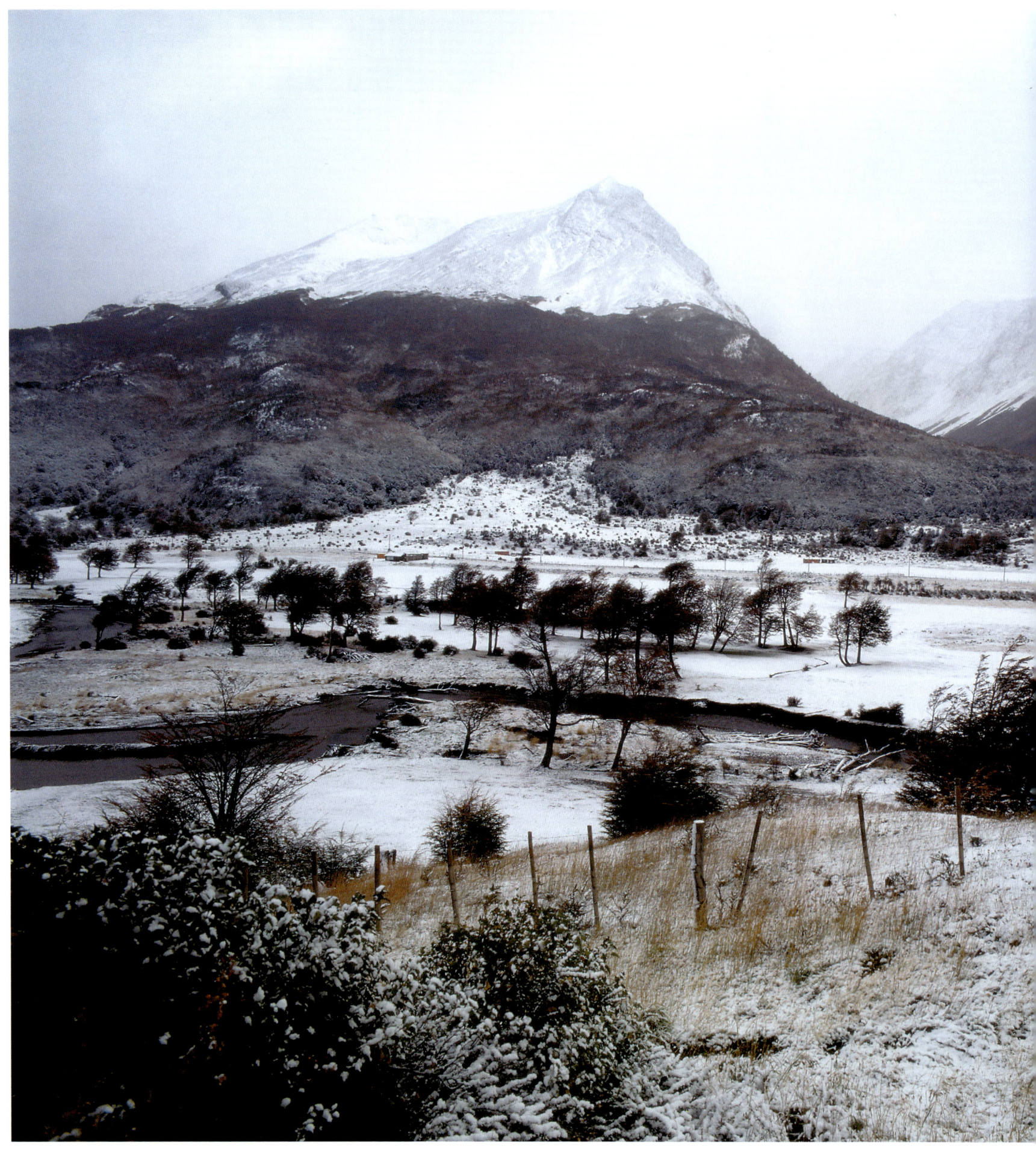

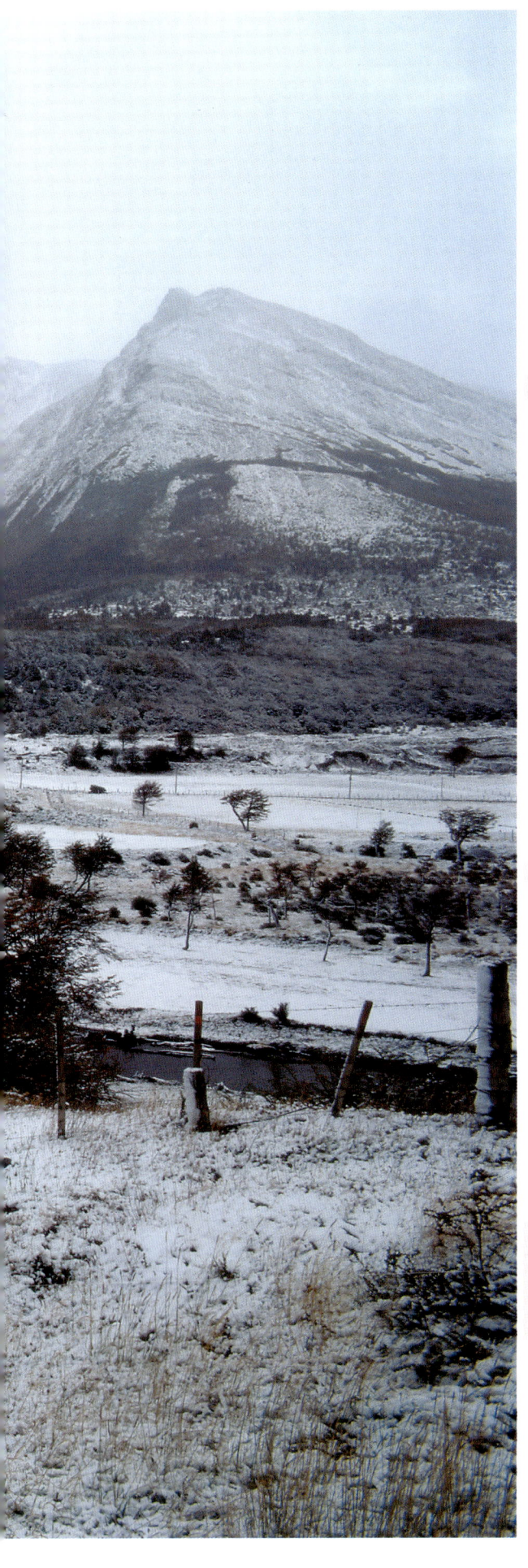

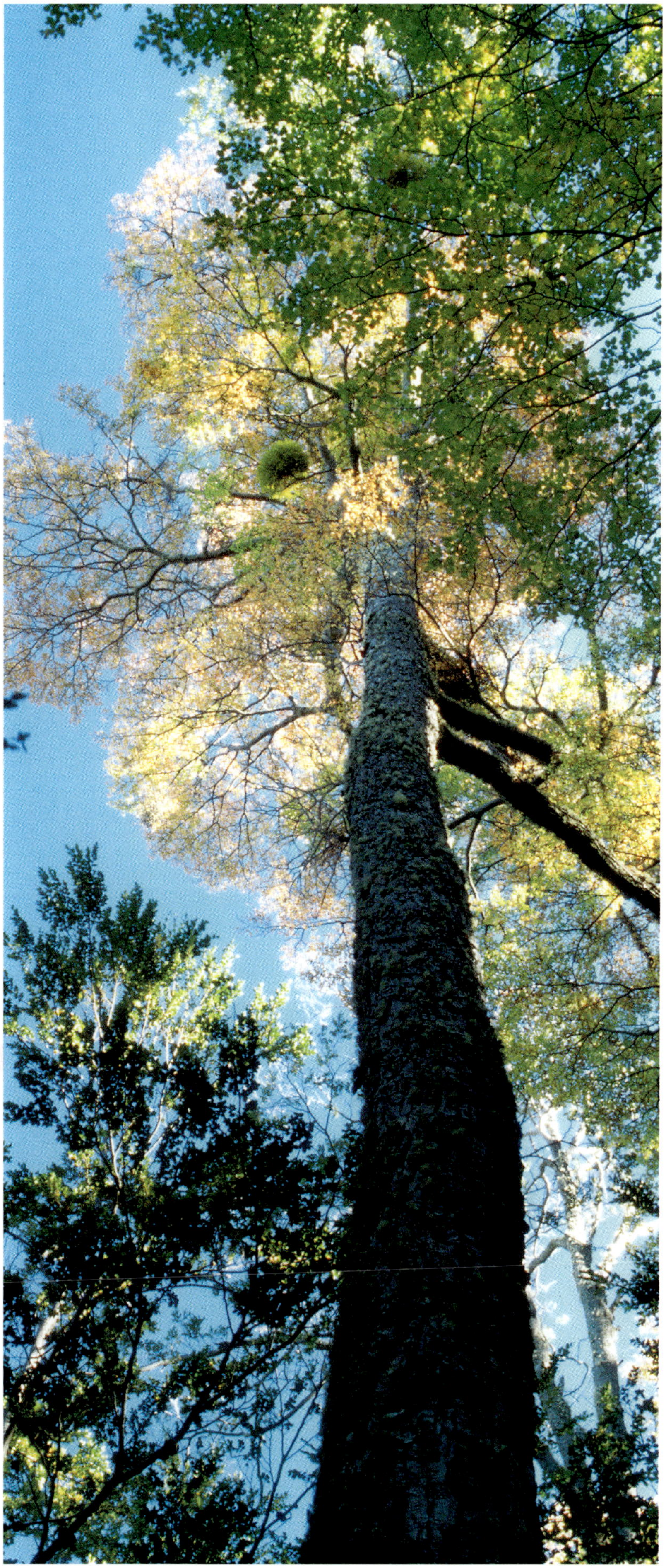

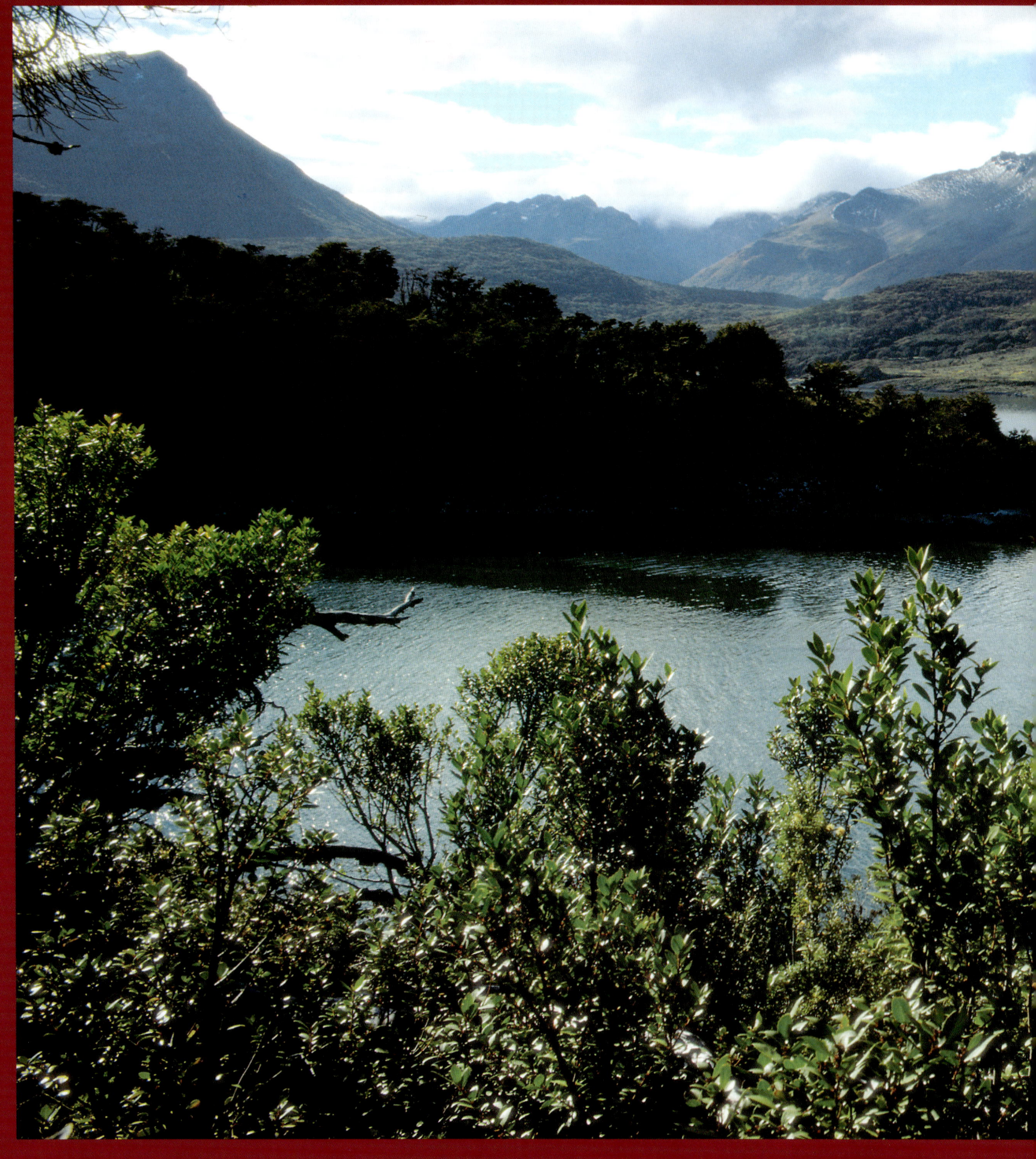

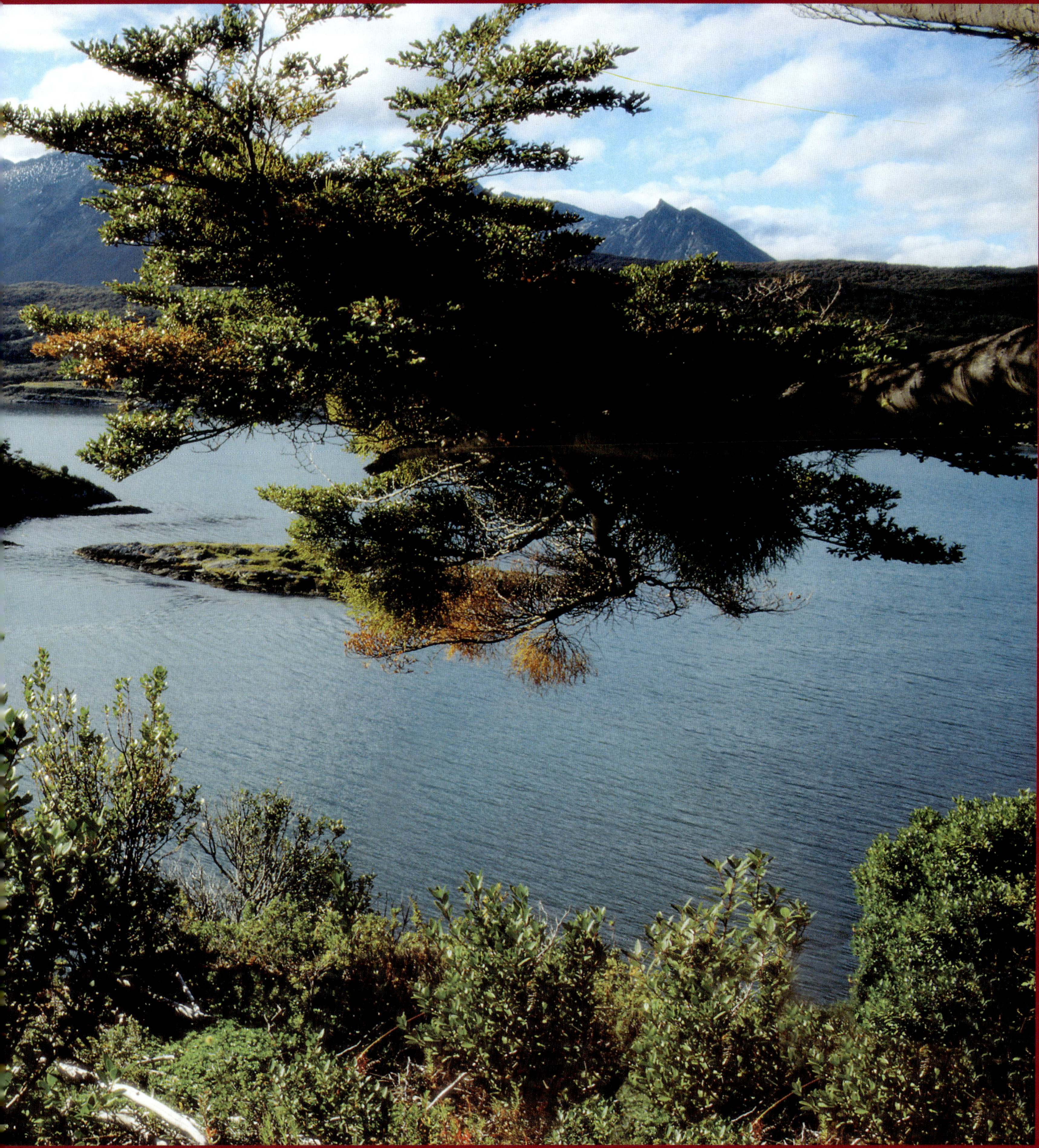

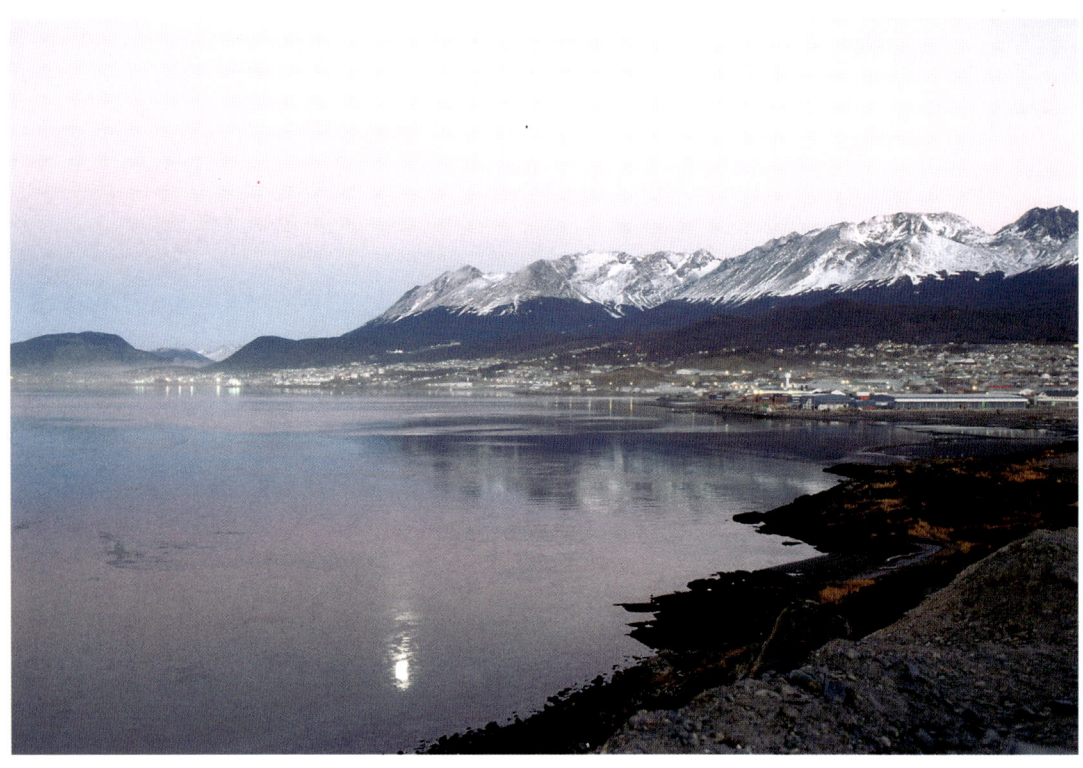

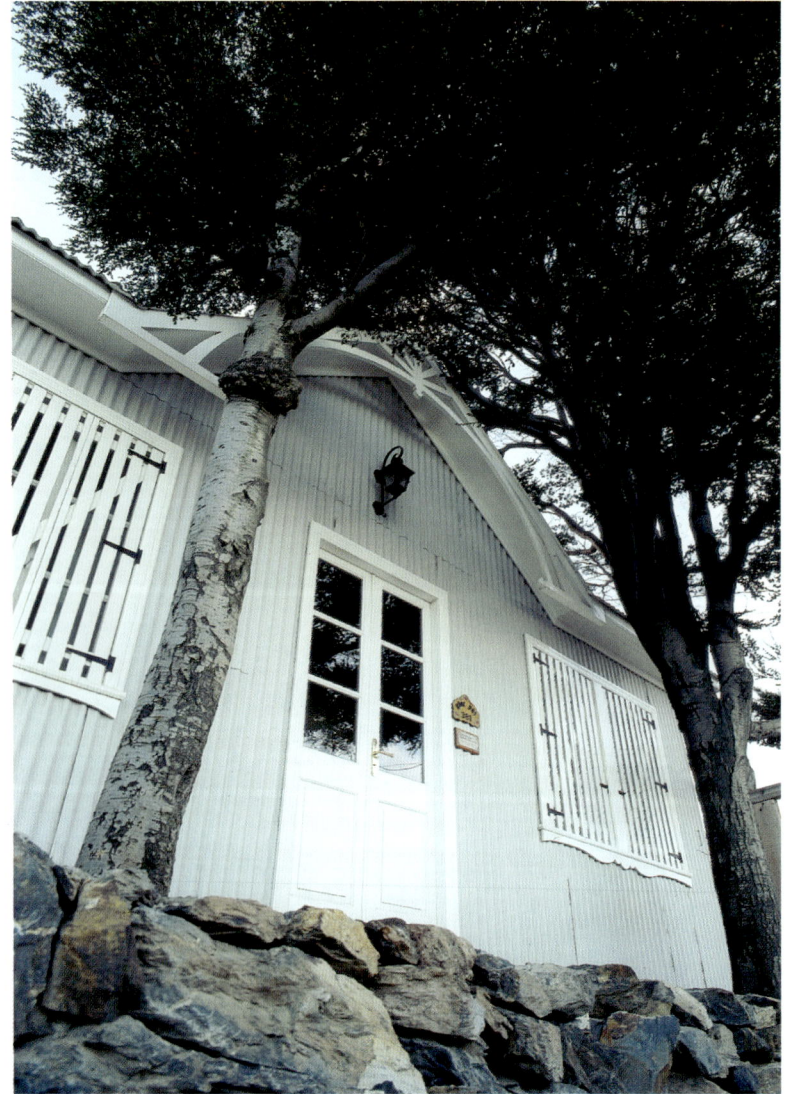

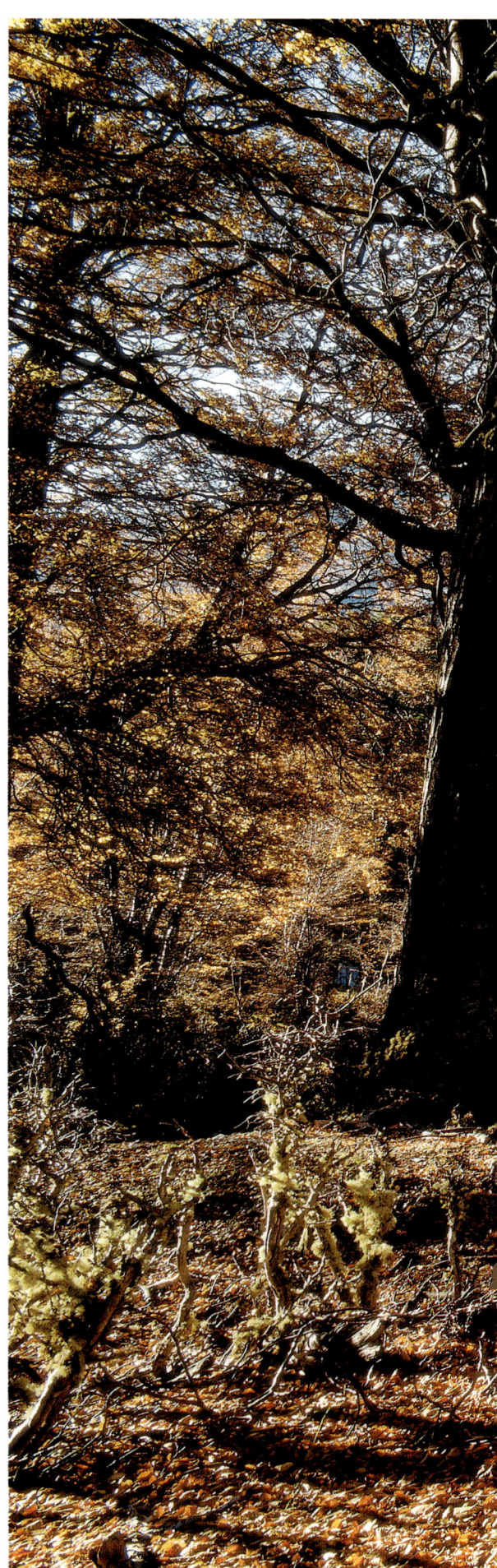

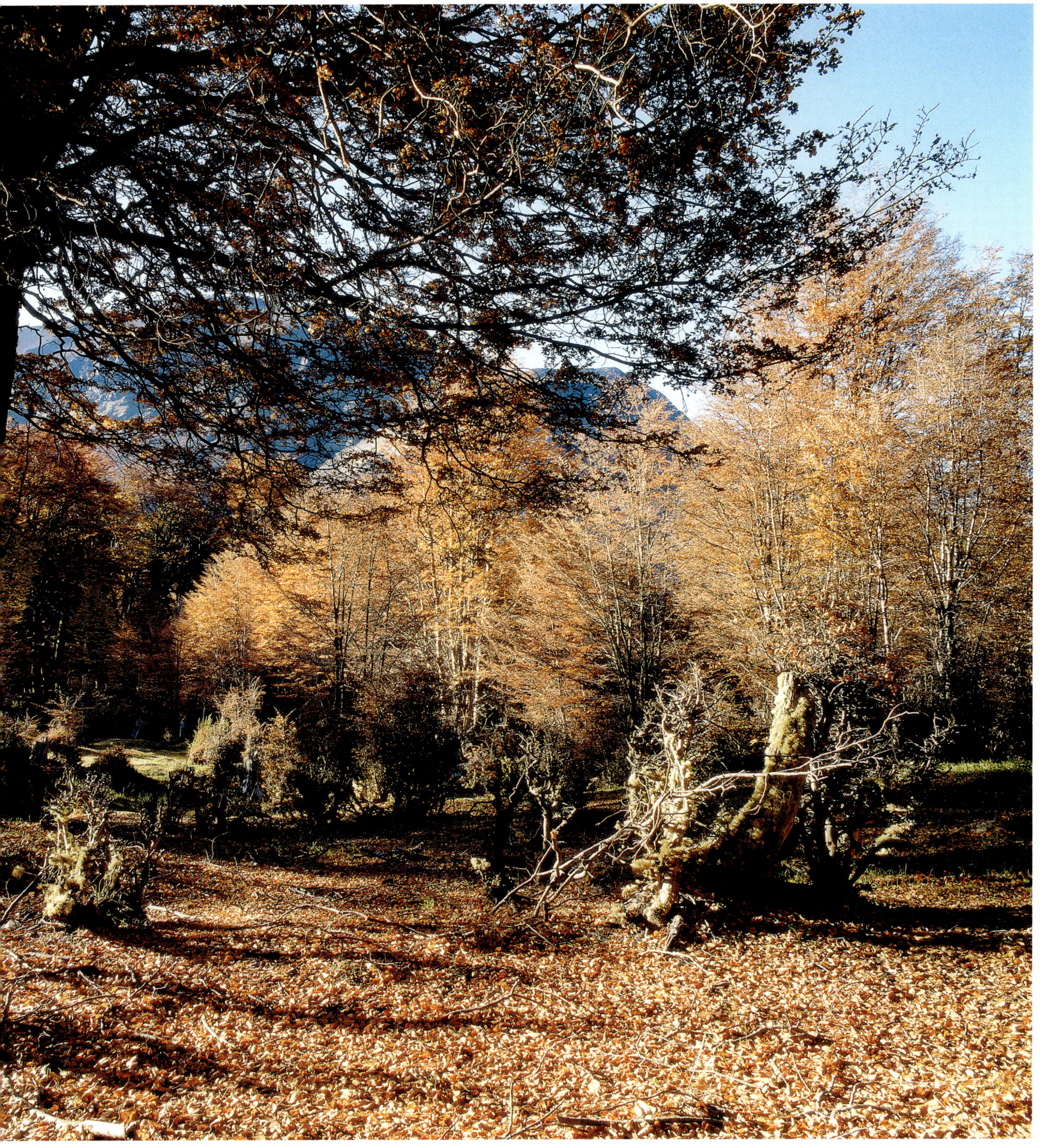

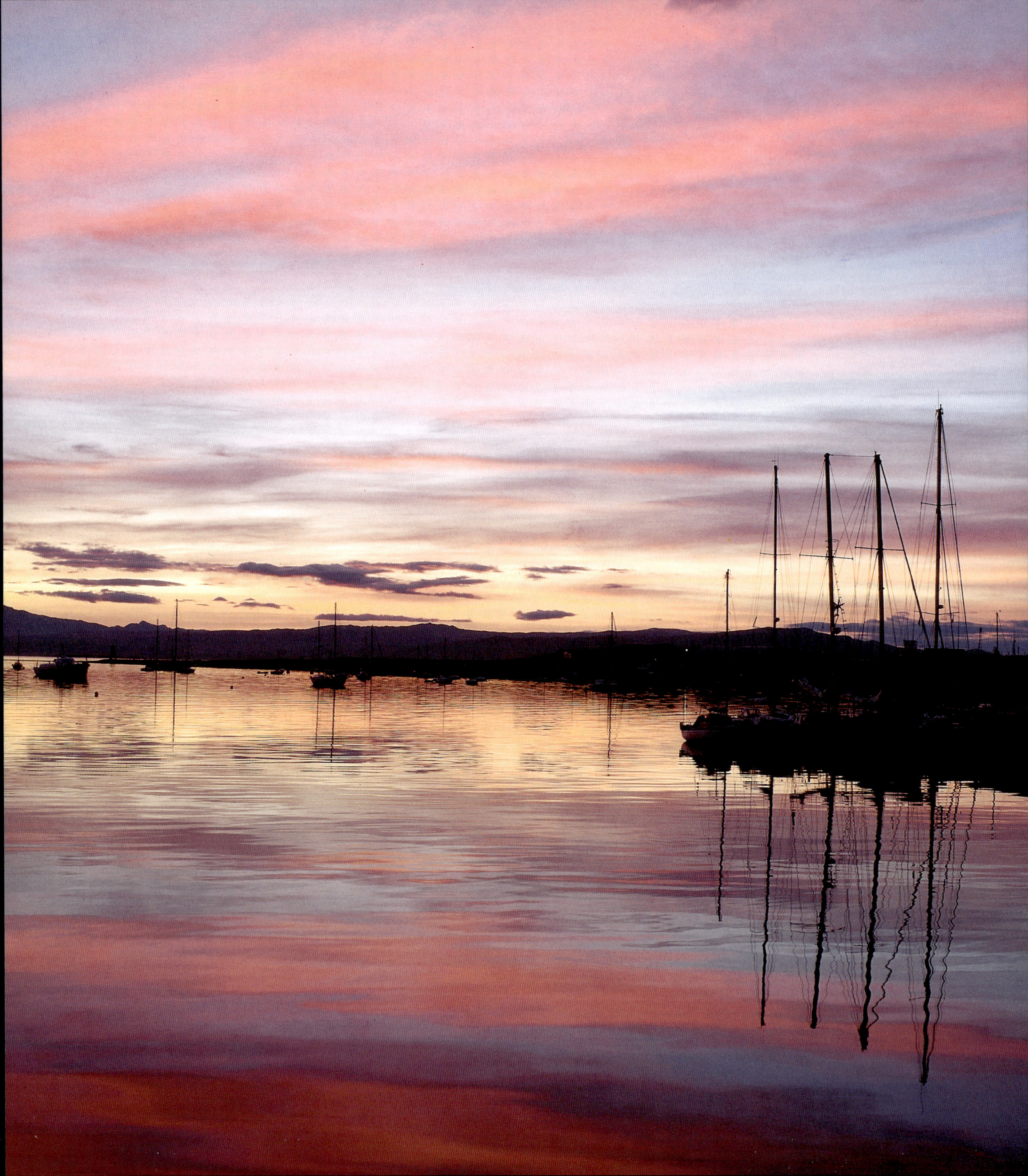

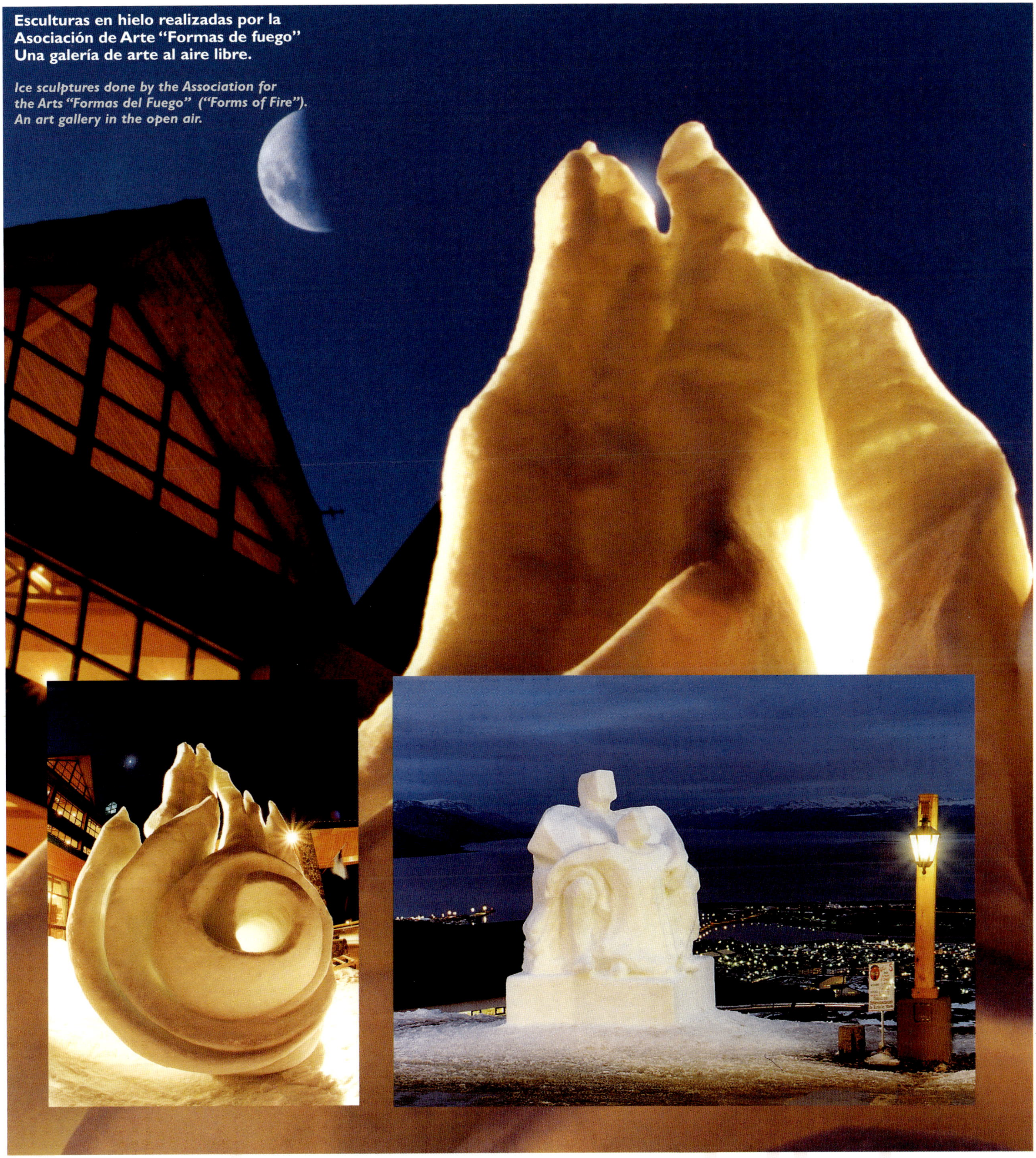

Esculturas en hielo realizadas por la
Asociación de Arte "Formas de fuego"
Una galería de arte al aire libre.

*Ice sculptures done by the Association for
the Arts "Formas del Fuego" ("Forms of Fire").
An art gallery in the open air.*

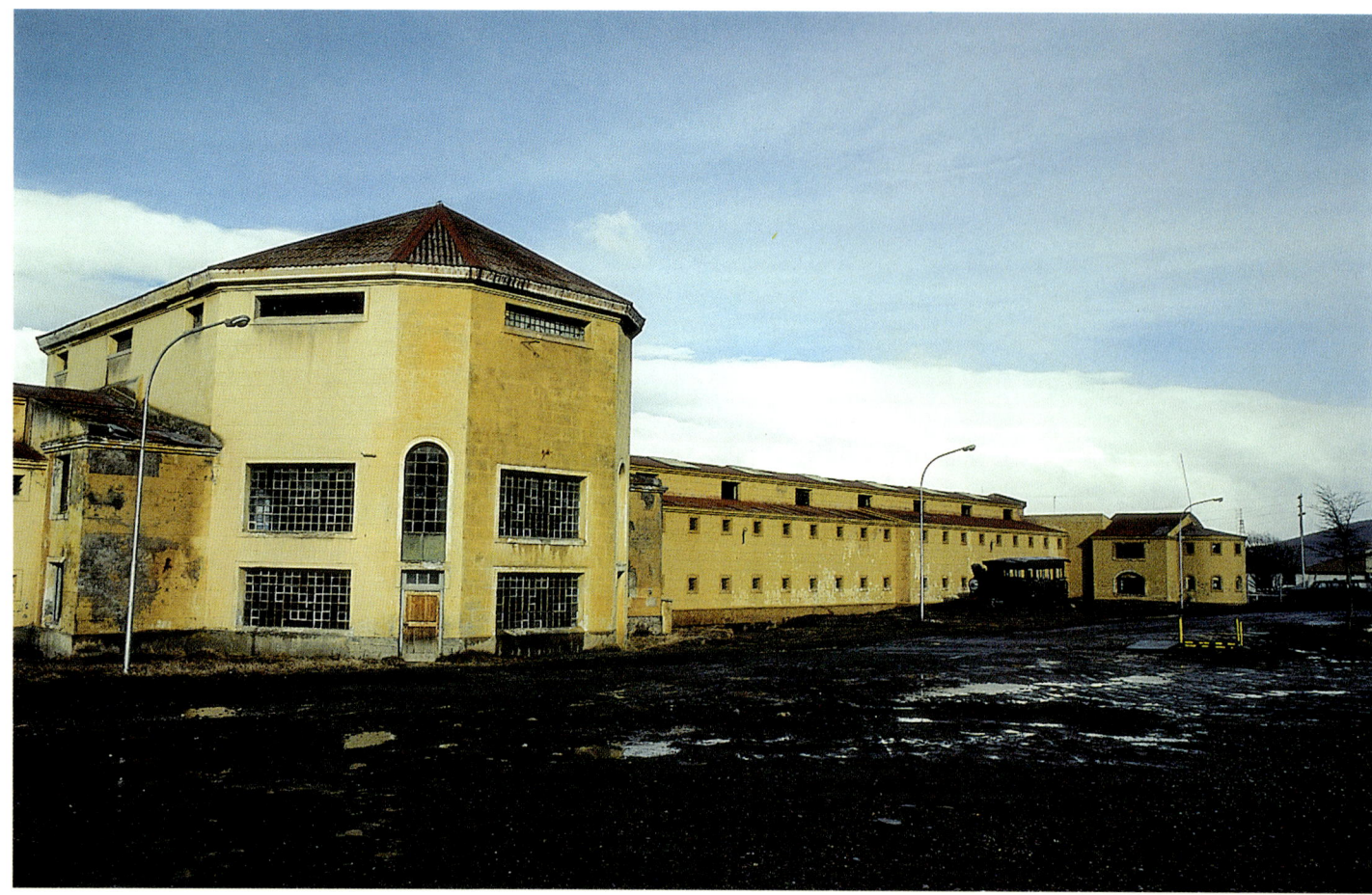

Esta institución, que desde 1911 fue el presidio y cárcel de reincidentes de Tierra del Fuego, fue un hito que marcó el perfil de la ciudad durante la primera mitad del siglo. Sus talleres de imprenta, fotografía, sastrería, zapatería, carpintería, su servicio médico y farmacia, cubrían las necesidades de la población, separada de su centro de abastecimiento principal por una distancia tal que los barcos llegaban, con suerte, una vez al mes.

This institution, a prison for relapsing felons , was a landmark in the history of the city during the first half of the century. With its many shops, print, shoemaking, carpentry, and its medical service and pharmacy, it covered the needs of a population so far from their main source of supplies that ships arrived, luckily, once a month.

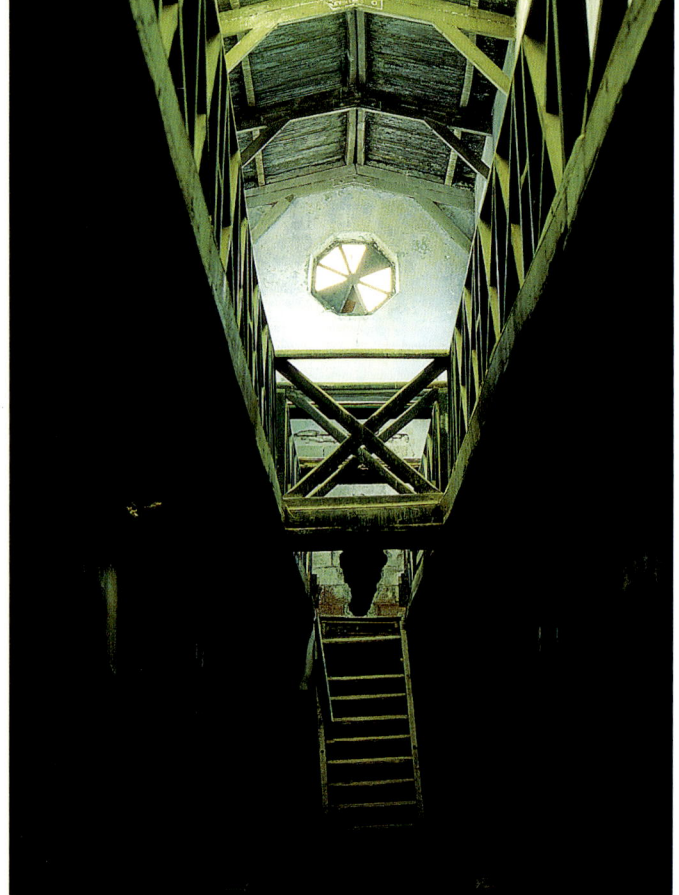

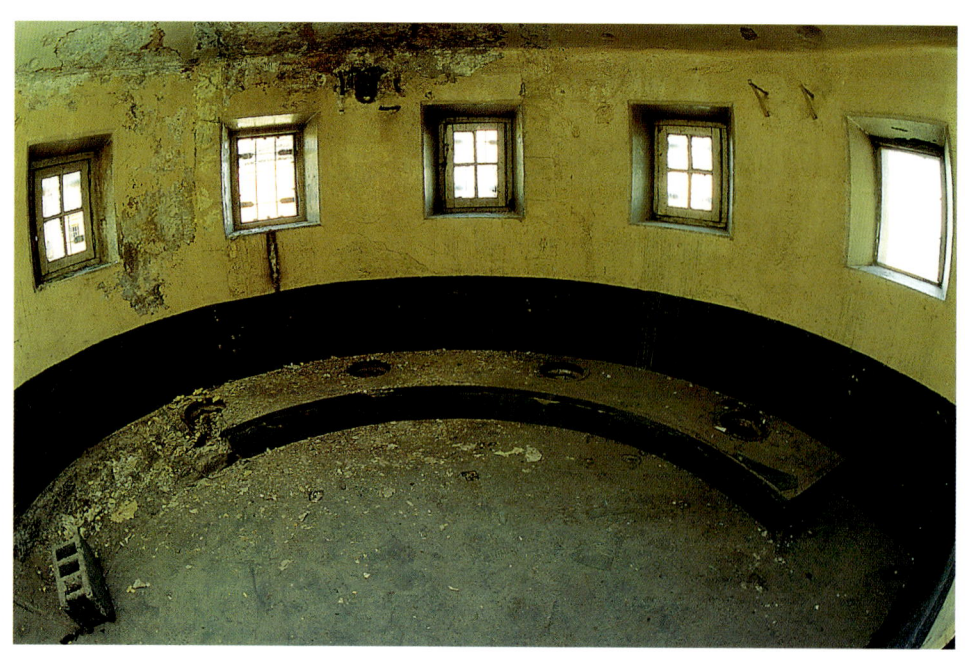

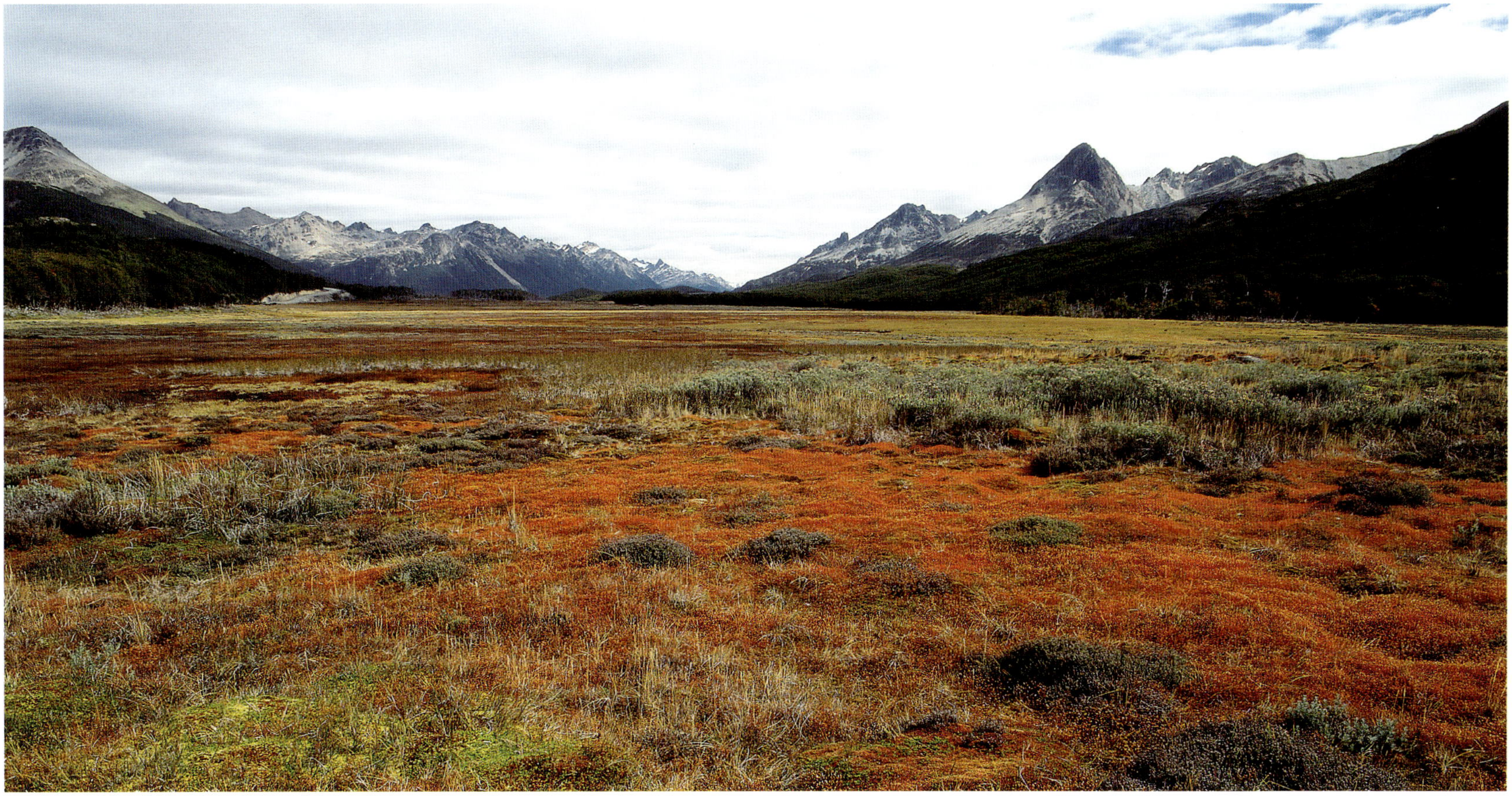

Valle Tierra Mayor (a 20 km de Ushuaia) *Tierra Mayor Valley (20 km from Ushuaia)*

Cadena Montañosa Luis Martial *Luis Martial Mountains.*

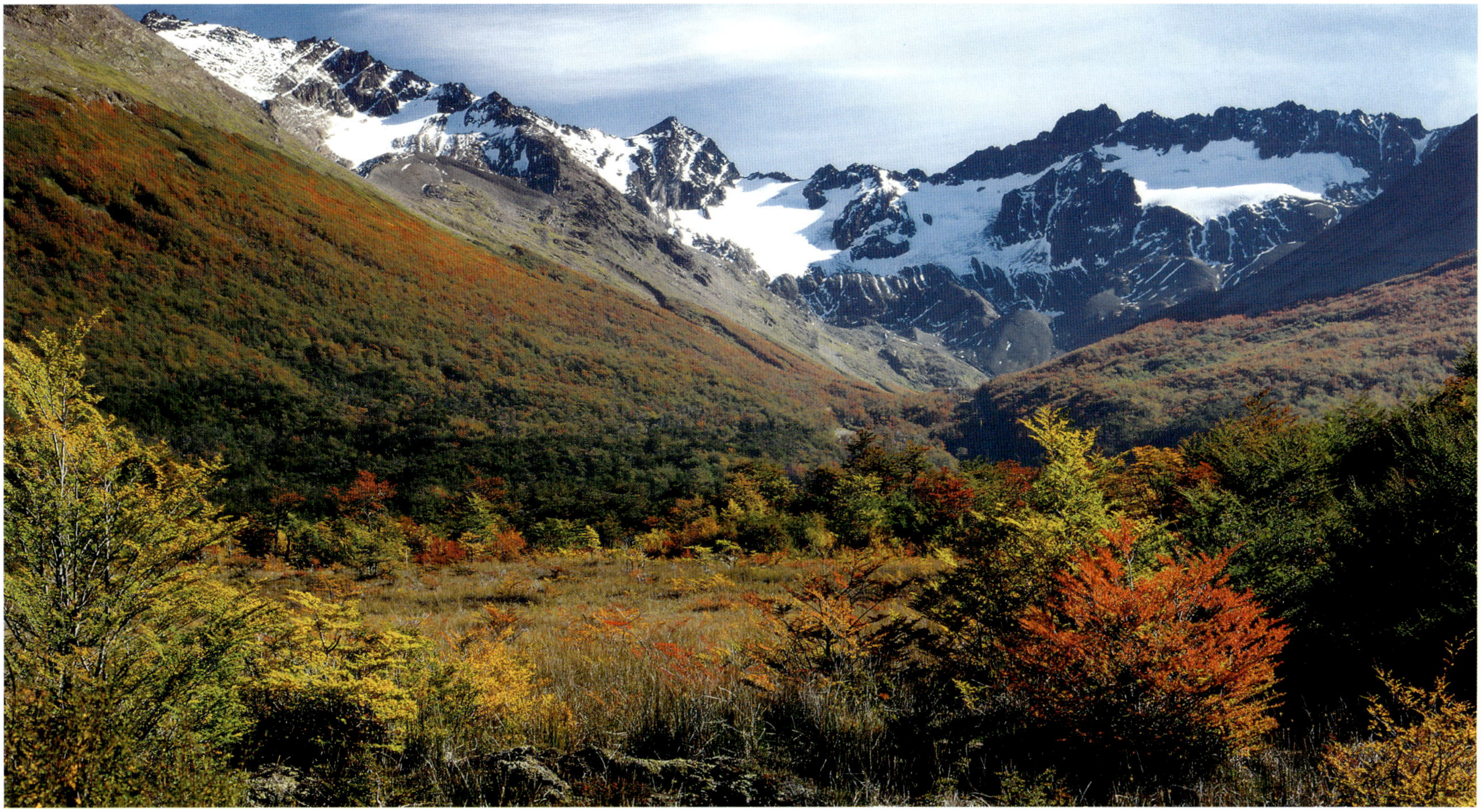

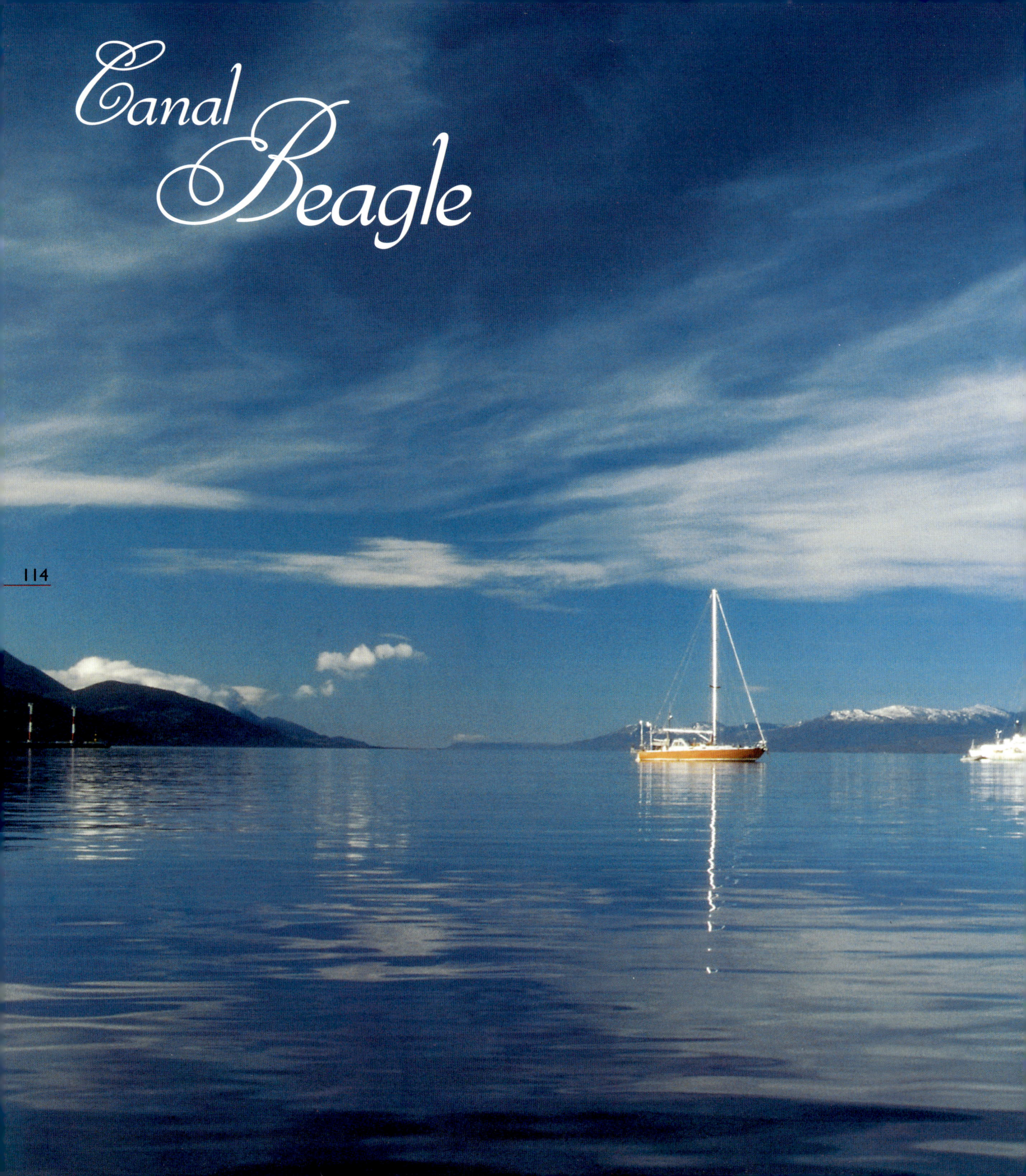

Canal Beagle

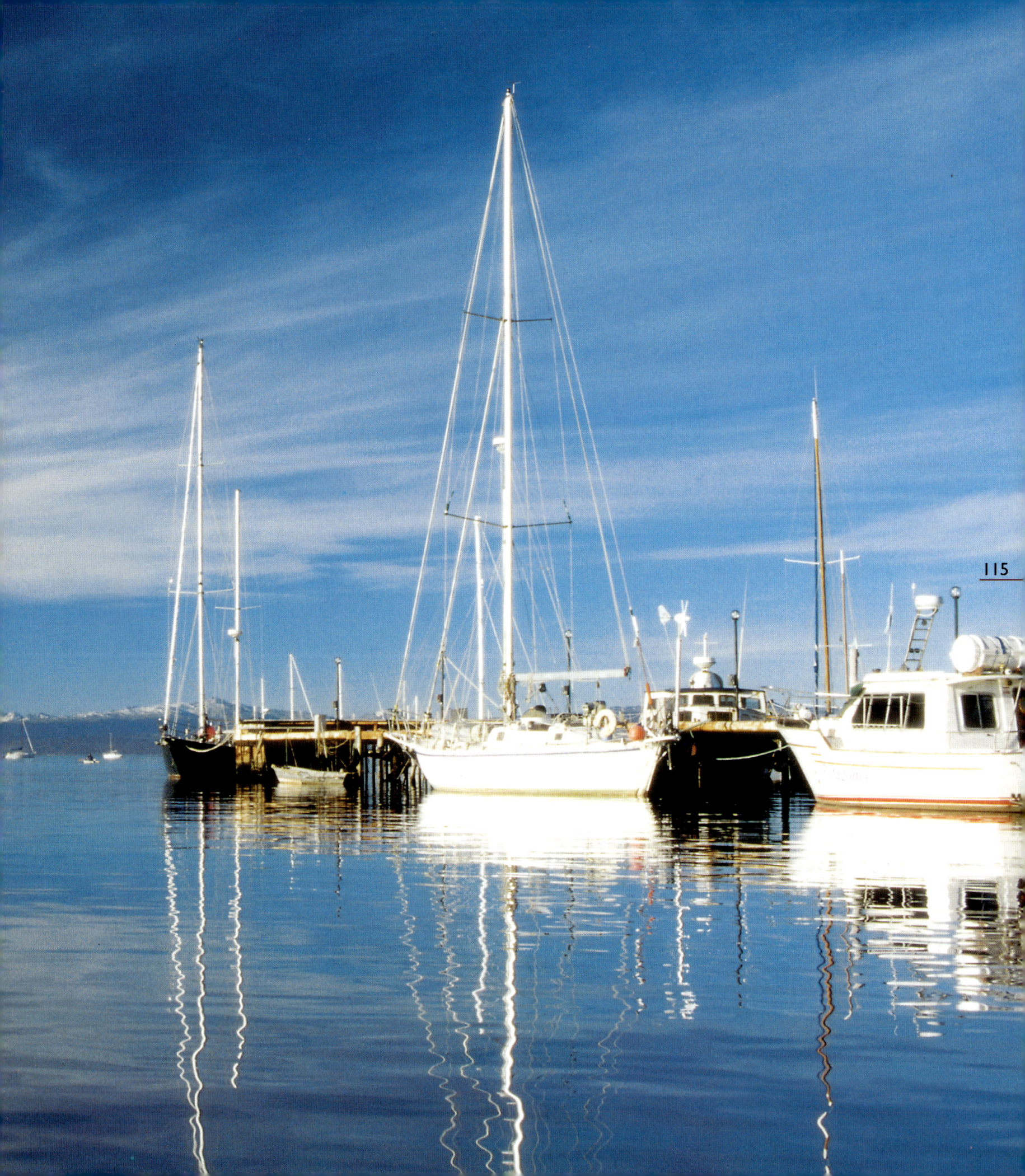

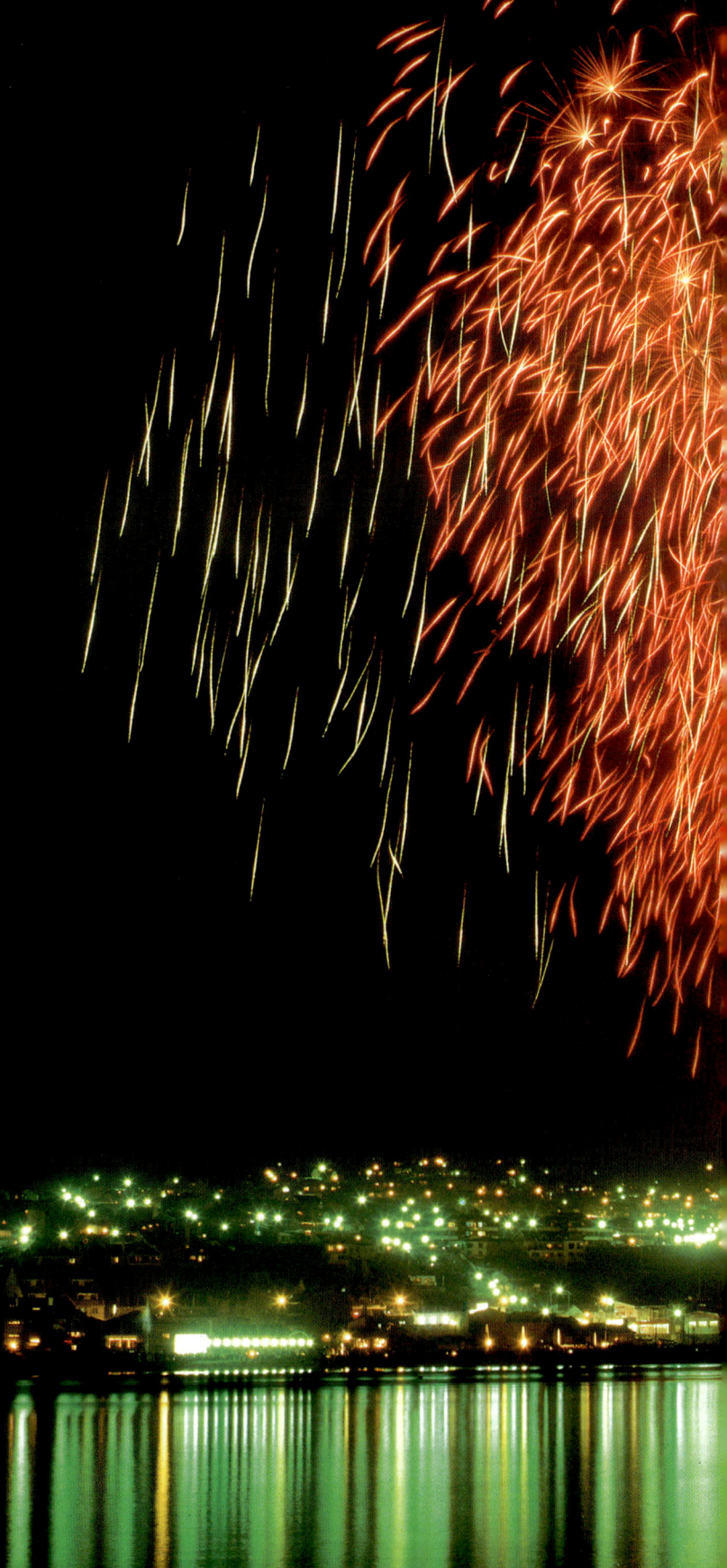

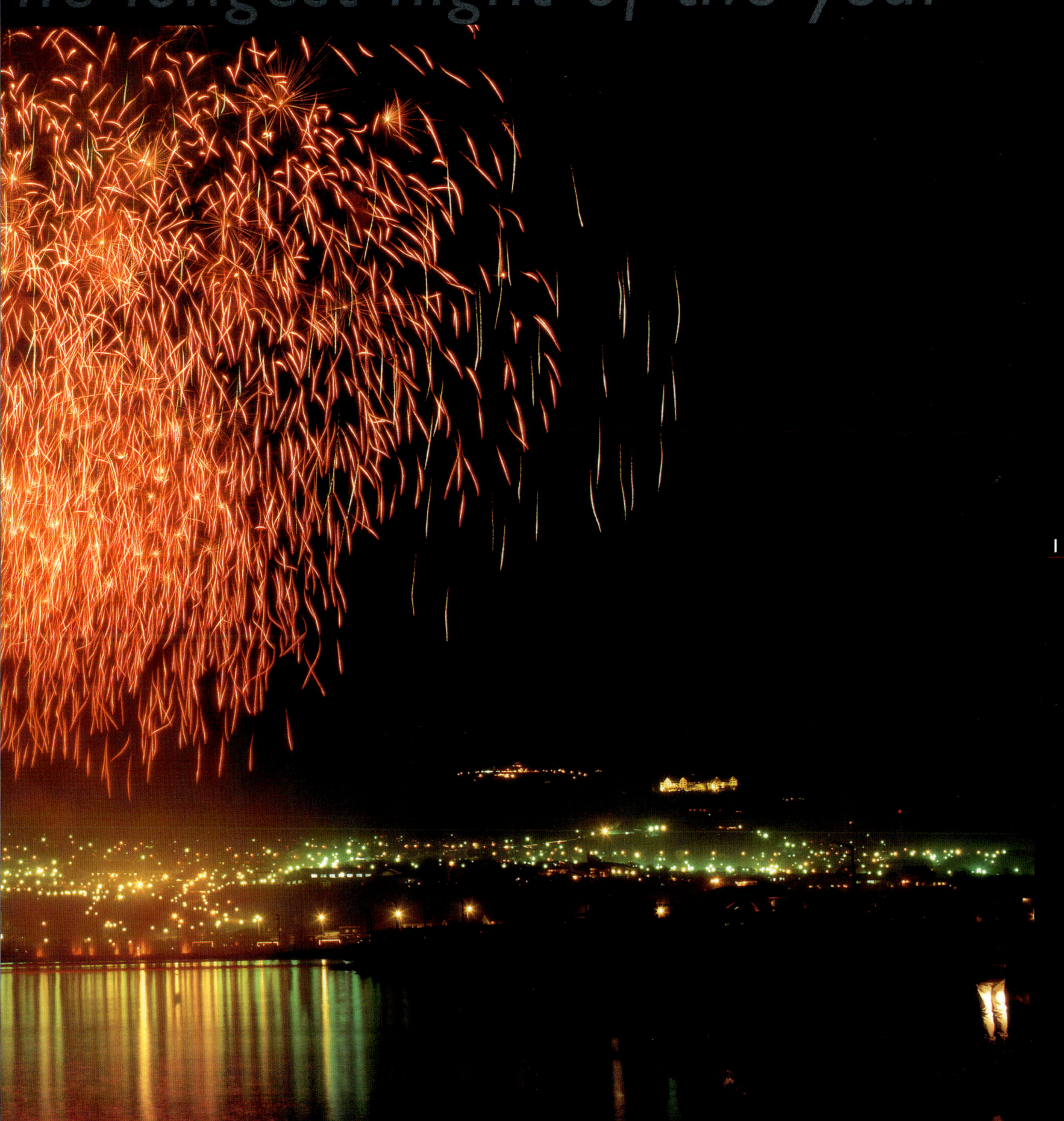

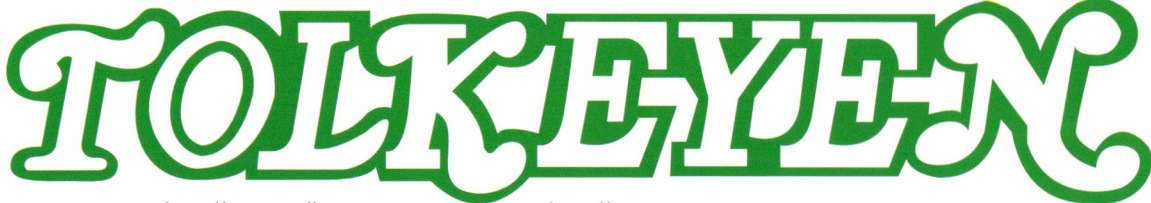
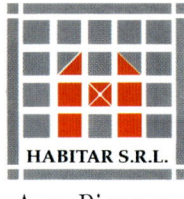
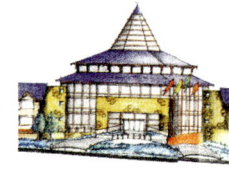
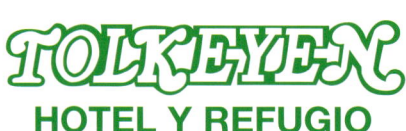
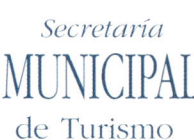
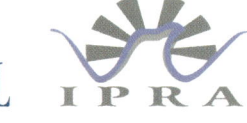
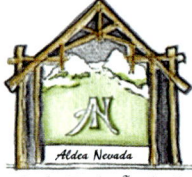
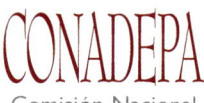
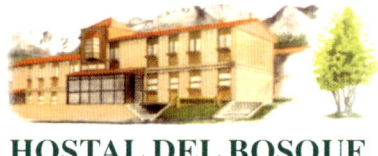
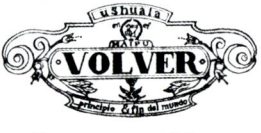
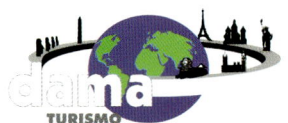
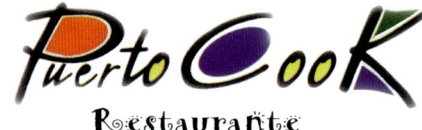
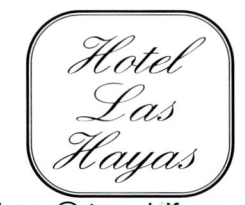
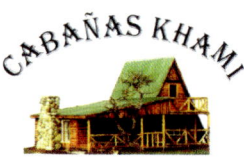
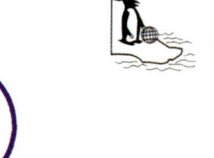
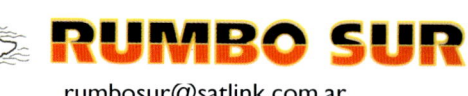
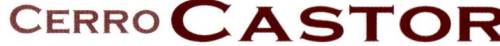
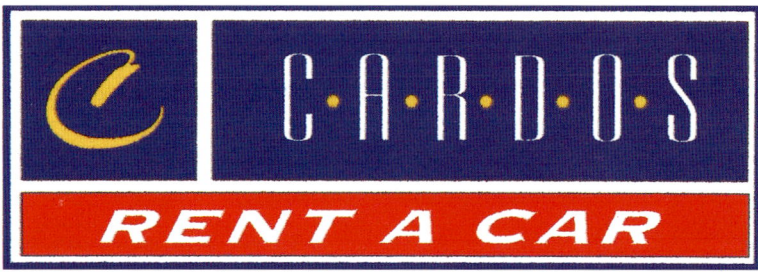
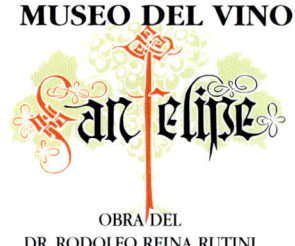
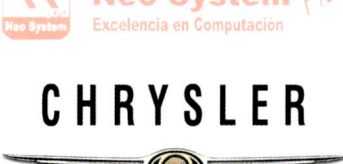

In us they trust

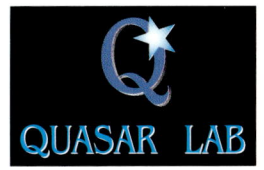
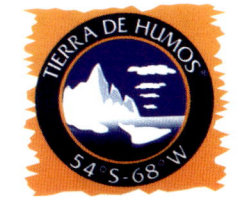
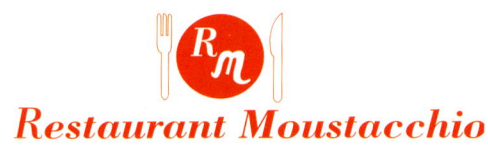
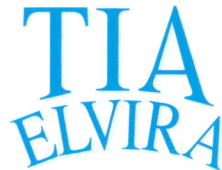
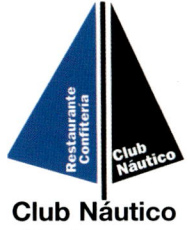
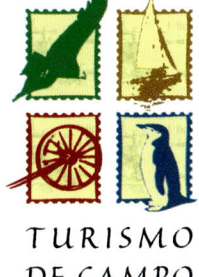
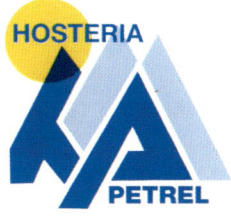
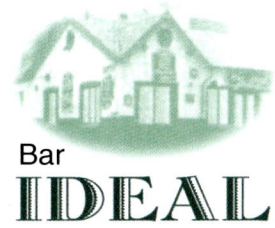
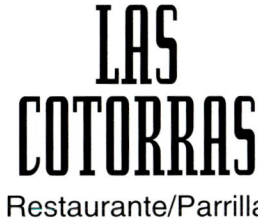
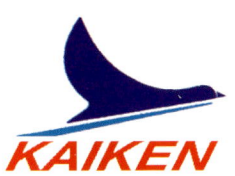
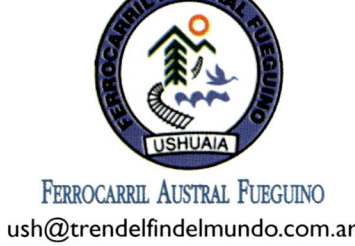
 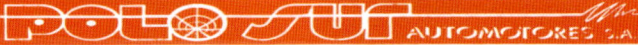
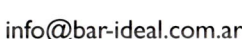
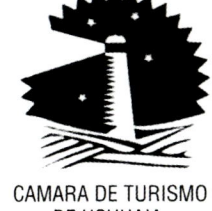
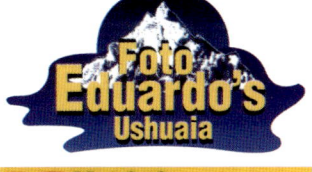
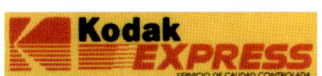
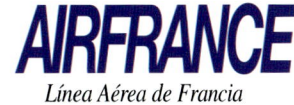
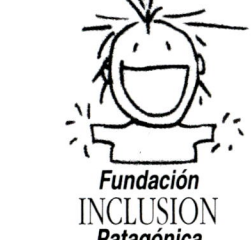
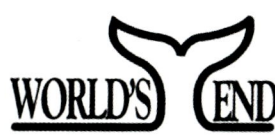
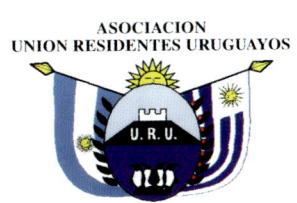

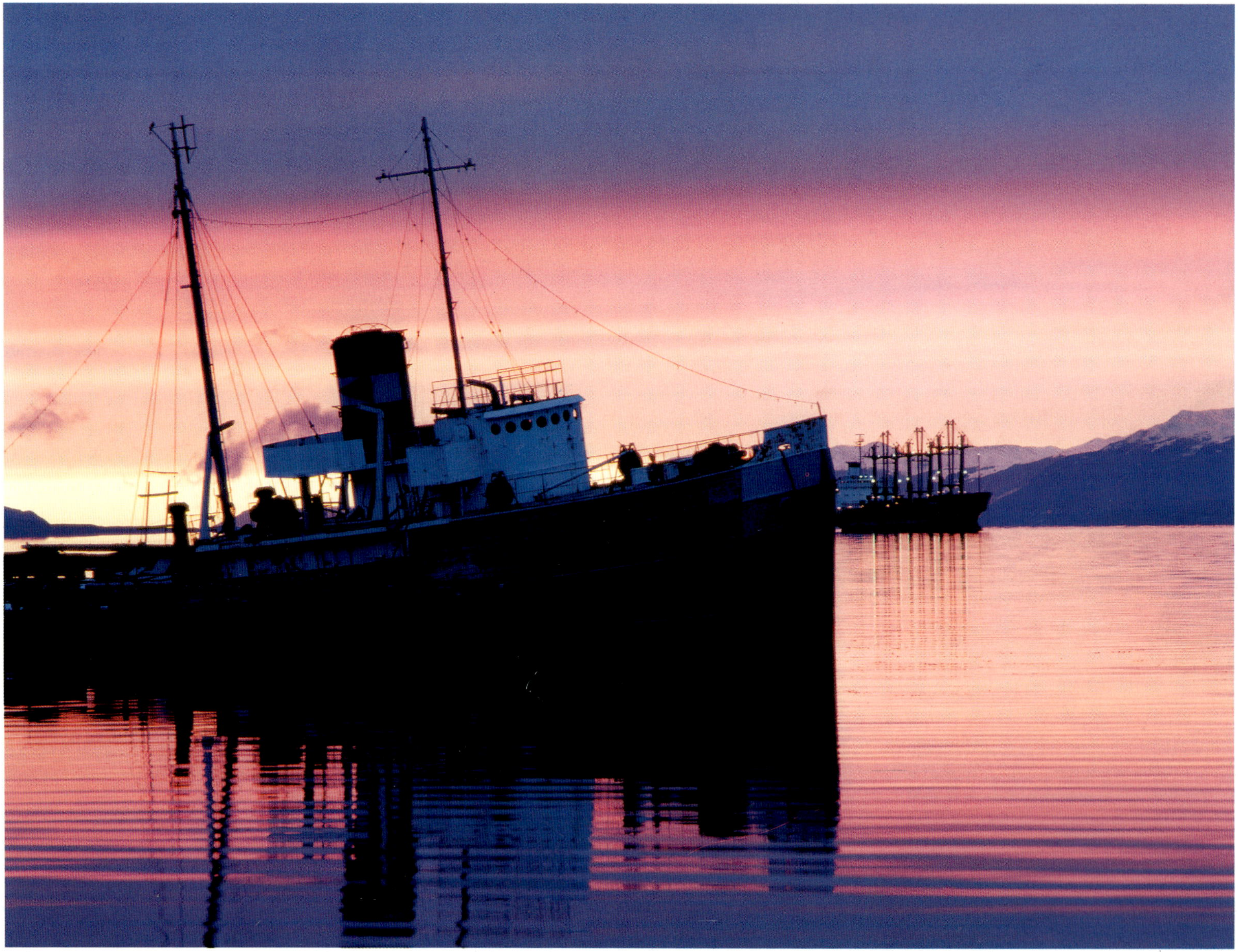

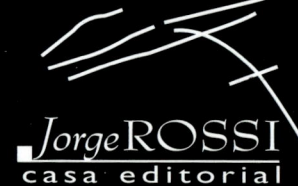

*Jorge*ROSSI
casa editorial